Chinese Preposition Research
In Teaching Chinese
as a Second Language

王鸿滨 ◎ 编著

面向二语教学的
现代汉语介词研究

中国广播影视出版社

图书在版编目（CIP）数据

面向二语教学的现代汉语介词研究 / 王鸿滨编著. -- 北京：中国广播影视出版社，2017.5（2024.5重印）
ISBN 978-7-5043-7911-5

Ⅰ.①面… Ⅱ.①王… Ⅲ.①现代汉语—介词—研究 Ⅳ.①H146.2

中国版本图书馆CIP数据核字（2017）第090353号

面向二语教学的现代汉语介词研究
王鸿滨　编著

策　　划	李亚明
责任编辑	许珊珊
封面设计	文人雅士

出版发行	中国广播影视出版社
电　　话	010-86093580　010-86093583
社　　址	北京市西城区真武庙二条9号
邮　　编	100045
网　　址	www.crtp.com.cn
电子信箱	crtp8@sina.com

经　　销	全国各地新华书店
印　　刷	三河市华晨印务有限公司

开　　本	710毫米×1000毫米　1/16
字　　数	193（千）字
印　　张	17.75
版　　次	2017年5月第1版　2024年5月第2次印刷
书　　号	ISBN 978-7-5043-7911-5
定　　价	48.00元

（版权所有　翻印必究・印装有误　负责调换）

本书出版得到
北京语言大学校级科研项目
"类型学背景下汉英介词系统对比和汉语介词教学研究"(编号11YB03)、
北京语言大学梧桐创新平台
"中央高校基本科研业务费专项基金"
(编号16PTO3)资助

前 言

"比较"(Compare)和"对比"(Contrast)是人类认识事物、研究事物的一种最为基本的方法,也是语言学研究的一种基本方法。真正意义上的"对比"和"比较"的思想,应该追溯到19世纪上半叶德国语言哲学家威廉·洪堡特(*William Humboldt*,1767—1835)的论著,他指出:"只有当人们看到语言这一观念有这么多种体现,并能对不同民族的语言特点从个别和一般两方面进行**比较和对比**(Compare and contrast)之后,才能更清楚地理解一个民族的语言及其语言特点"。[①]

二十世纪四十年代,以弗里斯(*Charles Fries*,1887—1967)、拉多(*Robert Lado*,1915—1995)为代表的美国应用语言学家将"比较"和"对比"的方法引入了第二语言教学,它的基本假设是建立在对学习者**母语**(Mother tongue)与**目的语**(Target language)进行细致描写的基础之上,通过两种语言的对比分析,可以**预测**(Predict)外语学习的困难所在。在国内学者中,吕淑湘先生非常重视"比较"在语言学习和教学中的重要性,他认为:"只有比较才能看出各种语文表现法的共同之点和特殊之点。"[②] 他早在1977年《通过对比研究语法》一文中就指出:"一种事物的特点,要跟别的事物比较才显出来。例如人类的特点——直立行走,制造工具,使用语

---

① *Humboldt, Wilhelm von, 1820, 'On the Comparative Study of Language and Its Relation to the Different Periods of Language Development', in T. Harden and D. Farrelly(eds)Eassays on Labguage / Wilhelm von Humboldt, Frankfurt am Main: Lang, 1997, P8.*

② 吕叔湘《中国文法要略》,商务印书馆,1982年,P7。

言等等,都是跟别的动物比较才认出来的。语言也是这样。要认识汉语的特点,就要跟非汉语比较;要认识现代汉语的特点,就要跟古代汉语比较;要认识普通话的特点,就要跟方言比较。"因此,"我们教外国学生,如果懂得他的母语,在教他汉语的时候,就能了解他的需要,提高教学的效率。"①1992年,吕叔湘先生重新发表了《通过对比研究语法》一文,再次呼吁"要认识汉语的特点,就要跟非汉语比较……无论语音、词汇、语法都可以通过对比来研究"。他还着重强调:"语言学院的主要任务是教外国留学生学习汉语,就在中外对比上多讲点,主要是讲汉语和英语比较。……我们教外国学生如果懂得他的母语(或者他熟悉的媒介语),在教他汉语的时候,就能了解他的需求,提高教学的效率。"②

在以上认识的基础上,国内学者们不断丰富和深化这种对比研究的思想和理论。王力先生(1985)也曾在《中国现代语法》一书中指出,外语教学"最有效的方法就是中外语言的比较教学"。北京语言大学的王还教授针对汉语语法体系的特殊情况,提出了在具体操作中,对比研究应该遵循的三个原则:③

一是在议论语法问题时,一定要分清楚语法概念和一般的思维概念;

二是同一语法术语在两种语言中所代表的内容不会完全相同;

三是同类词在不同语言的句子中功能不完全相同。

此后三十多年,汉语界、外语界、对外汉语界乃至理论语言学界,在语音、语义、语用和文化等方面的汉外对比上取得了丰硕成果。据不完全统计,从1977年5月到2001年6月,中国对比语言学论著64篇(部),从1995年至2003年,中国对比语言学论著达247篇(部)。④然而在20世纪80年代出版的汉外对比的书中,绝大部分研究仅仅满足于语法体系的比附、对照研究,特别是汉英或英汉对比研究,淹没了汉语语法的独特性,背离了对比研

---

① 吕叔湘《通过对比研究语法》,《语言教学与研究》(第2集),北京语言学院出版社,1977年,P1。
② 吕叔湘《通过对比研究语法》,《语言教学与研究》,1992年第2期。
③ 王还《门外偶得集》(第3版),北京语言大学出版社,2012年,P142,P147,P149。
④ 统计数据引自潘文国主编《汉英语言对比概论》,商务印书馆,2010年,P14。

究的初衷。针对这种情况，1990年，杨自俭、李瑞华主编的《英汉对比研究论文集》集中检视了这一阶段英汉对比研究中的问题与成绩。吕叔湘先生在这本论文集的题词中，再次明确并强调了对比研究的目的："指明事物的异同所在不难，追究它们何以有此异同就不那么容易了，而这恰恰是对比研究的最终目的。"①

在对比研究的实践过程中，三十多年的汉外对比研究的经验告诉我们一个事实：语言对比的方向至关重要。如果从一种语言到另一种语言，往往会陷入从**强势语言**（Prestige language）出发来关照**弱势语言**（Nonprestige language）的思维定式，而所谓的"强势"和"弱势"的判定，不是一个绝对数量概念和标准，而是指这种语言的国际影响力，特别是在语言学上的描写成熟度。目前的普通语言学理论主要是在印欧语各语言之间进行比较和对比得出的结论，间或采用一些非印欧语的外观特征（例如汉语一类的"孤立语"等等），并非真正意义上的"平等"、"综合"的比较，得出的结论难免会出现偏颇。因此，如果是**单向性**（Unidirectional）对比研究，只要有一方是英语，"从英语出发"几乎是人们不加思考的选择，目前国内的英语教学即是一例。一方面是因为英语作为世界**通用语**（Lingua Franca）的地位不可撼动，另一方面，由于百年来仿照西方"葛郎玛"建立起来的中国语法体系建立在拉丁语法框架之上，人们长久以来的习惯思维做法就是：英语语法的任何一个语法术语和形态标记，几乎都已经被作为标签贴在形态欠发达的汉语身上，进行了不恰当的比附，在具体对比中产生"汉语无语法"的错觉，甚至产生"汉语是一种落后的语言"的错误结论。②这样的"对比"研究，恰恰违反了在"对比"、"分析"为基础和原则的**对比语言学**（Contrastive linguistics）基本宗旨，不仅淹没了汉语的独特个性，更为严重的后果就是在普通语言学中找不到汉语的位置，长期使汉语和西方诸语言失去了对话的可能。实际上，很多中国学者已经预见到了这一问题的弊病，例如陈承泽

---

① 杨自俭、李瑞华《英汉对比研究论文集》，上海外语教育出版社，1990年。
② 例如，人们很少去探究汉语的"主谓宾"结构与英语中的主语、谓语是不是具有实质上的对等性等。

面向二语教学的现代汉语介词研究
Chinese Preposition Research in Teaching Chinese as a Second Language

(《国文法草创》,1922)、胡以鲁(《国语学草创》,1923)早在二十世纪二十年代就已提出如下主张:在对比中强调对汉语这类"弱势语言"个性的关注。

明确了对比的最终目的和操作层面面临的问题,我们再来看本书所关注的面向二语教学的汉外介词对比的问题。首先需要明确的是概念的名称问题,单从语法术语在两种语言中所代表的内容来看,英语的"介词"又叫"前置词",因为它总是置于名词、代词等前面,所以称Preposition;而汉语"介词"的"介"是"介引"的意思,它的作用更多的是"介绍",使一类实词与另一类实词发生关系。因此,汉语"介词"主要是用在名词或名词性词组前面,共同组成**介词短语**(Prepositional phrase),作名词、形容词的附加成分,分别表示时间、处所、条件、方式、对象等。从这个意义上说,汉语"介词"虽然在位置上也置于名词之前,但汉语是从作用上取名的,而英语是从位置上命名的。现在一般把英语的"前置词"译成"介词",是为了将英汉术语统一起来。在这种情况下,传统的介词教学,往往面临两种语言的"介词"的语法功能不对应(例如英语和汉语)问题,或者在两种语言中功能相同的语法概念叫法不统一(例如俄语、日语、韩语和汉语的叫法均不同)的问题。因此,在以上这些问题没有很好地解决之前,教师在课堂上的做法就是把不同语言"介词"的各个义项和用法看成是词典上出现的不同义项,基本就是根据课文中义项出现的顺序,结合特定的**语境**(Context)来孤立地逐个介绍和讲授,学生只能逐个学,挨个记,教师和教材展现给学生的介词知识往往显得零散、孤立,不成系统,多个义项之间难以形成相互关联的**语义网络**(Semantic network),不便于学生记忆和提取。有些教师已经注意到了不同语言之间的各种差异,为了所谓的"求同"、"辨异",甚至将不同语言中的"介词"进行简单的比附或意义层面的对译,却不考虑各自的功能差异。通常来说,这样的讲解往往使得不同介词各个义项之间的主次关系十分模糊,习得者们面对与自己母语的"介词"系统相去甚远的一种语言,只能依靠死记硬背,或者在**语境**(Context)中用猜测介词的含义的方法来掌握介词的用法，学习效果相对较差。针对学生的习得情况，吕叔湘（1992）指出："外语有而汉语没有，中国人学外语感觉困难，外国人学汉语不感觉困难。汉语有而外语没有，外国人学汉语感觉困难。"① 这再次凸显了语言"对比"在教学中的的必要性。我们可以设想：如果没有教师的及时指点，仅靠学生浸泡在**目的语输入**（Target language input）中，我们可以断定，学生自己难以发现或要花很长时间去把握那些不易察觉到的**差异**（Difference）。而在二语习得界产生已久的"对比分析"（Contrastive analysis）的方法，② 通过两种语言的"对比"分析，从对比的视角预测语言的差异和外语学习的困难所在，继而形成了一套严密的"描写"、"选择"、"对比"、"预测"的对比分析方法和操作程序，不但丰富了"**对比语言学**"（Contrastive linguistics）理论，也深化了第二语言教学中人们对语言知识和语言差异的理解，对增强学生认知能力，有着积极的作用。这样的"比较"有利于学生摆脱固化的**母语**（Mother tongue）概念体系，逐步建立起来**识解**（Construal）和运用**目标语**（Target language）的新结构。

"对比分析"的语言教学手段发展到20世纪60年代，还直接促成了70年代的"**偏误分析理论**"（Error analysis theory）和"**中介语理论**"（Interlanguage theory）的诞生，从而从理论和实践两个方面，共同丰富并推动了第二语言教学的发展。时至今日，这些理论在指导我们国内英语教学和对外汉语教学中仍具有不可替代的实践价值。

　　追述60年的外语教学历史，从研究方法上来说，传统的"对比分析"注重的是**语言形式**（Linguistic form）上的差异，例如语音、词汇和语法等**显性**（Explicit）的问题。随着**认知语言学**（Cognitive linguistics）的发展，该理论给传统的"对比分析"注入了新鲜血液。*Boers* 等（2010：8—9）认为决定外语学习的要素有：输入频率、注意程度、目标项目的复杂程度

---

① 吕叔湘《通过对比研究语法》，载《语言教学与研究》1992年第2期。
② 有关"对比分析法"的内容，在后文的"相关研究概述"有详细介绍，此不赘言。

等。① 显然，除了输入频率之外，能够注意到二语的形式或母语和二语的差别是习得的前提条件；其次，目标项目的复杂程度和母语背景有关，若二语目标有可能受到母语迁移（L1 transfer）的负面影响，则复杂度高，较难习得，因为学习者需要时刻摆脱母语迁移的负面影响，克服母语的**识解**（Construal）习惯，重新学习并适应和运用新的识解方式。同时，在实际教学中，即使保证有足够的输入频率，我们也会发现二语学习者远不如本族语成功。究其原因，在于已经养成的**注意**（Noticing）习惯使二语者注意不到二语与母语的不同之处。因此，完全依靠"**自下而上**"（Bottom-up）进行**类比**（Analogy）、**归纳**（Induction）、**概括**（Generalization）、**记忆**（Memory）的方法无法让学习者高效习得二语。② 这就需要教师通过显性教学中**解释**（Explain）、**对比**（Contrast）等方式，明确指出二语同母语的形式差别，以及二语识解的不同特点。

基于以上认识，当前认知框架下的"对比分析"更侧重于不同语言间深层次的**概念/范畴**（Concept /Category）层面的比较，这就为"对比分析"研究用来解决教师的**教学**（Teaching）和学生的**习得**（Acquisition）开辟了新的阵地。在二语学习中，让学生有意识地建立"**目标语**"（Target language）概念，有效地重组大脑中语言知识概念体系，需要外语教师在教学中进行概念层次上的"对比分析"，例如词汇层面上的概念差异、语法概念上的差异，以及两种语言**隐喻**（Metaphor）在概念上的差异等等，让学生从"无意识"的**习得**（Acquisition）转向"有意识"的**认知**（Cognition）。这是当前外语教学领域展现给我们的全新课题。

我于2011年申请到了北京语言大学校级项目《类型学背景下汉英介词

---

① Boers，F.，de Rycker，A.& de Knop，S.（2010）.Fostering language teaching efficiency through cognitive linguistics：Introduction.In de Knop，S.，Boers，F.& de Rycker，A.（Eds）. Fostering Language Teaching Efficiency through Cognitive Linguistics （pp.1-28）.Berlin/New York： Mouton de Gruyter.

② Bybee，J.（2008）.Usage-based grammar and second language acquisition.In Robinson，P.& eLLIS，N.C.（Eds.）.Handbook of Cognitive Linguistics and Second Language Acquisition（pp.216-36）.New/York/London：Routledge.

Robinson，P.& Ellis，n.c.（2008）.Hanbook of Cognitive Linguistics and Second language Acquisition.London：Routledge.

系统对比和汉语介词教学研究》（11YB03）。此后，从2011年到2016年，我指导的研究生先后有数十名学生加入了这一课题的研究，以对比分析理论为指导，运用多种理论，从各个角度对这一课题展开了系列研究。本书就是这一研究计划的阶段性成果，大致涉及这样一些内容：类型学背景下汉英介词系统的差异；俄语空间前置词与汉语空间介词对比研究；框式介词"在X上/中/里"和英语介词at，on，in的对比研究；汉语介词的"自"和英语介词from的对比研究；认知角度下介词"从"的偏误研究；印尼学生介词"在"、"从"的使用和偏误分析；汉语介词"在"、"从"、"对"与俄语前置词в、из、к对比研究；英语背景留学生运用框式介词的偏误调查与分析以及类型学背景下汉英介词对比及汉语介词教学策略等。

  应当承认，这些研究目前看来还只能说是初步的、零散的，甚至只是调研性质的，尽管今年尚有中泰介词对比和中韩、中日介词对比的后续研究即将完成，但我们十分期望能对之前的部分研究进行检讨，能够在我们已有的研究上发现新的切入点进行修正，并以此为新的起点，进而提升我们的对外汉语介词对比研究的整体认识和研究水平，使这一研究得到进一步深化。

王鸿滨
2017年3月，北京

目录
CONTENTS

第一章 综 述 ………………………………………………………… 1
    第一节 引 言 ……………………………………………………… 1
    第二节 介词本体研究 ……………………………………………… 15
    第三节 介词研究的相关理论 ……………………………………… 19
    第四节 从汉语史角度对介词语法化的研究 ……………………… 35
    第五节 汉外介词的对比研究 ……………………………………… 46
    第六节 对外汉语介词习得与教学研究 …………………………… 49

第二章 类型学背景下汉英介词系统的差异 ……………………… 55
    第一节 引 言 ……………………………………………………… 55
    第二节 英语的介词系统 …………………………………………… 56
    第三节 汉语的介词系统 …………………………………………… 63
    第四节 结 语 ……………………………………………………… 68

第三章 类型学背景下汉英介词对比及汉语介词教学策略 ……… 70
    第一节 引 言 ……………………………………………………… 70
    第二节 汉英介词对比 ……………………………………………… 70

　　第三节　母语为英语学习者的汉语介词学习的难点 …………… 77
　　第四节　汉语介词教学策略 …………………………………… 80

第四章　汉语框式结构"在X上/中/里"和英语介词at，on，in 的对比研究 ……………………………………………………… 85

　　第一节　引　言 ………………………………………………… 85
　　第二节　汉语框式结构"在X上/中/里"的语义认知特点 ……… 86
　　第三节　英语介词at，on，in的语义认知特点 ………………… 90
　　第四节　汉语框式结构"在X上/中/里"与英语介词at，on，in的
　　　　　　语义对比 ……………………………………………… 92
　　第五节　基于语料库和调查问卷的考察分析以及教学建议 …… 96

第五章　汉语介词"自"和英语介词from的对比研究 ………… 106

　　第一节　引　言 ………………………………………………… 106
　　第二节　"自"与from的语义特征及意象图式 ………………… 107
　　第三节　"自"与from的对比分析 ……………………………… 113
　　第四节　"自"与from在二语习得中应该注意的问题 ………… 119
　　第五节　结　语 ………………………………………………… 124

第六章　英语背景留学生运用框式介词的偏误调查与分析 …… 125

　　第一节　引　言 ………………………………………………… 125
　　第二节　框式介词与英语介词的对应性 ……………………… 126
　　第三节　留学生框式介词使用偏误调查与分析 ……………… 128
　　第四节　针对英语背景的留学生框式介词的教学策略 ……… 145

第七章 认知角度下介词"从"的偏误研究 ············ 153
第一节 引 言 ············ 153
第二节 认知角度下介词"从"的意象图式 ············ 154
第三节 HSK语料库中介词"从"的偏误调查研究 ············ 163
第四节 介词"从"偏误的类型分析与意象图式探因 ············ 168
第五节 纠正介词"从"偏误的教学对策 ············ 177

第八章 印尼学生介词"在"、"从"的使用和偏误分析 ············ 180
第一节 引 言 ············ 180
第二节 汉语和印尼语介词系统差异 ············ 181
第三节 印尼学生使用介词"在"、"从"的情况及其偏误调查 ············ 182
第四节 预测印尼学生学习汉语介词"在"、"从"的教学重点和难点 ············ 203
第五节 对印尼学生学习汉语介词"在"、"从"的教学建议 ············ 210

第九章 俄语空间前置词与汉语介词对比研究 ············ 213
第一节 引 言 ············ 213
第二节 俄语空间前置词概说 ············ 214
第三节 汉语和俄语空间关系表述特征的异同对比 ············ 218
第四节 汉语介词与俄语前置词特征对比 ············ 219
第五节 俄语常用空间前置词类型分析 ············ 222
第六节 结 语 ············ 225

第十章 汉语介词"在"、"从"、"对"与俄语前置词в，из，к对比研究·················227

第一节 引 言···················227
第二节 俄语前置词研究概述···················228
第三节 汉语介词与俄语前置词的对比···················232
第四节 关于俄语表示空间的前置词в，из，к···················233
第五节 使用俄语的留学生习得汉语介词偏误调查···················241

参考文献···················256
后记···················263

第一章 综 述

第一节 引 言

从**普通语言学**（General Linguistics）的角度看，语言作为人类认识世界的途径和交际工具，存在着一定的**普遍性**（Universality）或**共性**（Generality），这使得不同语系间的语言也存在着很大的可比性，这是本研究的基础。同时，**认知语言学**（Cognitive Linguistics）则认为，语言是人对物质世界、精神世界和人际世界的感知和体验，反映的是人对现实世界的认知过程和认知结果，是基于**感知**（Perception）和**体验**（Experience）基础上的高级认知活动。也就是说，身体的感知和体验是高级认知活动必要的基础。即使人类面临的物质世界大致相似，也具有相同的**概念化**（Conceptualization）、**范畴化**（Categorization）的认知能力，但由于人们观察世界、体验世界的角度和方式不同，会形成不同的认知体系。不同民族对外部世界的体验方式存在着差异，这些不同的体验就会体现在语言的差异上，这是本研究所关注的问题。例如，人类对空间的体验基本相同，**空间介词**（Spatial prepositions）在语言中普遍存在。然而，不同民族对外部世界的体验方式又是有差异的，不同母语背景的人所形成的最初的**空间概念系统**（Spatial concept system）就会存在明显的差异。我们以空间方位为例，不同的语言在切分空间范畴时,所使用的"介词"并不相同,以下为英语、日语、荷兰语、西班牙语、中文五种语言切分空间范畴所使用的介词对比:

	A cup on a table	A plaster on a leg	A picture on a wall	A handle on a door	An apple on a branch	An apple in a bowl
English	On	On	On	On	On	In
Japanese	Ue	Ni	Ni	Ni	Ni	Naka
Dutch	Op	Op	Aan	Aan	Aan	In
Spanish	En	En	En	En	En	En
Chinese	上	上	上	上	上	里

表1-1 不同语言切分空间范畴和相应介词的异同示例[①]

上表说明,各种语言的"介词"虽然存在不少相似之处,但是由于不同民族对外部世界的体验方式有差异,因而即使是同一**语系**(Language family)的两种语言,其"介词"也会存在跨语言或跨文化的差异。例如,在以汉语为母语的人眼中,"校园"再大都是有围墙的;而在英语本族语者眼中的"校园"是不存在围墙的,campus表达的只是一个范围的概念,因此,英汉两种语言的表达方式如下(*表示不成立,箭头表示对应):

汉语　　　　英语

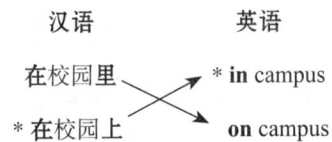

显然,不同民族之间的思维方式是存在差异的,从而使得语言在表达方式上也存在较大的差异。我们再来看下面一组俄语的例子:

[1] Папа работает **на** заводе. 父亲**在**工厂里打工。

[2] **В** лодке сидит много людей. 许多人坐**在**船上。

[3] Хлеб лежит **на** тарелке. 面包**在**盘子上放着。

[4] **На** вокзале много людей. 许多人**在**火车站里。

在现代汉语中,表示"在……上"和"在……里"分别和现代俄语中的前置词на(例如на столе在桌子上)、в(例如в комнате在房间里)对译。

---

① 本表引自文秋芳等《认知语言学与二语教学》,外语教学与研究出版社,2013年,P44。

不过，我们通过上述句式发现：俄语的 на заводе、в лодке、на вокзале、на тарелке 要分别翻译成"在工厂里"、"在船上"、"在火车站里"、"在盘子上"，这种文化的冲撞带给语言系统以多元的变化。我们再来看一下俄语前置词 в 和 на 与地名搭配的明确规定。Д. Э. Розенталь 在《俄语正字法指南》（2012年）一书中提到了俄语有这样一些规则：①

1. 地域联想起来明确用 в，不明确界定的领土用 на

例如：

> на Кавказе/на Кубе 在高加索/在古巴
> в Крыму 在克里米亚
> на Украине/в Украине 在乌克兰

2. 领土是以河、山、岛或半岛等为界定的用前置词 на

例如：

> на Тянь-Шане 在天山（山脉）
> в Гималаях 在喜马拉雅（山脉）

再来看最后这个例子：

на Украине/в Украине 在乌克兰

这个例子没有任何规则能说明到底要用 в 还是 на，只能依赖于社会语言习惯。有人习惯说 в，也有人习惯用 на，二者都对，只是可能年纪比较大的人可能说 на，而年轻人用 в。这些均受到本土文化的影响，所以在空间表述和概括上较难作出系统的评析。

地域差异也带来一定的文化不同点，所以某些时候并不能都对接上。马书红（2008）根据认知语言学的范畴理论，曾对比分析了英语介词 in、on 和汉语介词"（在）……上"、"（在）……里"在空间范畴化上的异同，发现不同母语背景的人所形成的空间概念系统存在明显的差异。② 再如，对于

---

① Розенталь Э.Д.，（2012）"Справочник по правописанию и литературной правке". Москва, Айрис-пресс：P368.
② 马书红《英汉空间范畴化对比分析——以 in、on 和（在）……上、（在）……里为例》，载《贵州师范大学学报》2008年第1期。

两个物体间面与面的接触这种关系，德语进一步细分为［垂直表面接触+支撑］和［非垂直表面接触+附着］两种方式，分别用auf和an这两个不同的词加以区别。例如：

汉语	英语	德语
［1］桌子上有本书。	There is a book **on** the desk.	**Auf** dem Tisch liegt ein Buch.
［2］门上有个把手。	There is a handle **on** the door.	Es ist ein Griff **an** der Tür.

然而汉语和英语对此都不作区分，汉语把这两种关系都归入"（在）……上"的范畴，英语则把它们都视为on范畴的成员（包含［接触+支撑+在上方］等原始要素）。显然，不同的语言对空间关系划分的精细程度也明显不同。这样的例子在现代日语中以ni为标记的结构中，展现得非常细致。ni可以用在**空间域**（Spatial domain）上，可以标记处所和目标以及人物移动的方向或最终目标。例如：

［1］Musume wa Tokyo **ni** iru.（标记空间处所Tokyo）

My daughter is **in** Tokyo.

我女儿在东京。

［2］Kare wa kyonen Kobe **ni** hikkodhi-ta.（标记空间终点Kobe）

He moved **to** Kobe last year.

他去年搬到了神户。

以上例［1］的Tokyo表示**空间处所**（Location），例［2］的Kobe则是"搬"的**空间终点**（Goal）。此外，ni还可以标记时间，用在**时间域**（Time domain）中，例如：

［3］Watashi wa mainichi rokuji **ni** okimasu.（标记时间rokuji）

I get up **at** six every morning.

我每天早上六点起床。

ni在以下例子中，则用于**社会域**（Social domain）中，展示同社会领域事件相关的更为广泛的意义，例如标记**给予事件**（Given event）的**接受者**（Recipient）、**受话者**（Addressee）、**交流事件**（Communication event）

的**感受者**（Experiencer），甚至还可以标记**被动句**（Passive sentence）中的**施事**（Agent）、比较的标准、**致使事件**（Causative event）中的**受使者**（Causee）等等。例如：

［4］David wa sono hon wo Marie **ni** ageta.（标记给予事件接受者Marie）

David gave the book **to** Marie.

大卫把那本书给玛丽了。

［5］Sakuya ryoushin **ni** denwa wo kaketa.（标记沟通交流事件的受话者ryoushin）

I called **up** my parents last night.

我昨晚打电话**给**父母。

［6］Satoko **ni** kankokugo ga wakaru.（标记心理事件的感受者Satoko）

Huizi understands Korean.

慧子懂韩语。

［7］Boku wa otousan **ni** hidoku okorareta.（标记被动句中的施事者otousan）

I was taught a lesson **by** my father severely.

我**被**爸爸狠狠地教训了一顿。

［8］Kare wa oyogi de wa ani **ni** masatte iru.（标记比较的标准ani）

He is superior to his elder brother **in** swimming.

他比他哥哥擅长游泳。

［9］Sensei wa Masao **ni** soko e ikaseta.（标记致使结构中的受使者Masao）

The teacher made Masao to go there.

老师让Masao去那里。

日语中的ni用法广泛，可以标记形形色色的语义角色，它既可以充当处所标记和时间标记，也可以充当给予事件中的接受者的标记，此外还可以引入感受者、被动句的施事者以及比较句中的比较标记等等。我们将之归纳如下：

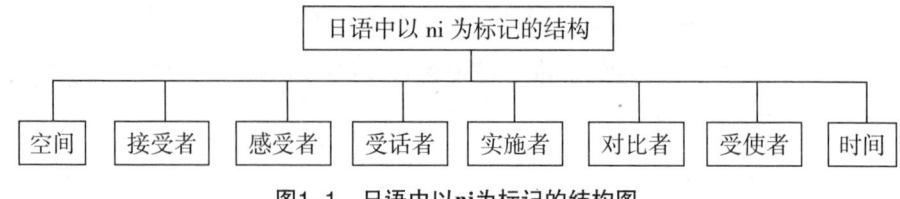

图1-1 日语中以ni为标记的结构图

以上日语ni的多种意义互有关联，在某些程度上，这种介词的多义性在人类语言中是反复出现的，有共同之处。①

此外，人类对共同的、最基本的物体空间关系的认知也会在不同程度上受到母语的影响。因此，面对同一事件，不同语言使用者所产出的语言表达式也存在巨大的差异。例如：

S+V+O_1+O_2.（使领有）——双宾语结构——S+V+（给）+O_1+O_2.

[10] Bill **gave** Joyce the book. [10]′ 比尔送给乔伊斯一本书。

S+V+O_2+to+O_1.（使移至）——介宾补语式——S+把+O_1+V+（给）+O_2.

[11] Bill **gave** the book **to** Joyce. [11]′ 比尔**把**一本书送给了乔伊斯。

句子中出现了"**给**"（Give）类动词，在英语中间接宾语Joyce（O_1，有生的人）可以由介词to引进；而在汉语中，"给"类动词仅和"**使领有**"（Caused possession）的事件类对应，当动词是"给"类时，它在词汇语义上所具有的"使领有"的特点就使它不可能与表"**使移至**"（Caused motion）的事件类相对应，因而一般不会说"*比尔送一本书给乔伊斯"②这样的句子，如果需要强调动作"给"的"位移"结果，则需使用把字句[11]′。例如："比尔**把**一本书送给了乔伊斯。"俄语的情况与汉语相同。

尽管在现代英语中，上面[10]、[11]描述的同一事件是可互换使用的，但二者在语义表达上却是不等值的。从**认知**（Cognition）的角度看，显然，例[11]使用介词to**突显**（Salience）了以Joyce为**目标**（Goal），book经过的**路径**（Path），对应于"使移至"的事件类；而例[10]突显的是Joyce

---

① 潘秋平用大量的例证证明：上古汉语语素"于"和现代日语虚词ni之间具有平行关系，两种语言具有对应关系。详见潘秋平《上古汉语与格句式研究》，商务印书馆，2015年，P30—35。

② "*"为不存在的句子或有错的句子。

成为book领属者的结果，对应于"使领有"的事件类。再看以下例子：

［12］I threw him a ball.（我扔给他一个球）

［13］I threw a ball **to** him.（我向他扔了个球）

［14］I threw the ball **to** the floor.（我把球扔到地板上）

以上三个例句中的动词均为"扔"类动词，例［12］、［13］两个句子的句式不同而意义相当，而［13］和［14］两个例子的句法形式一样，然而［13］对应于"使领有"的事件类，［14］则对应于"使移至"的事件类。这两个例句表明：在英语中，同一个句法形式可以承载两种不同的事件类。

综上，几乎在任何一种语言中，介词都算是**多义词**（Polyseme）的一种，它们语义较为抽象，具有很多复杂的延伸意义。二语学习者常常难以理解各项意义之间的语义联系。例如，在英语里，表示"垂直"这一空间概念的介词有四个：over、above、under、below；根据具体的语义，又可以分为两类：一类为"朝上垂直"（over、above），一类为"朝下垂直"（under、below），这四个词语表达的都是两个物体之间的一种空间关系，意义虽然有不同，但却激活了相同的**基体**（Base）。认知语言学（Cognitive linguistics）通过"**射体**"（Trajector，简称Tr）和"**界标**"（Landmark，简称Lm），运用**意象图式**（Image Schema）将四者的突显关系对应如下：①

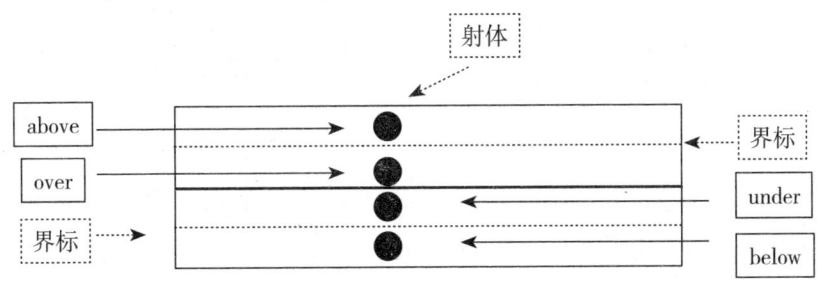

图1-2　英语中表达"垂直"关系的介词②

---

① 认知语言学为了进一步对不同的空间关系进行更精确地描写，使用"射体-界标"这对术语来解释被强调的关系侧显中参与者（Participant）受到的不同程度的聚焦，其中突出的部分叫射体，也是第一焦点（Initial Focus），第一参与者(First Participant)，次突出的部分加界标。

② 本图引自文秋芳等《认知语言学与二语教学》，外语教学与研究出版社，2013年，P83。

然而大多数情况下，介词over和above在一些语境是**同义词**（Synonym），在另一些语境中则表达不完全相同的意义。例如：

［15］The Photos is **above** the wall. = The Photos is **over** the wall.

［16］Joe's clothing was flung **over** the back of a chair.

［17］Joe's clothing was flung **above** the back of a chair.

上面例［15］的两个句子意义基本相同，都表示墙上挂着照片，但在［16］和［17］意义区别却很大，over 表示clothing高于chair，但与其有接触；above也表示clothing高于chair，但不与chair接触。二者的原型图示如下：

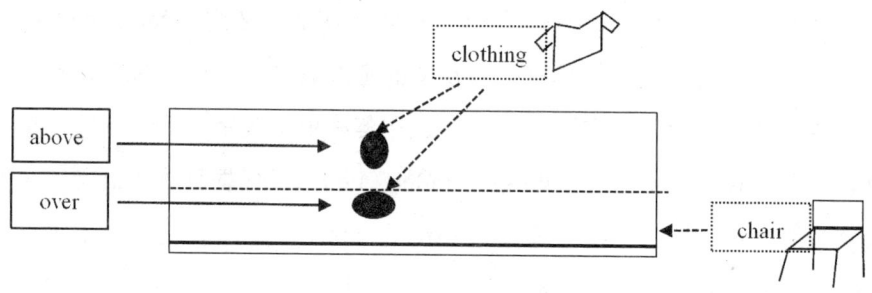

图1-3　above和over的原型图示

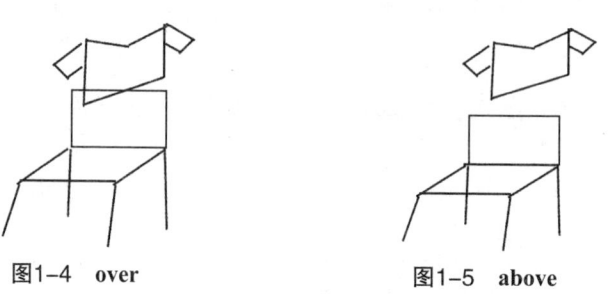

图1-4　over　　　　　　图1-5　above

我们再回到英语to的例子，作为多义词，*Tyler*（2012：135—141）曾归纳to的八种用法，[①] 其中静态的"**面对目标**"（Facing a goal）是基本义，延伸意义可以分为四条语义链，分别标记（Mark）"**方向**"（Direction）、"**接受者**"（Recipient）、"**目的**"（Purpose）和"**感受者**"（Experiencer）等，例如：

---

① Tyler.A.（2012）.*Cognitive Linguistics and Second Language Learning*：*Theoretical Basics and Experimental Evidence*.New York：Routledge.

［18］Mary walked **to** the door.（玛丽走到门口。）——**方向**

［19］He gave a book **to** John.（他给了约翰一本书。）——**接受者**

［20］Let's drink **to** our health.（让我们为健康干杯。）——**目的**

［21］The milk smells fresh **to** me.（牛奶闻起来很新鲜。）——**感受者**

近年来，随着"**类型学**"（Typology）的发展，"**语义地图**"（Semantic map）作为研究多功能语法标记的新工具，成为目前所知的研究介词多义性最好的方法。Croft（2001）通过跨语言比较研究建立了"**概念空间**"（Conceptual space）来反映人类大脑如何组织概念与概念之间的关系。[①] 作为**多功能语素**（Multifunctional morpheme），现代英语的to、现代汉语普通话"给"、法语à、德语zu，日语ni其功能各不相同。英语to能够表示"方向"、"接受者"、"目的"和"感受者"；法语的空间介词à除了能够标记处所终点的**方向**（Direction）外，也能标记**接受者**（Recipient），我们在潘秋平（2015：81）研究的基础上，将五种语言中的介引标记对应如下：

	目的（purpose）	方向（direction）	接受者（recipient）	感受者（experiencer）
英语 to	+	+	+	+
法语 à	-	+	+	+
德语 zu	-	+	+	+
汉语"给"	-	-	+	+
日语 ni	-	+	+	+

表1-2　汉语"给"、英语to、法语à、德语zu功能表

Croft（2001：96-213）和Haspelmath（2003：241）均提出多功能语素能够占据概念空间中的某个连续区域。[②] 潘秋平（2015）曾以实际的操作方法，介绍了Croft和Haspelmath所建立起的排列位置，并仿照Haspelmath所绘制的"现代英语的语义地图"绘制了"现代汉语普通话'给'的语义地图"。我们在此基础上，将汉语"给"、英语to、法语à、德语zu表示"方

---

① Croft, W.（2001）.*Radical Construction Grammar：Syntactic in Typological perspective*.Oxford：Oxford University Press.P92—98.

② 引自潘秋平《上古汉语与格句式研究》，商务印书馆，2015年，P81。

向"、"接受者"、"目的"和"感受者"的功能进行整合,图示如下:

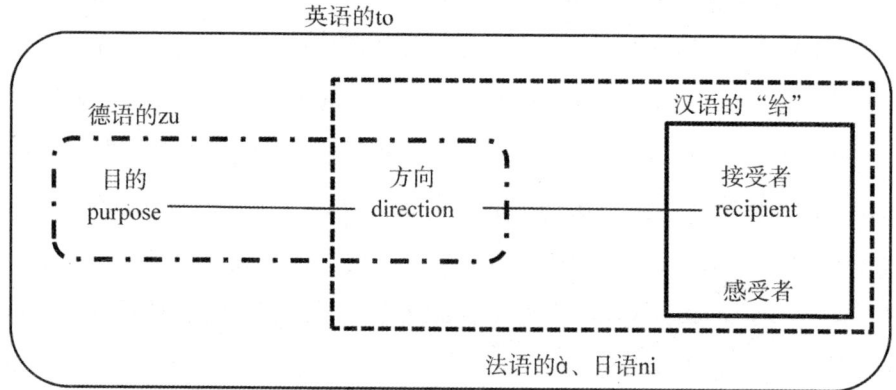

图1-6　五种语言标记"方向"、"接受者"、"目的"和"感受者"的排列位置

其中,英语的to和汉语的"给"作为两个多功能词(语素),虽然共享相同的概念空间,但它们所表示的功能也仅仅是部分重叠但并不完全对等。图示如下:

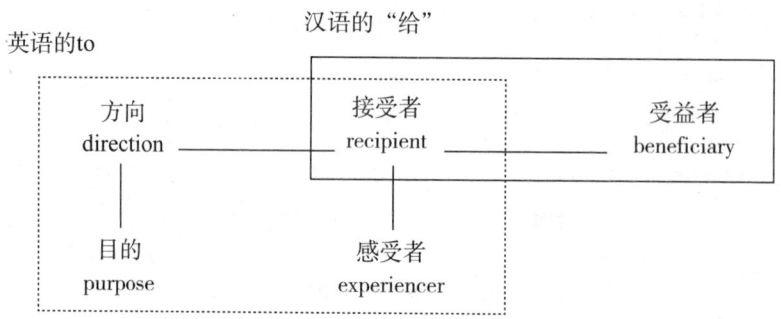

图1-7　现代英语to和现代汉语"给"的语义地图

认知语言学认为,语言反映的是人对现实世界的认知过程和认知结果。与母语学习不同,二语学习者已经形成了母语的概念系统和一整套的百科知识,因此,学习一种新的语言,就意味着要对自己已有知识进行重组。同时,母语的概念体系在二语学习时会"悄无声息"地起着中介作用。综上,对于二语学习者来说,不管是从语言本体差异的角度,还是从二语习得的复杂性角度来说,介词的掌握都是词汇和语法学习的重点,也是难点之一。

从西方传统语法阶段开始，介词就一直在语言系统中占有一席之地。从**对比分析**（Contrastive analysis）的角度看，各种语言的介词虽然存在不少相似之处，但总体来说，差异还是主要的。仅从语言本体的角度对比介词在各自语言中的分布及频率，就会发现其不平衡性。近年来，随着语言类型学的发展，越来越多的学者致力于跨语言的角度来观察和研究人类的语言，"通过跨语言比较来寻求或验证语言的共性，再以语言共性为背景更透彻地揭示具体语言的特点并以此将众多语言归为若干类型"。① 在这些特定的类型中，介词的研究和不同语言类型间介词系统及其成员的对比研究，彰显了其独特的类型学价值。类型学中的"介词"及其成员有其特定的意义，不同于传统语言学体系以及语言教学领域中通行的"**介词**"（Preposition）。②从下图我们可以看到类型学视野中的介词体系：

③Adposition（附置词）

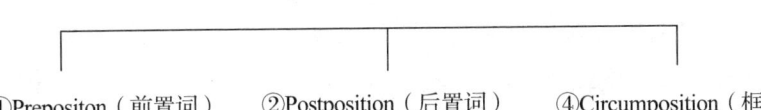

①Preposition（前置词）　②Postposition（后置词）　④Circumposition（框式介词）

图1-8　类型学研究中的"介词"体系

由于传统的语言学研究对象主要是以前置词语言为主的印欧语系，因此，"前置词"最早引起人们的注意，"后置词"作为语法术语要晚于前置词；而概括这两者的Adposition，则是当代类型学形成初期，Comrie（1981）在*Language Universals and Linguisitic Typology*中提出的；③ 至于Circumposition则是在Greenberg（1980）*Circumfixes and typological change*提出的"**框缀**"（Circumfix）④基础上，于*The diachronic typological approach*

---

① 刘丹青《语序类型学与介词理论》，商务印书馆，2003年，P5。
② 目前汉语和英语语法文献中提到的"介词"都一概翻译为Preposition，其实指的仅仅就是类型学Adposition（附置词）中的"前置词"而已；而中国的俄语教学界一直用"前置词"来称呼俄语中的предлог，翻译成英语也是Preposition。
③ Comrie（1989）*Language Universals and Linguisitic Typology*.Chiicago:Chicago University Press.Second Edition.
④ Greenberg, Joseph H.（1980）*Circumfixes and typological change*.In Elizabeth C.Traugott et al (eds.)*Papers from the International Conference on Historical Linguistics*.Amsterdam:John Benjamins.

to language(1995)重新定义的,① 因而也是在介词系统中产生最晚的一个术语。其中Preposition、Postposition和Circumposition三个术语中,均含有其上位概念Adposition中的Position(位置),Pre-(前)、Post-(后)和Circum-(环绕)只是标示其所处的位置。我们从这些术语产生的先后顺序,可以看到介词系统发展的渐进性以及人们对"介词"认识的步步深入,至此,我们才能窥见类型学背景下,汇集了尽可能多的各类型语言"样本"之后,所形成的最为完整的"介词"系统全貌。跨语言的研究表明,介词在不同语言中的句法地位是不同的,有的语言只有**前置介词**(Preposition)(前置词),如英语in(标记处所)、from(标记来源)、with(标记工具);有的语言只有**后置介词**(Postposition)(后置词,如方位词、后置助词等),如韩语和日语ni(标记处所)、kara(标记来源)、de(标记工具);② 有的语言既有前置词,又有后置介词,如汉语、德语;有的语言前置介词(介词)和后置介词(方位词等)兼备并可搭配使用,形成特有的"介词框架"或"**框式介词**"(Circumposition),如汉语"**在教室里**"、"**在桌子上**",德语**von**(Grund)**aus**(从[根本]上);③ 有的语言中,介词还可以连用,出现"**介词串**"(Prepositional cluster)或"**双层前置词**",如英语from outside(the school)和in between(the two rooms)、德语von zu(Hause)和mit von(der Partie)。④

单从数量来看,各种语言的介词系统数量不同,有多有少,数量不等,例如,冰岛语至少有47个前置词,而大洋洲*Kwamera*语却只有4个前置词,现代俄语共计有204种前置词,然而常用的生活词汇分为22个。⑤ 就英汉两

---

① Greenberg,Joseph H.(1995)*The diachronic typological approach to language.In Shibatani& Bynon(eds.)*
② 我们所说的"后置介词"在韩语和日语的传统教学语法中常被称为"助词",日语的类型学家则称之"后置词",语法体系不一,名称也不同。
③ 在研究领域,关于汉语介词的范围至今并不统一。大家认识比较统一的是前置介词,如"把"、"被"等,此外还有人提出后置介词,如"桌子上"、"书包里"的"上"和"里"等(一般人称为"单纯方位词")或中置介词,如"弟弟的书包"、"妈妈的衣服"里的"的"(一般人把"的"称为"助词")。详见马真《现代汉语虚词研究方法论》(修订本),商务印书馆,2016年,P310。
④ 德语的Von相当于英语的from、of,德语的zu相当于英语的to。von zu(Hause)即"从(家)里",mit von(der Partie)即"参加(聚会)"。
⑤ 冀刚《俄语前置词用法词典》,上海译文出版社,1992年,P418。

种语言而言，英语的各类介词总数约有286个，而汉语就纯粹前置词（传统意义上的介词）而言，大约只有35个，且几乎全部是从动词演变而来；到现代汉语阶段，介词（前置词）尚处于动词向介词语法化的中间阶段，动词和介词（例如"在"）、介词和连词（例如"和"、"与"）的界限还不是十分明晰，兼类现象常见，纯粹的介词数量要比英语少之又少。因此，仅仅从数量多少，在语言中的分布情况和出现频率的角度看，人们一般会认为英语在介词方面更为发达，不仅数量远远多于汉语，而且分工也更为细致而具体，自然就会在用法上，以及词汇意义的范畴以及句法功能上，比汉语更为活跃，更加复杂多变。然而，这种纯粹来自形态标记和数量方面的推断是否准确呢？Lindstrom & Lynch（1994：18）的调查证明，尽管大洋洲 *Kwamera* 语只有四个前置词，然而这四个介词的语义却比较丰富，每一个都相当于其他语言中多个不同的介词，例如：①

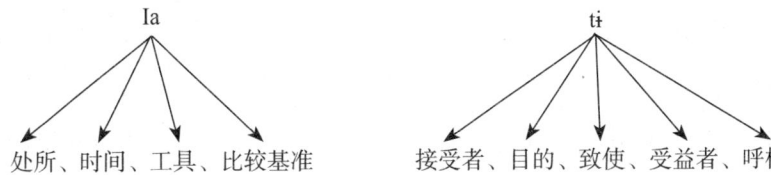

再从汉语史的角度看，在上古汉语的甲骨卜辞中，仅有有限的几个介词（如：自、从、于、以），其中介词"于"除基本义表示处所外，还引出时间、对象、被动句实施者、比较对象等等，和我们前面提到的现代日语ni的功能基本相同。② 显然，介词越丰富，数量越多，分工越细致，在用法上，"无论是词汇意义的范畴或者句法功能，比之汉语都更为活跃，更为复杂多变"这种想当然的结论似乎并不成立。请看：

---

① 详见 *Lindstrom, Lamont&John Lynch*（1994）.*Kwamera.München-New-castle:Lincom Europa.*
② 有关上古汉语介词的介引功能的例句可参潘秋平《上古汉语与格句式研究》，商务印书馆，2015年。

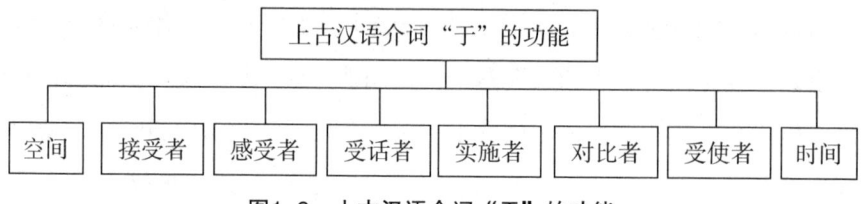

图1-9 上古汉语介词"于"的功能

介词发展到现代汉语阶段，数量达到35个，然而以上介词"于"的很多功能，除了被别的介词分担之外，其中有些功能已经消失，并不需要介词来表达（例如介引"处所"、"接受者"、"感受者"等）；难道在表达需要的情况下，汉语不会同时使用其他词类（例如方位词、助词）来帮助表达介词的功能吗？

再从二语学习的角度看，具体到英汉这两种语言，其在数量分布上表现出的悬殊，会不会导致母语为英语的学习者在学习汉语的过程中偏好使用介词呢？根据崔希亮（2005）的统计，"从总体上看，欧美学生在使用汉语介词的时候是有自己的特点的，这种特点首先表现在使用的**频率**（Frequency）上。与日本学习者、朝韩学习者以及以汉语为母语的中国人相比，欧美学生使用介词的频率要高得多。"[①] 当然，这种差异似乎还应该表现为中国学习者在学习英语的过程中，由于英语介词的功能远远大于汉语，在掌握英语介词时是否也会存在同样的有关使用频率的问题呢？如果再落实到二语学习中具体介词语言点的学习和运用，非英语母语的学生在英语介词学习中，母语的介词系统又是怎样影响到英语介词学习的效果或语言的产出呢？对此，*Jarvis*和*Odlin*（2000）曾做过一项研究，对比了一语分别为芬兰语和瑞典语的学习者的第二语言英语空间介词的产出情况，该研究也发现，在描述同样的语境（Context）时，芬兰学习者更倾向于使用英语介词on，而瑞典学习者则更多使用了英语介词in。[②] 该研究表明，即使是习得同样的第二语言，不同的一语学习者学习的效果和认知的途径也不尽相同。

[①] 崔希亮《欧美学生汉语介词习得的特点及偏误分析》，载《世界汉语教学》2005年第3期。

[②] Jarvis, S.& Odlin, T.（2000）.*Morphological type, spatial reference, and language transfer.Studies in Second Language Acquisition*,（22）；P535—56.

以上种种问题促使我们从介词习得的各个层面进行多维思考，以期在面向二语的现代汉语词介词研究中有所突破，透过介词形态标记本身，展开真正意义上的汉外介词对比研究。

基于以上问题，本书围绕二语教学中的介词学习展开研究，一条线围绕语言的对比分析展开，另一条线则围绕介词的习得和教学展开，力图通过理论和实践的梳理和探讨，为教师和外国留学生提供现代汉语介词教学研究的概貌，期盼读者能用较短的时间了解这一领域的核心知识点与前沿研究课题，并将之应用到教学实践中。

第二节　介词本体研究

由于汉语语法缺乏严格意义上的**形态变化**（Morphological change），因而介词就成为汉语的**句法成分**（Syntactic component）、**语义成分**（Semantic component）甚至**语用成分**（Pragmatic elements）的重要标志。对汉语介词的研究，自古至今，都是各个阶段的汉语语法研究的重要内容。

自马建忠（1898）的《马氏文通》起，汉语学界就开始了对汉语介词的研究，并且取得了丰硕的成果。作为第一部用现代语言学理论研究汉语的语法书，《马氏文通》中使用了"介字"来表达与"介词"相对应的概念。《马氏文通》不但明确了其定义——"凡虚字用以连实字相关之义者，曰介字"，也注意到了介词在汉语与西方语言之间存在的差异，还指出了介词和动词的密切关系。《马氏文通》的研究对象是**古代汉语**（Ancient Chinese），同样是以古代汉语为研究对象的《中等国文典》（1907），[①]第一次使用了"介词"这一术语，其介词研究的最大特点不是孤立地就介词本身进行研究，而是上升到了**短语**（Phrase）层次。

---

① 章士钊《中等国文典》，商务印书馆，1911年，P220。

黎锦熙《新著国语文法》（1924）的出版，开启了第一扇系统研究现代汉语语法的大门，开始对现代汉语介词进行研究。文中提到"介词是用来介绍名词或代名词到动词或述说的形容词上去，以表示它们的时间、地点、方法、原因种种关系的。"① 同时，分别对"在"、"从"、"对"的意义和用法进行了陈述。例如："在，时地介词，介所在。表一定范围之内定着的关系。①因为要表示地位或时间的一定范围，故所介的名词之下，常带一个表方位的词，以与介词'在'相应。②凡表静着的内动词若要用介词'在'介出'地位'，或前或后，都可附加；若是表流动、连续的内动词，便不能如此。③'在'所介的词有时只指明'动作所关的范围'，并不一定属于时与地。"②

吕叔湘（1982）在《中国文法要略》中，将介词归于关系词。"在"可做联系方所词的关系词，"在"加方所词，表达动作和方所之间的静止关系，有时也有动的关系；可做联系时间词的关系词；"在"接方所词构成补词也可以表示观点，后接动词或形容词。"从"表示动作和方所之间的关系，方所为动作的出发点，或表示通过某一处所；"从"在连系时间词时，表示事情起于某时。③

丁声树等（1961）《现代汉语语法讲话》有"次动词"一类，也属动词，但不做谓语里的主要成分，且后面总要带宾语。"在"、"从"、"对"都是次动词。④

赵元任（1979）《汉语口语语法》指出，介宾短语的功能有四种：在连动式里作为V_1（第一动词），修饰V_2，"在"、"从"、"对"修饰名词；做主语；做补语。⑤

太田辰夫（1996）《中国语历史文法》指出，介词有临时的，也有永久

---

① 黎锦熙《新著国语文法》，商务印书馆，2001年，P69。
② 同上。
③ 吕叔湘《中国文法要略》，商务印书馆，1982年，P198—203。
④ 丁声树等《现代汉语语法讲话》，商务印书馆，1961年，P98。
⑤ 赵元任《汉语口语语法》，商务印书馆，2010年，P333。

的。例如介词"在"表所在,"从"表起点,"对"表关联。①

20世纪50年代前后,语言学界的讨论内容主要集中在词类划分的问题上,介词研究的讨论围绕着介词的取消和建立以及介词的归属问题。吕叔湘、王力、赵元任、高名凯等持取消介词的观点,强调了介词跟动词的渊源关系,认为兼有介词功能的动词不是介词。这个做法忽视了兼类词的存在和介词独特的语法功能。同时,刘世儒、曹伯韩、吕冀平、黎锦熙、张志公等坚持主张仍然保留介词,其中最有影响力的是张志公(1954)的《汉语语法常识》②。《暂拟汉语教学语法系统》(1956)③出台之后,语法书和教科书基本都肯定了介词的存在。至此,有关介词体系问题或介词词类地位问题才得以明确。《暂拟汉语教学语法系统》不但指出了介词与动词的联系,而且说明了动词和介词的本质区别。

从20世纪80年代开始,学界对介词的全面描写和深入研究获得了巨大的成绩,我们在此不能穷尽所有研究成果,只择要介绍有关重要论述。

吕叔湘《现代汉语八百词》(增订版)(1999)指出:"介词加名词构成介词短语,介词短语的主要用途是修饰名词。"④"在"做介词时,跟时间、处所、方位等词组合成介词短语,表示时间、处所、范围、条件和行为的主体。"从"表示起点,常跟"到"、"往"、"向"等配合使用,构成的介词短语指处所来源、时间、范围、发展变化等;还可以表示经过的路线、场所;或跟名词组合,表示凭借、根据。"对"指示动作的对象或表示对待。该书以介词短语为主体进行描写,并介绍其分布。⑤

高名凯《汉语语法论》(1986)将介词称作"受导词",即引导关系中的受导的一端;认为"汉语的所谓'介词'实在只是一些半动词或准动词",不同于西方语言学中所说的介词,"还没有完全失去其原来的意

---

① 太田辰夫《中国语历史文法》,北京大学出版社,1987年,P234,P236—237,P239。
② 张志公《汉语语法常识》,中国青年出版社,1954年。
③ 张志公主编《暂拟汉语教学语法系统》,人民教育出版社,1956年。
④ 吕叔湘《现代汉语八百词》(增订版),商务印书馆,1999年,P18。
⑤ 吕叔湘《现代汉语八百词》(增订版),商务印书馆,1999年,P645—646,P130—131,P182。

义","这实在是由实词变成虚词的过程还没有完全成功的东西,我们至多只能称它做'准介词'"。① 例如"在"和"从"表示空间关系、时间关系、对意见或观念的关系,"对"表示空间关系、对人关系和对意见或观念的关系。

金昌吉《汉语介词和介词短语》(1996)② 通过比较介词的核心功能和一般功能,论述了介词的性质、特点以及相关的分类和划界问题,把介词作为一个系统,探索其句法功能、语义功能及其语用功能。介词的句法功能:联缀和标示、功能转化、句式标记、管约和标界。介词短语的句法功能有作定语、句首修饰语和状语、补语。介词的主要语义功能是表示名词类与句中其他成分的关系,即作为**格标记**(Case-marker)表示多种语义格:主体格、客体格、邻体格、时地格(起始格、经由格、位置格、目标格)、根由格、关涉格。例如:"在"——时地格中的位置格;"从"——时地格中的起始格和经由格;"对"——邻体格和关涉格。

傅雨贤、周小兵等《现代汉语介词研究》(1997)③ 将介词按照意义分为施事介词、受事介词、工具介词、对象内容介词、时间介词、方式依据介词、排除介词、原因目的介词等;又根据介词结构在句中的位置分为四类:主语前当全句的修饰语(在、从、对),谓语前当状语(在、从、对),谓语后当补语(在),主宾语前当定语(对)。书中对"在"、"从"、"对"等常用介词进行深入地探讨和分析,对它们在各种句子中与相关成分的联系进行全面描写和分析,并将其与意义相近容易相混的介词进行系统考察对比,指出了它们的相同点和不同点。与此同时,把句法研究和语义篇章语用研究结合了起来。如"对"分为"对1"、"对2"、"对3"、"对4",分别表示动作行为的方向、动作行为的对象或目标、对待关系、涉及关系。

---

① 高名凯《汉语语法论》,商务印书馆,1986年,P357,P377。
② 金昌吉《汉语介词和介词短语》,南开大学出版社,1996年。
③ 傅雨贤、周小兵、李炜、范干良、江志如《现代汉语介词研究》,中山大学出版社,1997年。

刘月华等《实用现代汉语语法》（2001）①是一本为对外汉语教学服务的参考书，不但论述了介词的语法特征和介词短语的语法功能，还对常用介词的用法进行了详细的描述，并比较了近义介词。"在"构成的介词短语可以表示动作行为发生的时间、处所、范围界限；还可以与一些词组成固定结构表达固定含义，如"在……看来"；还可用在动词后作补语表示时间、处所。"从"表示起点、通过的处所或路线、来源或依据。介词"对"还保留"对待"、"朝"、"向"的意思，也可引进与动作有关的事物或"对"的宾语即动词的受事。

陈昌来《介词与介引功能》（2002）②重点考察介词的三种功能，即句法功能、语义功能和语用功能，并以句法功能即介引功能为基础，把形式和意义、静态和动态、结构和功能结合起来，构成了对现代汉语介词较为全面的认识，特别是较为全面地对由介词构成的"介词框架"进行了详细的描写。

第三节 介词研究的相关理论

从时间上来看，20世纪以前，学界热衷于介词的**个案研究**（Case study），硕果丰盛，且大多着眼于介词**历时层面**（Diachronic level）上的发展演变。到了20世纪以后，特别是近几年来，越来越多的学者开始关注到介词的**系统性研究**（Systematic study），且更多地采用语言类型学、认知语言学、现代语义学等语法理论去研究汉语的文献材料。这不仅开阔了研究者的视野，也使研究的深度和广度有了很大的扩展。

---

① 刘月华等《实用现代汉语语法》（增订本），商务印书馆，2001年。
② 陈昌来《介词和介引功能》，安徽教育出版社，2002年。

一、语法化理论

欧洲18世纪学者 *Etienne Bonnot de Condillac* 最先提出：动词的曲折形态由独立的词演变而来。沈家煊（1994）认为"'语法化'通常指语言中意义实在的词转化为无实在意义、表语法功能的成分这样一种过程或现象，中国传统的语言学称之为'实词虚化'"。然而，"语法化"和古汉语的"实词虚化"并非完全相同的两个概念。"虚化"针对的是词义的变化由实到虚；[①] "语法化"则侧重于语法范畴和语法成分的产生和形成。因此，"'语法化'的范围似乎比'虚化'广。"[②]

语法化理论提倡从历史文献入手来探求语言规律，重视语法现象产生的语言环境和语义特征，从而发现实词虚化等语法演变的机制和动因。语法化的必要条件是高频的使用率，它的动因包括"语言接触、创新用法、误解和误用及语用因素。语法化的机制是类推和重新分析，演变的方式有隐喻、转喻和主观化等。"[③] 语法化的原则有：并存原则、歧变原则、择一原则、保持原则、降类原则、滞后原则、频率原则、渐变原则、单向循环原则等。

Langacker（1977：58）最早提出了"**重新分析**"（Reanalysis）这个概念——重新分析是一个表达结构的变化，不会立刻改变表层形式，常导致成分之间边界的创立、迁移或者消失。[④] "重新分析"是语法化产生的内部动因，其作用是创立新的语法手段。

"语法化"作为一个新兴的学科术语，在普通语言学领域已经成为热点，随着这个理论越来越普遍为我国学界所认可，特别是进入21世纪以后，有学者纷纷尝试利用这个理论来解释汉语介词的演化问题。*Li & Thompson*

[①] "实词虚化"的概念最早出现于中国元代周伯琦的《六书正讹》："大抵古人制字，皆从事物上起。今之虚字，皆古之实字。"

[②] 沈家煊《"语法化"研究综观》，载《外语教学与研究》1994年第4期。

[③] 王寅、严辰松《语法化的特征、动因和机制——认知语言学视野中的语法化研究》，载《解放军外国语学院学报》2005年第4期。

[④] Langacker, Ronald W. Syntatic reanalysis.In Charles N.Li（ed.）, Mechanism of Syntactic Change, Austin: University of Texas Press.1977, P58.

（1974）① 在分析古汉语的"醉把茱萸仔细看"中的"把"时，认为当"把"虚化为宾格标记时，SOV结构就产生了。由此认为动词虚化为介词影响到汉语语序的演变。李永（2003）的《"一个动词核心"的句法限制与动词的语法化》认为，在连动结构中，"一个动词核心"规则使得动词发生语法化，从而引起一系列的句法和语义后果。② 张旺熹（2004）的《汉语介词衍生的语义机制》认为："汉语非终结动词衍生为介词的过程，正好是一个没有改变语言表层形式而使语言结构功能发生变化的重新分析的过程。"③ 张会兰（2009）的《"从"类介词研究》运用语法化理论对"从"类介词及相关的介词框架进行历时和共时考察。④ 韩玉强（2011）的《"在+L+VP"结构中处所介词形成的语法化历程和机制》、龚娜、罗昕如（2011）的《"X 于"结构的语法化》都将介词放在句式结构中进行考察，并运用了语法化理论中的**重新分析**（Reanalysis）、**类推**（Analogy）和**扩展**（Extension）等理论来分析介词演化的机制。⑤ 马贝加（2014）的《汉语动词语法化》对介词萌生过程中名词的词类变换、连动结构的语法化、动词向介词的发展进行了详细地描写和论述，最终对介词的语义演变模式作了归纳。

此外，有学者从语法化的角度出发，对不同语言介词的语法化过程展开讨论。例如席建国（2013）认为英语和汉语中的介词都有各自语法化的过程，两种语言语法化程度各异，在其语言内部，各个介词的语法化程度及进程也有所区别。但是，英语和汉语介词的语法化亦有相似的地方："单元介词的语法化程度普遍高于双元介词和多元介词。"⑥

---

① Li, C. and Thompson, S. An explanation of word order change SVO>SOV, *Foundations of Language* 1974 (2), P 201—214.
② 李永《"一个动词核心"的句法限制与动词的语法化》，载《河南师范大学学报》（哲学社会科学版）2003年第3期。
③ 张旺熹《汉语介词衍生的语义机制》，载《汉语学习》2004年第1期。
④ 张会兰《"从"类介词研究》，华东师范大学硕士学位论文，2009年。
⑤ 韩玉强《"在+L+VP"结构中处所介词形成的语法化历程和机制》，载《语文研究》2011年第1期。龚娜、罗昕如《"X于"结构的语法化》，载《湖南科技大学学报》（社会科学版）2011年第2期。
⑥ 席建国《英汉介词研究的类型学视野》，上海交通大学出版社，2013年。

二、配价语法理论

1953年，法国语言学家特思尼耶尔（*Lucien Tesnière*，1893—1954）在《结构句法概要》（*Esquisse Dunesyntaxe structu-Rale*）一书中首次将"**配价**"（Valence）概念系统地引入语法学，所谓"**价**"（Valency），是借用化学中的术语，也译为"组配数限"，主要考察某一成分有多少个**同现成分**（Co-occurrent），亦即某一成分必须有多少个强制性搭配成分。**配价语法理论**（Valence theory）主要是针对动词的，是为说明一个动词能支配多少种性质的名词性词语，动词的"价"就决定于动词所支配的不同性质的名词性词语的数目。

关于哪些成分可以看做动词的必有成分而构成一个"价"，国内学界存在着诸多分歧。袁毓林（1998）①对配价标准的观点可以总结如下：首先应该选取同现名词最多的结构作为判断动词价的标准句式，在这个句法结构中提取动词的价数。有时会出现省略成分的现象，这时应该根据语境和句义将其补充完整，然后再确定动词的价数。其次，由介词引导的名词性成分虽然在形式上直接受到介词的支配，但介宾结构也是从属于动词的，介词宾语也跟动词发生间接的联系，因此也应该算作动词的价，这种动词被称为"准价动词"。再次，必有语义成分是句子的必有成分，删除之后会影响句子的表意和合格度。除了名词以外，有些谓词性成分和复句也应视为"命题"类必有语义成分，作为动词的一个"价"。因此，除了动词的主语、宾语，介词宾语等也可视为判定动词价数的必有语义成分。

人们最初认为动词有配价的问题，动词性的结构可以进行配价分析，后来语言学家通过研究发现，形容词和名词等也有配价的问题。总之，"配价分析"利用动词与不同性质名词之间、形容词与不同性质的名词之间、名词中隐含谓词与不同性质的名词之间的配价关系来研究、解释某些语法现象取得了很好的效果。运用配价语法理论对介词进行的相关研究如下：范晓

---

① 袁毓林《汉语动词的配价研究》，江西教育出版社，1998年。

（1996）《关于动词配价研究的几个问题》、殷国光（2006）《〈庄子〉准价动词及其相关句式的考察》、殷国光、华建光（2007、2008）《〈庄子〉动词配价研究》、袁毓林（2010）《汉语配价语法研究》等文章在研究动词的价时，都涉及到介词支配成分的语义角色。① 杨圳、施春宏（2013）《汉语准价动词的二语习得表现及其内在机制》虽然从动词着眼，但关涉动词与介词的配位关系，通过描写"HSK动态作文语料库"中的准价动词的偏误和准确使用情况，发现了介词与准价动词共现的配位是准价动词习得的难点。该文角度新颖，从动词与介词的互动关系入手，找到留学生习得汉语准价动词困难的根源，不仅为介词的研究提供了新的角度，而且为对外汉语教学提供了理论指导。②

三、语用学理论

语用学（Pragmatics）是语言学各分支中一个以语言意义为研究对象的学科领域，在语用学研究中，有两个核心概念：一个是意义，另一个是**语境**（Context）。这也是众多语用学定义中最为一致的观点。语用学作为专门研究语言的理解和使用的学问，其研究对象是特定情景中的特定话语，研究它们如何通过语境来理解和使用。然而不同于形式语义学所研究的意义，语用学所研究的"意义"是语言在一定的语境中使用时体现出来的具体意义。

语用学认为人们的正常语言交流总离不开特定的语境，"这里的语境包括交际的场合（时间、地点等），交际的性质（话题），交际的参与者（相互间的关系、对客观世界的认识和信念、过去的经验、当时的情绪等）以及上下文。语境直接影响着人们对话语的理解和使用"（金定元，1985）。③ 换言之，要判断某些具体的言语行为是否得体，须依据其使用的语境。离开

---

① 范晓《关于动词配价研究的几个问题》，载《三明职业大学学报》1996年第1期。殷国光《〈庄子〉准价动词及其相关句式的考察》，载《中国语文》2006年第6期。殷国光、华建光《〈庄子〉动词配价研究》，载《中国语文》2008年第5期。袁毓林《汉语配价语法研究》，商务印书馆，2010年。
② 杨圳、施春宏《汉语准价动词的二语习得表现及其内在机制》，载《世界汉语教学》2013年第4期。
③ 金定元《意义、信息和文化背景》，载《语言教学与研究》1985年第2期。

了语境，就使判断本身失真或失去意义。

国内的语用学理论在介词研究中的运用，主要体现在介词的**语用化**（Pragmaticalization）研究上，即通过句式、语篇、语用层面对介词的形成和虚化（语法化）现象进行考察和解释。吴金花（2003）《汉语动词介词化研究》利用语用因素分析了汉语动词"为"介化的动因，认为语用因素在动词介词化的过程中也起着重要的作用，因为词语的使用离不开语境，而词语的意义也与具体的语境密切相关。一个动词如果经常使用，且经常出现在补语或者状语的位置，表示时间、处所、原因、对象、方式等介引关系的语境意义就逐步转移到这个动词上，促发了动词向介词的演化。① 朱峰（2006）《介词框架"除了……以外"考察》从历时发展角度对介词框架"除了……以外"的形成及演变机制作出合理的解释，并认为此框架的语用功能包括"话题标记功能、篇章衔接功能、管界功能、修辞功能、强调补充追加功能和解说功能"。② 史冬青（2009）《论汉语动词的介词化因素》认为，表原因的介词"自"和表沿途功能的介词"遵"、"循"、"缘"、"沿"、"顺"、"随"的虚化过程都受到语境的影响。③ 张谊生（2016）的《"从X到Y"介词框架的构造和功能》通过揭示外部使用语境和动态的语用义，进而挖掘这一格式的形式、意义和功能的特征和内在规律。④

以上论文都是把介词放在句子中，以上下文作为语境，通过语篇分析，探索不同的语用功能对介词虚化的影响。当前语用学研究的成果，以及对语言形式、语言环境等进行语用分析的理念已经渗透到外语教学之中。

四、语义学理论

义素分析法（Sememe analysis）也叫**"语义成分分析法"**。早在20世纪40年代初期，结构主义丹麦学派的代表人物叶尔姆斯列夫（*L.Hjelmslev*,

---

① 吴金花《汉语介词动词化研究》，福建师范大学硕士学位论文，2003年。
② 朱峰《介词框架"除了……以外"考察》，上海师范大学硕士学位论文，2006年。
③ 史冬青《论汉语动词的介词化因素》，载《山东教育学院学报》2009年第4期。
④ 张谊生《介词的演变、转化及其句式》，商务印书馆，2016年，P53—73。

1899—1965）就提出了**义素分析法**（Sememe analysis）的设想。20世纪50年代，美国人类学家朗斯伯里（*F.G. Lounsbury*，1914—1998）和古德纳夫（*W.H. Goodenough*，1919—2013）在研究亲属词的含义时也提出了义素分析法。

义素分析法是一种深入到词的内部分析其意义构成方式、词义结构和整体系统的方法。国内学者高名凯的《语言论》[①] 第一次阐述了"素位理论"，标志着"**义素**"（Sememe）的概念作为一个词义单位，首次引入我国。到了20世纪80年代，我国语言学家开始将义素分析法用于汉语语义分析。

谭宏姣（2005）[②] 提出"源义素"的概念，即组织系联整个词义系统的特殊词义成分。关于词义内部引申的基点，传统训诂学认为是本义；作者在此基础上进一步提出本义中的"源义素"是决定词义的基本特征，是词义派生的出发点。"源义素"是构成本义的几个义素中决定词义引申方向的，一个词可以有多个源义素。

以往所谓的"义素"都是针对词义而言的，即"理性义素"。李永（2005）[③] 提出了"语法义素"的概念。他认为，"语法义素"是可语法化的动词范畴化的产物，是动词义素的一部分，决定着动词虚化的方向。随着理性义素的溶解，语法义素逐渐凸显，直到完全成为虚化的虚词。"语法义素"都是在特定的句式结构中被激活的。

运用语义分析法进行介词研究的有：马贝加（2002）《近代汉语介词》[④] 用义素分析、语用结构分析和次类比较三种方法来确认历史发展过程中介词的性质。她认为在宾语扩大范围的同时，词义也发生了变化，通过分析义素的变化，可以清晰地认识"动词-介词"的发展路径，借助分析义素的消长、扩缩，可以认识介词的性质和特点。陈昌来（2002）《汉语介词的

---

① 高名凯《语言论》，商务印书馆，1995年。
② 谭宏姣《试论一种特殊的词义成分——源义素》，载《古汉语研究》2005年第4期。
③ 李永《语法义素的凸显与动词的语法化》，载《山东师范大学学报》（人文社会科学版）2005年第5期。
④ 详见马贝加《近代汉语介词》，商务印书馆，2002年。

发展历程和虚化机制》①也认为，介词的形成往往伴随着动词词义的泛化、弱化和虚化。李永（2003）《"一个动词核心"的句法限制与动词的语法化》认为在连动中，"一个动词核心"规则使得动词发生语法化，从而引起一系列的语义后果，例如形式表达因素的增加、动词时间性语义特征的消失等。②吴金花（2003）《汉语动词介词化研究》③认为，词义虚化的直接结果是使实词的动作义逐渐脱落直至动词义素的消失。"动词的介词化常常是发生在它的某个义位上，有些动词可以不止一个义位发生虚化，发生虚化的义位演化成不同的介词。"运用这个理论，作者分析了"给"、"向"、"沿"三个介词的介化过程。张旺熹（2004）《汉语介词衍生的语义机制》认为"介词可能是一部分非终结动词在连动结构或兼语结构中由语义降级而产生的句法后果。"即从语义角度分析了介词衍生的因素：语义完形、语义降级等。④贾璐、章也（2015）《论〈经传释词〉对古汉语虚词教学的启示作用》通过对虚词"与"的梳理，系统描写了虚词"与"各义项的来源，并在此基础上归纳出"与"的词义系统。⑤任晓彤（2010）认为，只有在知晓虚词各义项来源、理清词义系统的基础上，才能根本解决虚词词典的义项排列问题，基于此点，整理出虚词"於"的意义系统。⑥

上述研究，都扎根传统训诂学土壤，深入探究虚词的词义演化脉络，具有借鉴意义。

---

① 陈昌来《汉语介词的发展历程和虚化机制》，载《柳州职业技术学院学报》2002年第3期。
② 李永《"一个动词核心"的句法限制与动词的语法化》，载《河南师范大学学报》（哲学社会科学版）2003年第3期。
③ 吴金花《汉语介词动词化研究》，福建师范大学硕士学位论文，2003年。
④ 张旺熹《汉语介词衍生的语义机制》，载《汉语学习》2004年第1期。
⑤ 贾璐、章也《论〈经传释词〉对古汉语虚词教学的启示作用》，载《内蒙古师范大学学报》（教育科学版）2015年第9期。
⑥ 任晓彤《释"於"——兼谈虚词词典的义项排列》，载《内蒙古大学学报》（哲学社会科学版）2010年第4期。

五、认知语言学理论

除了侧重于概念层面上的比较之外,以往的语言学流派在研究语言时,大都未涉及到人的身体体验或者人的高级思维活动的比较。在认知语言学的基本框架下,概念形成根植于普遍的**身体经验**(Bodily experience),特别是空间经验,这一经验制约了人对心理世界的隐喻性建构。在各种认知能力中,一个主要和普遍的认知能力是**想象**(Imagination),即把一些概念投射到另一些概念中。*Lakoff & Johnson*(1980)认为,多义词的众多义项以其本义或原型义为基础,通过隐喻发展而来,而这个原型义常常就是其表示空间层面的意义。①

隐喻(Metaphor)是一个认知机制,在这一机制中,一个认知域被部分地**映现**(Mapped)于另一认知域上,后者由前者得到部分的理解。前者叫**来源域**(Source domain),后者叫**目标域**(Target domain)。隐喻的两个域之间之所以能发生映射,主要是因为它们之间存在着相同的意象和意象图式。

在隐喻概念中,空间隐喻是人类语言中最基本的隐喻,表现在语言形式中就是从空间域投射向非空间域。从已有的研究发现看,空间隐喻普遍存在于日常语言当中,人类的许多抽象概念都是通过空间隐喻来构建的,时间和空间的隐喻是隐喻研究的基础,而空间隐喻又是构建时间隐喻的基石,因此,空间隐喻研究则成了基础之基础(胡壮麟,2004)。② 可以说,空间隐喻基于人类共有的身体感觉及物质经验,它们存在于许多语言中,具有相当的普遍性。例如,空间介词的义项形成和扩展不是任意的,空间介词(如 on,in 等)首先表达的是空间概念,从而构成了它的典型意义。空间介词的义项形成是从典型意义到次典型意义再到边缘意义这样的放射性网络结构,具有一定的**理据**(Motivation)。

意象图式(Image schema)是认知语言学广泛使用的一个概念,是构建

---

① Lakoff G.&M.Johnson. *Metaphors We Live By*.[M] Chicago:The University of Chicago press.1980.
② 胡壮麟《认知隐喻学》,北京大学出版社,2004年。

空间概念隐喻的路径。意象图式可应用到空间介词的语义理据分析，在认知语义学中，意象图式是概念结构的重要形式。其主要构想是，由于我们在物质世界生存并从事各种活动，如感知环境事物、移动我们的身体、支配外界事物并受外界事物支配等，在我们大脑中会形成一些基本概念结构，然后我们会用它并通过一系列更抽象的认知域来组织我们的思维活动。

具体到介词的教学过程中来说，运用意象图式理论可以"从认知角度系统研究介词的多义现象，揭示某个义项生成的内部认知机制，使语言学习者更加深刻地理解介词各义项在多义网络中的内在联系"。① 由于介词的含义多样而又相对抽象，利用意象图式帮助习得者更生动地理解介词的复杂含义是如何辐射、衍生的，不再是传统的死记硬背，使得多个义项之间的关系更具系统性，从而提高习得的准确率和效率。

总之，运用认知理论进行介词教学，可以帮助学生更好地理解语言现象背后的认知活动，理解介词各个义项之间的内在联系，构成一个多义网络的系统。例如母语为英语的留学生在学习汉语介词和母语为汉语的学习者在学习英语介词时，都可以借助意象图式和原型范畴理论，掌握其基本词义和延伸词义之间的关系，从而提高学习效率和准确率。

六、语言类型学理论

Greenberg（1963；1966）的经典性论文，标志着以研究人类语言共性和差异为己任的当代语言类型学的诞生。② 当代语言类型学像其他流派一样，主要关注语法研究，其中语序更成为当代类型学的核心领域。随着类型学理论的发展，人们逐渐认识到介词类型在语序类型学中占有核心的地位，介词是最重要的类型学**参项**（Parameter）。目前，人类语言的最大的语序类型界限确实是用介词参项划出的，介词对其他语序的连带影响也最为明显，能预测的语序也最多，因此，介词研究在当代类型学中有着重要的语法地位。

---

① 曹巧珍《原型范畴理论应用于课堂一词多义教学的实验研究》，载《山东外语教学》2010年第2期。

② Greenberg, Joseph.H.Some Universals of Grammar with Particular Reference to the Order of Meaningful Elements. Universal of Language .Cambridge Mass： MIT.Press.1966a, P73—113.

从语言类型学的角度来看，介词的类型和语序与句中其他部分的搭配关系密切相关。介词最重要的功能之一即联系项功能，介词作为"联系项"范畴的成员之一，其"根本位置就是中介于'**前肢**'（Front-relatum）与'**后肢**'（Back-relatum）之间，将二者连接成为一个更大的语法单位，并标明二者之间的语义和句法关系。"① 类型学中的"**介词**"的概念是指Adposition。跨语言研究表明：介词在不同语言中的句法地位是不同的，目前根据其所处的位置，可以将介词分为**前置词**（Preposition）和**后置词**（Postposition）两种。汉语的前置词不仅包括介词，还具有丰富的后置词系统（方位词等），前后置词搭配使用的"**介词框架**"也大量存在于汉语的句子中，构成汉语介词类型的显著特征之一，所以不仅在汉语的语法结构中有着重要的地位，在类型学研究中更具有不可替代的研究价值。

近年来，中国的语言学研究者将语言类型学与汉语的研究相结合。刘丹青（2003）《语序类型学与介词理论》首次从类型学的角度对汉语介词作了系统的研究，特别是对汉语"后置词"以及**框式介词**（Circumposition）的研究颇有启发性。② 刘丹青的研究运用语言类型学理论的相关原则，分析了汉语介词语序的演变动因，从而建立起更为全面的汉语介词理论，这也是对汉语介词研究的一个全新的尝试。③ 吴福祥（2003）《汉语伴随介词语法化的类型学研究——兼论SVO型语言中伴随介词的两种演化模式》一文，以类型学为理论依据，说明了伴随介词在历时上向并列连词发展是SVO型语言的普遍规律。④ 此文的价值在于作者尝试运用西方的语法理论来解释古代文献和语法化的演变动因，而不是局限于对文献的共时描写和统计分析。

---

① Dik, Simon. *Advances in Functional Grammar* [M]. Foris Publications, 1983, P398.
② *Circumposition*的概念最早是由当代语序类型学的创始人*Greenberg*（1995）在研究闪语族（Semtitic）和伊朗语族（Iranian）部分语言的语序类型演变时提出的，最早被被翻译为"框缀"（Circumfix），后被称为"框式介词"。
③ 刘丹青《语序类型学与介词理论》，商务印书馆，2003年。
④ 吴福祥《汉语伴随介词语法化的类型学研究：兼论SVO型语言中伴随介词—的两种演化模式》，载《中国语文》2003年第1期。

运用类型学理论进行的探索，把汉语介词置身于世界语言学背景中，使汉语的介词系统同其它语言的介词系统更具有可比性，推动了汉语介词理论的深化。其研究成果更为普通语言学的发展提供了类型化素材，提供了新视角，对类型学理论的完善有着重要的补充作用。同时，也能够更加深入地挖掘介词所蕴含的类型特征，更为准确地反映汉语介词的特点。

七、对比分析理论

现代对比语言学是从欧洲和美国发展起来的，美国语言学家沃尔夫（B.Whorf，1897—1941）在1941年首次使用了Contrastive linguistics这一名称。1945年，Charles Fries在The Teaching and Learning of English as a Foreign Language（《作为外语的英语教学与学习》）一书提出了对比分析的思想，认为最有效的教材应该建立在对学习者的母语和目的语进行科学描写和仔细对比的基础上。[①]

1948年，里德（David Leed）、拉多（Robert Lado）和沈尧（Yao Shen）为对比分析在教学上的应用奠定了基础，虽然他们还没有特别提到"对比分析"这个术语，但三人合写的《本族语在外语学习中的重要性》一文，发表在Language Learning（《语言学习》）的第一期上，该杂志后来成了人们就对比分析应用于语言教学中的各个方面的问题发表意见和研究成果的论坛。

拉多（Robert Lado，1957）在Linguistics Across Culture（《跨文化语言学》）[②]中系统地阐述了对比分析的内容、理论依据和分析方法。他认为在第二语言习得过程中，学习者会把母语的特征迁移到目的语中，因此，对两种语言及其文化进行系统对比，可以预测和描写可能引起和不会引起困难的地方。[③]

对比分析是建立在结构主义语言学和行为主义心理学的迁移理论基础之

---

① Fries，Charles C. 1945. The Teaching and Learning of English as a Foreign Language. Ann Arbor：University of Michigan Press.
② Lado，R. 1957. Linguistics Across Cultures. Ann Arbor：University of Michigan Press.
③ 同上。

上的。斯金纳（*B·F·Skinner*，1904—1990）的行为主义心理学和布龙菲尔德（*Bloomfield*，1887—1949）的结构主义语言学认为，学习不是思维过程，而是一个机械模仿的过程；学习语言就是学会一系列习惯；外语习得主要是一个从母语习惯向外语习惯迁移的过程。旧的习惯会妨碍新习惯的养成，外语学习者之所以会犯这样那样的错误，就是因为母语的习惯干扰了思维。当母语和外语结构相同时，会出现"**正迁移**"（Positive transfer）或"**促进**"（Faciliation），学生容易掌握；当母语与外语结构不同时，学生试图借助于母语来表达思想，从而产生"**负迁移**"（Negative transfer），即已习得的母语习惯会对学习其他语言形式产生"**干扰**"（Interference）。对比分析的目的是试图通过对比，促进"正迁移"，同时克服"负迁移"，并在此基础上帮助学生养成新的外语思维习惯。通过对比分析，教师可以预测外国学生学习外语的困难和错误，帮助学生学好一门外语。同时，对一些与外语教学、翻译和双语词典编纂相关的对比语言工作也有重要的意义。

对比分析理论于20世纪初引入国内，不少学者开始就对比分析的角度，来重新分析汉语。许余龙（1992）为"**对比语言学**"给出的定义是"**对比语言学**（Contrastive linguistics）是语言学中的一个分支，其任务是对两种或两种以上的语言进行共时的对比研究，描写它们之间的异同，特别是其中的不同之处，并将这类研究应用于其他有关领域"。他还认为：**对比语言学**是专门系统地研究不同语言之间的异同的一个语言学分支。对比语言学包括"理论"和"应用"两大方面。"理论对比语言学"的任务是探讨对比研究的合理模式和理论框架，以及进行语言对比的一般原理和方法；运用语言对比的一般原理，对两种或两种以上的语言进行尽可能详尽深入的具体比较，探讨不同语言的内在特征；通过比较，检验某一具体语言学理论的可行性。总之，理论对比语言学是整个理论语言学的一个组成部分，它的发展可以使我们加深对语言的认识，推动整个语言学研究的发展。应用对比语言学的目的是将理论对比语言学的研究成果运用到外语教学、翻译等一些理论和方法问题。对比语言学最重要的应用领域是外语教学，而"对比研究"揭示了语言之间的异同，这对于外语教学，特别是成年人的外语教学，有着不可忽视的指导意义。

"对比分析"所研究的对象和内容涉及语音、词汇、语法、篇章、语用等对比。对比分析的方法包括"双向对比"和"单向对比"。"单向对比"是指将一种语言定位为**参照语**（Reference language）来描写另一种语言，并且使用建立在参照语基础上的那些范畴来考察目的语的对应范畴。① "应用对比研究"主要是采用后一种方法。

八、偏误理论

20世纪60年代后期，人们在语言习得和教学实践中逐渐认识到"对比分析"在预测学习者错误方面具有一定的局限性，发现有许多错误并非来自母语的干扰，也无法通过两种语言的对比来加以解释。由此，人们开始把研究的焦点逐渐转移到了语言学习的过程上，着眼于学习者的语言错误，以期发现和了解语言学习的策略和过程。从20世纪60年代中后期开始，Corder发表了一系列偏误分析的文章，这些文章成为了第二语言习得研究的起点，**偏误分析**（Error analysis）也成为应用语言学研究领域公认的内容。Corder（1967）的《学习者语言偏误的意义》（*The Significance of Learners' Errors*）② 是开启第二语言习得研究的经典之作。他对Mistakes（失误）和Errors（偏误）进行了区分，他认为："失误"具有偶然性，属于**语言行为**（Language performance）范畴。Corder还指出，"偏误分析"重点研究学习者学习过程中出现的"偏误"，而不是"失误"。偏误在第二语言习得中的积极作用如下：1. 为教师提供学习者对目的语掌握的情况；2. 为研究者提供第二语言是如何被习得的证据；3. 成为学习者发现语言规律时所运用的策略之一，验证他们对第二语言规则的理解正确与否。他对学习者语言偏误的见解改变了人们以往排斥语言偏误的做法，从而让学习者的语言偏误进入了第二

---

① 丁金国《汉英对比研究中的理论原则》，载《外语教学与研究》1996年第3期。

② Corder, S.P. The Significance of Learners' Errors. International Review of Applied Linguistics（5）.1967, P161—167.

语言习得研究的视域。

Richards（1971）将偏误分为三类："**干扰偏误**"（Interference errors），即由母语干扰形成的；"**发展偏误**"（Developmental errors），是由于语言知识有限造成的；"**语内偏误**"（Intralingual errors），指过度使用目的语规则，也称过度泛化。① 而*Schachter and Celce-Murcia*（1977）认为没有必要区分"语内偏误"和"发展偏误"，所以将偏误分成"迁移偏误"和"语内偏误"两类，也就是后来我们归纳的"**语际偏误**"（Interlingual errors）和"**语内偏误**"（Intralingual errors），前者发生在两种语言之间，是由于学习者的母语对目的语的干扰造成的，后者发生在目的语的内部，是由于对目的语规则掌握得不完整或者归纳错误而造成的。②

*Ellis*把第二语言学习者的语言偏误的来源概括为：大量的偏误是语内偏误，而不是语际偏误；初级学习者的语际偏误多于中高级学习者，中高级学习者的语内偏误多于语际偏误；语内偏误和语际偏误的多少和任务有关，如：在翻译中出现的语际偏误会多于在自由写作中的；成人比儿童更容易发生语际偏误；偏误不只有一个来源，一个偏误可能是由语内偏误和语际偏误同时造成的。③ 泰勒（*Taylor*）则发现，初级阶段，语际迁移占优势，当学到一定程度时，语内迁移就会多起来。初级阶段到高级阶段，语际迁移越来越少，而语内迁移越来越多。

在国内，1984年鲁健骥发表《中介语理论与外国人学习汉语的语音偏误分析》，④ 首次使用"偏误"与"中介语"两个概念，标志着中介语理论、偏误理论在国内对外汉语教学界正式运用。鲁健骥（1992）认为"所谓偏误分析，就是发现外语学习者发生偏误的规律的过程，这包括偏误是怎样产生的，在不同的学习阶段会发生什么样的偏误，等等。偏误分析的意义在

---

① Richards, J. A Non-contrastive Approach to Error Analysis. English Language Teaching Journal（25）.1971.
② Schachter, J. And M. Celce-Murcia. Some Reservations Concerning Error Analysis. TESOL Quarterly（11），1977.
③ Ellis, R. The Study of Second Language acquisition, Oxford: Oxford University Press. 1944, P61.
④ 鲁健骥《中介语理论与外国人学习汉语的语音偏误分析》，载《语言教学与研究》1984年第3期。

于能够使外语教学更为有效、更为有针对性。"① 刘珣（2000）认为："偏误分析是对学习者在第二语言习得过程中所产生的偏误进行系统的分析，研究其来源，揭示学习者的中介语体系，从而了解第二语言习得的过程和规律。"②

总之，"偏误分析"理论的宗旨是对学习者的偏误进行系统地分析和研究，确定偏误的来源，并以此说明外语学习的心理过程以及偏误在学习者语言系统中的地位。通过运用偏误分析理论，我们能够更加明确第二语言习得者运用外语的规律，有利于我们更加清晰地掌握二语习得者使用外语的情况，进而推动我们对两种语言介词进行研究的深度和广度。

九、中介语理论

"中介语理论"（Interlanguage theory）是在语言对比研究和偏误分析的基础上发展起来的，最早由英国语言学家 *Corder* 于1969年首先提出。之后，1972年，美国语言学家 *Selinker* 发表《中介语》，③ 被认为是中介语理论建立的标志。

中介语理论认为：**中介语**（Interlanguage）是"外语学习者自己创造出来的一种语言系统"，其来源、产生由五个方面构成：语言转移、对第二语言规则的过度概括化、语言训练的转移、学习第二语言的策略和交际的策略等。

因此，对介词使用的相关偏误类型进行系统整理，并系统地对介词偏误进行探因，研究相应的教学对策，应当是一个理想的研究路径，会对整体汉语语言教学和汉语语言习得有一些启发，收到好的教学效果。

---

① 鲁健骥《偏误分析与对外汉语教学》，载《语言文字应用》1992年第1期，P69—73。
② 刘珣《对外汉语教育学引论》，北京语言文化大学出版社，2000年，P191。
③ Selinker, L. Interlanguage. Inernational Review of Applied Linguistics.1972（10），P209—231.

第四节　从汉语史角度对介词语法化的研究

一、介词语法化历程研究

对上古、中古、近代汉语介词进行语法化研究，就是从历时的角度考察某个介词或者某类介词的历史演变，探索不同时期的面貌和特征，从而总结出介词演变的规律。这类研究成果主要见于有关介词历时演变的单篇论文中，也有一些专著和学位论文在进行断代史或通史考察时涉及到这类研究。

从时间来看，20世纪80年代，对介词的研究只是描写性的和举例性的。如潘允中（1982）《汉语语法史概要》在谈到介词时，列举性地分析了介词"于（於）"、"乎"、"在"、"之"、"以"、"为"、"与"、"同"、"和"的发展演变；[1] 王力（1989）的《汉语语法史》列举了介词"之"、"於"和介连兼类词"与"、"而"的发展演变及用法。[2]

20世纪90年代，学者开始较为系统地研究汉语介词，取得了重要的成果：

柳士镇（1992）《魏晋南北朝历史语法》[3] 着重从这一时期新兴介词的角度对各类介词意义和用法进行阐述，并重点分析了"于"和"於"在上古及中古时期的异同。该书的价值，一是对介词的次类进行了划分，有利于介词内部的系统性的建立；二是对新兴介词进行了专门的研究，重视介词发展的特点，开启了学界对介词进行专书或断代研究的新视角。

向熹（1993）《简明汉语史（下）》[4] 分上古、中古和近代，分别考察了各时期出现的介词，注重对介词产生年代的确认，初具语法化"史"的观念。但由于是通论性的论著，未对介词作系统性的归类，仅属于列举式的说

---

[1]　潘允中《汉语语法史概要》，中州书画社，1982年，P124—136。
[2]　王力《汉语语法史》，商务印书馆，1989年，P138—164。
[3]　柳士镇《魏晋南北朝历史语法》，南京大学出版社，1992年。
[4]　向熹《简明汉语史（下）》，商务印书馆，2010年。

明,对各个介词的意义、用法解释得不够详细。

着眼于介词的历时演变,研究成果最为丰硕的当属马贝加。她二十多年来始终致力于介词研究,发表了相关论文二十余篇。① 其《近代汉语介词》② 全面总结了近代汉语介词。这部著作的重要价值在于:首先,它是第一部系统研究介词的著作,第一次对介词的次类做了进一步的划分并进行了详细的考察;其次,这部著作不仅仅局限于共时平面的考察,每个介词都追溯了其产生和发展的脉络,具有"史"的观念,对深入考察各个时期介词具有重要的参考价值。其不足之处是,虽然作者在此前提出了判定介词和动词的三个标准,但在对具体介词进行分析的时候,没有为某些介词的形成给出形式标志。例如在分析"因"的时候,只说了其"依据"、"按照"义在先秦时期已经出现,仍保留在近代汉语书面语中,但没有给出近代汉语的例句,分析稍显粗疏。

此外,着眼于单个介词对其进行语法化研究的成果也很丰富,如于江(1996)《近代汉语"和"类虚词的历史考察》、郭锡良(1998)《介词"以"的起源和发展》、吴波(2003)《中古汉语表示"沿着"的介词"寻"》、周芍和邵敬敏(2006)《试探介词"对"的语法化过程》、田春来(2007)《也谈处所介词"著"的来源》、史冬青(2008)《时间介词"及"的历史演变》、徐宇红(2009)《论魏晋南北朝时期"捉"的动/介过渡状态》、史冬青(2009)《处所介词"就"的历史演变》、史冬青(2010)《先秦至魏晋时期的方所介词"于"》、王媛媛(2011)《中古汉

---

① 马贝加的研究成果包括《介词"沿、往、望、朝"的产生》(1987)、《介词"按、依、乘、趁"探源》(1990)、《汉语中"沿着"义的动词与介词》(1991)、《介词"照"的产生》(1992a)、《方式介词"凭、据、随、论"的产生》(1992b)、《介词"沿"的产生》(1992c)、《"望"介词义补说》(1993)、《汉语中"趁着"义介词探析》(1995)、《说"自"》(1996a)、《介词"因"辨义》(1996b)、《介词"缘"的产生及其意义》(1996c)、《介词"方"探源》(1996d)、《介词"就"的产生及其意义》(1997)、《介词"就"萌生过程中的两个句法位置》(1998)、《处所介词"向"的产生及发展》(1999a)、《介词"经"的产生与发展》(1999b)、《对象介词"将"的产生》(2000)、《时处介词"从"的产生及发展》(2002)、《原因介词"坐"的产生》(2009)。还有她与其他学者共同撰写的论文,包括:马贝加、徐晓萍(2002)《时处介词"从"的产生及其发展》;于卫平、马贝加(2009)《近代汉语比较介词"却"的产生》。

② 马贝加《近代汉语介词》,中华书局,2002年。

语中的介词"着"》等,都从语法化角度,对不同的介词进行发展演变的描写和分析。①

以上这些研究主要是从语法化的角度探究汉语介词的历史来源,特别是对单个介词的分析比较细致深入,为其后系统性的研究做了基础性的准备工作。

二、介词虚化动因研究

有关介词语法化研究的一些文章,在描述介词语法化过程的同时,特别注重对介词的演化动因和机制进行理论性的探究。代表性的论文如下:

赵大明(1990)《论汉语介词发展中的功能专一化趋势》、陈昌来(2002)《汉语介词的发展历程和虚化机制》、吴金花(2003)《汉语动词介词化研究》、吴福祥(2003)《汉语伴随介词语法化的类型学研究——兼论SVO型语言中伴随介词的两种演化模式》、李永(2003)《"一个动词核心"的句法限制与动词的语法化》、吴波(2004)《中古汉语新兴介词成因考察》、张旺熹(2004)《汉语介词衍生的语义机制》、张会兰(2009)《"从"类介词研究》和史冬青(2009)《论汉语动词的介词化因素》都从历时的角度考察介词语法化的动因,其中也涉及到了中古时期介词的面貌。他们分别从功能专一化理论、句法结构位置、类型学理论、"一个动词核心"规则、句法地位的变化、词义变化因素、同步虚化、认知因素和语用因素、语义完形与连动结构、主从关系原则与语义降级、重新分析与最佳条件、结构主义分布理论和三个平面理论、句法位置的改变、语境影响以及认

---

① 于江《近代汉语"和"类虚词的历史考察》,载《中国语文》1996年第6期。郭锡良《介词"以"的起源和发展》,载《古汉语研究》1998年第1期。吴波《中古汉语表示"沿着"的介词"寻"》,载《黔南民族师范学院学报》2003年第5期。周芍、邵敬敏《试探介词"对"的语法化过程》,载《语文研究》2006年第1期。田春来《也谈处所介词"著"的来源》,载《浙江师范大学学报》(社会科学版)2007年第4期。史冬青《时间介词"及"的历史演变》,载《山东省农业管理干部学院学报》2008年第6期。徐宇红《论魏晋南北朝时期"捉"的动/介过渡状态》,载《南京师范大学文学院学报》2009年第1期。史冬青《处所介词"就"的历史演变》,载《潍坊学院学报》2010年第3期。史冬青《先秦至魏晋时期的方所介词"于"》,载《山东师范大学学报》(人文社会科学版)2010年第1期。王媛媛《中古汉语中的介词"着"》,载《安徽大学学报》(哲学社会科学版)2011年第3期。

知因素等相关理论,深入探讨了介词介化的动因和机制,研究的共同点是不局限于共时平面的描写,而是深入到理论层面,去探寻语法化的深层原因。①

三、介词词组语序研究

何乐士(1985)《〈左传〉、〈史记〉介宾短语位置的比较》② 通过对《左传》和《史记》中动词前后介词宾语位置的比较研究,发掘汉语介词短语语序从先秦到西汉发生了重大变化,即"从核心动词之后发展为居于核心动词之前"的趋势。

孙朝奋(1996)《汉语发展史上的词序变化及其语法化》③ 阐明了介词词组的词序变化及其与汉语语言结构的关系。作者以《左传》和《史记》为依据考察了介词"以"和"于/於"的使用情况。调查结果显示:无论在数量上还是在频率上,动词前后的介词短语比例大致相当,以此否定了所谓的"参数设定变化"。

张赪(2002)《汉语介词词组词序的历史演变》④ 通过对各个时期介词词组的词序情况的考察,细致地描写了介词词组词序变化发生、发展和结束的全过程,由此探讨介词词组词序变化的原因和汉语的词序原则。

刘丹青(2003)《语序类型学与介词理论》⑤ 运用语言类型学理论的相关原则,分析了汉语介词语序的演变动因,这是对汉语介词研究的一个新的

---

① 以上论文出处:赵大明《论汉语介词发展中的功能专一化趋势》,载《陕西师大学报》(哲学社会科学版)1990年第3期。陈昌来《汉语介词的发展历程和虚化机制》,载《柳州职业技术学院学报》2002年第3期。吴金花《汉语动词介词化动因考察》,载《福建师范大学学报》(哲学社会科学版)2005年第5期。吴福祥《汉语伴随介词语法化的类型学研究——兼论SVO型语言中伴随介词的两种演化模式》,载《中国语文》2003年第1期。李永《"一个动词核心"的句法限制与动词的语法化》,载《河南师范大学学报》(哲学社会科学版)2003年第3期。吴波《中古汉语新兴介词成因考察》,载《贵州文史丛刊》2004年第3期。张旺熹《汉语介词衍生的语义机制》,载《汉语学习》2004年第1期。张会兰《"从"类介词研究》,华东师范大学硕士学位论文,2009年。史冬青《论汉语动词的介词化因素》,载《山东教育学院学报》,2009年第4期。

② 何乐士《〈左传〉、〈史记〉介宾短语位置的比较》,载《语言研究》1985年第1期。

③ 孙朝奋《汉语发展史上的词序变化及其法化》,斯坦福大学出版社,1996年。

④ 张赪《汉语介词词组词序的历史演变》,北京语言文化大学出版社,2002年。

⑤ 刘丹青《语序类型学与介词理论》,商务印书馆,2003年。

尝试，尤其是他对"后置词"的研究具有开拓性，完善了汉语介词理论。

吴波（2004）《中古汉语介宾短语"於/在+处所"句法位置的变化》①通过对中古时期的六部作品中"对/於/在+处所宾语"句法位置的穷尽性考察，探明了介宾短语"於/在+处所"位置前移的原因是所带宾语、补语和状语的复杂化、语义因素以及语言内部的自身调节。

帅志嵩（2009）《"以"字介词结构的前置动因和机制》②运用焦点理论，说明了表工具的介词"以"所在的介词结构前置和后置的功能和意义差异。他认为，"以"字介词结构的前置表示"方式"，后置表示"完成"；"以"字结构的前置与"完成"语义标记的演进有关。

刘海平（2011）《从〈史记〉、〈世说新语〉的语料对比看处所表达法的发展》③通过调查《史记》和《世说新语》两部文献中处所表达法的语序位置，发现《史记》中的处所表达法与介词短语"于L"的位置绝大多数居后，而到了《世说新语》则呈现出居前的趋势，这反映了从上古到中古处所介词语序的新变化，并指出了这种语序演变遵循"临摹原则"，即时间顺序原则起了作用，逐渐与汉语语义保持一致；同时指出了介词短语语序与演变之前的动词短语语序有密切的关系。

王文丽、张长永（2011）《方位词的产生与处所介词词组语序的演变》④通过对处所介词词组语序的历时演变和方位词产生历程的梳理，以及对两者之间互动关系的探析，论证了方位词的产生与处所介词词组语序的演变是同一历史进程的两个方面，都属于语言系统的自我调整，并用认知语言学的相关理论，对这一调整的动因作出了解释。

---

① 吴波《中古汉语介宾短语"於/在+处所"句法位置的变化》，载《南京师大学报》（社会科学版）2004年第4期。
② 帅志嵩《"以"字介词结构的前置动因和机制》，载《四川大学学报》（哲学社会科学版）2009年第3期。
③ 刘海平《从〈史记〉、〈世说新语〉的语料对比看处所表达法的发展》，载《赣南师范学院学报》2011年第4期。
④ 王文丽、张长永《方位词的产生与处所介词词组语序的演变》，载《现代语文》（语言研究版）2011年第10期。

四、介词的比较研究

介词的比较研究包括不同著作中的介词之间的比较以及相似而不同的介词之间的比较两个方面。

（一）对不同时期的文献进行比较研究

何乐士（1985）《〈史记〉语法特点研究》①在考察介宾短语的位置变化时，就是通过将《左传》和《史记》两个文献材料进行对比得出的，她得出的结论是：从先秦到汉代的介宾词组语序发生了变化，由居后演变为居前。

孙朝奋（1996）《汉语发展史上的词序变化及其语法化》②也是通过比较《左传》和《史记》中介词"以"和"于/於"的使用情况，从而探寻介宾短语在句中的语序位置情况。他得出的结论与何乐士（1985）相反，即语序没有发生变化。

王鸿滨（2005）《春秋左传介词研究》③将上古前期萌发期的甲骨文、金文，上古前期产生期的《诗经》、《尚书》，上古中期的《左传》、《论语》、《孟子》、《庄子》，上古后期的《史记》、《论衡》中的各类介词进行了全面的统计和比较，从而找出上古汉语介词发展的规律和特征。

刘海平（2011）《从〈史记〉、〈世说新语〉的语料对比看处所表达法的发展》④考察了《史记》和《世说新语》两部文献中处所结构"于+L"和ØL居VP前后的情况，认为《史记》中"于+L"和ØL居VP后占绝对优势，《世说新语》中"于+L"和ØL居VP前后逐渐趋于平衡，处所表达法由"抽象原则"转变为"临摹原则"。

---

① 何乐士《〈史记〉语法特点研究》，商务印书馆，2005年。
② 孙朝奋《汉语发展史上的词序变化及其语法化》，斯坦福大学出版社，1996年。
③ 王鸿滨《春秋左传介词研究》，世界图书出版公司，2005年。
④ 刘海平《从〈史记〉、〈世说新语〉的语料对比看处所表达法的发展》，载《赣南师范学院学报》2011年第4期。

（二）对不同而相关的介词进行比较研究

王鸿滨（2007）《介词"自/从"历时考》[①]调查了包括中古文献在内的多部典籍中介词"自"和"从"，认为表示时间、处所起点的介词"自"和"从"在发展上是不平衡的，并通过时间介词"自"和处所介词"自"的对比，证明了"从"代替"自"是从处所的起点开始的，并萌芽于上古晚期。

刘培玉（2007）《介词"向"、"往"、"朝"的功能差异及解释》[②]通过对比三个介词相对应的动词词义的差异和各自的语法化历程，探寻三个介词的功能差异。

刘瑞红（2008）《介词"自"和"从"历时比较简析》[③]运用认知语言学的相关理论对起点介词"自"、"从"和"自从"的语法化发展演变进行比较分析，考察它们之间语法、语义和语用功能等方面的差异。

无论是不同时期的文献材料的对比研究还是不同介词的比较研究，都会增加研究的科学性。因为只有通过对比，才能看到不同时期语言的发展变化，也只有通过比较，才能找出相似的介词之间细微的差别，从而有利于深入揭示介词的演变规律和本质特征。

五、介词结构演变研究

所有介词都是存在于具体的语境中的，换句话说，都是在一定的句式结构中被使用的，结构势必会对其使用以及发展演变造成一定的影响。因此，针对介词进行句式结构研究，这是一个非常好的研究方法。

钟兆华（1996）《汉语"介宾·动宾"句式中介词的历史递换》[④]考察了"介宾·动宾"结构在汉语不同历史时期的面貌，分析了能够进入这一格式的几个介词"从"、"就"、"与"、"问"、"向"、"跟"、"和"、"同"、"随"、"因"、"于"，探求介词在语法化的过程中与

[①] 王鸿滨《介词"自/从"历时考》，载《上海师范大学学报》（社会科学版）2007年第1期。
[②] 刘培玉《介词"向"、"往"、"朝"的功能差异及解释》，载《汉语学习》2007年第3期。
[③] 刘瑞红《介词"自"和"从"历时比较简析》，载《北京教育学院学报》2008年第2期。
[④] 钟兆华、骆琳《汉语"介宾·动宾"句式中介词的历史递换》，载《语言研究》1996年第2期。

同一句式中动词之间千丝万缕的关系。

朱峰（2006）《介词框架"除了……以外"考察》①从历时发展角度对介词框架"除了……以外"的形成及演变机制作出合理的解释，并从共时角度分析说明这类介词框架的句法功能、语义模式及语用功能。

刘红妮（2010）《"终于"的词汇化——兼谈"X于"词汇化中的介词并入》②从"去范畴化"和"介词并入"两个方面来解释"终于"发生词汇化，从而演变为副词的原因。

赵静（2011）《"V于NP"结构研究》③从句法、语义等角度，运用静态与动态，历时与共时相结合的方法，分析了"V+于"结构的词汇化成因，并对该结构中的各个成分和"V+于+NP"结构的整体意义进行考察。

韩玉强（2011）《"在+L+VP"结构中处所介词形成的语法化历程和机制》④从历时角度分析了"在+L+VP"结构中处所介词"在"在所处的不同语法化阶段的用法。该文将介词放在句式结构中进行考察，并运用了语法化理论中的重新分析和扩展理论来分析演化机制。

六、介词的框架结构研究

其实，早在《马氏文通》就已注意到"介词框架"这种语法现象，注意到"自……至……"、"自……以下／以上／以南"等介词结构的存在。黎锦熙（1924）⑤还对这种介词框架的语法现象进行了说明，认为时地介词跟所介的词，有时连着他词而成一种副词语，来表示"所从"而"所经"的连续性（如"从……以／而……"）、表示"所从"至"所到"的起讫关系（如"从……到……"）。

由于框式介词是由介词和方位词组成的整体，因此在以往的研究中对介

---

① 朱峰《介词框架"除了……以外"考察》，上海师范大学硕士学位论文，2006年。
② 刘红妮《"终于"的词汇化——兼谈"X于"词汇化中的介词并入》，载《阜阳师范学院学报》（社会科学版）2010年第2期。
③ 赵静《"V+于+NP"结构研究》，辽宁大学硕士学位论文，2011年。
④ 韩玉强《"在+L+VP"结构中处所介词的形成的语法化历程和机制》，载《语文研究》2011年第1期。
⑤ 黎锦熙《新著国语文法》，商务印书馆，1992年。

词"在"和方位词"上"、"里"、"中"单独进行研究的成果较多，但是对于介词结构整体进行研究的成果并不多。

从语法和语义角度，《对外汉语教学语法释疑201例》（彭小川等，2004）①中解释"（在）X上"多表示"X方面"。例如，"在学习上"、"在政治上"指的是在学习方面和政治方面；"（在）X中"多表示范围或过程。例如，"在我的印象中"指的是范围，"在会谈中"表示的是某个过程；既表示过程又表示方面的时候可以用"中"也可以用"上"；指一个地方，一段时间或一件事物的时候，"在X里"和"在X中"可以通用，"在X中"指一个过程，一种状态或感觉上无限大的事物的时候，不能用"在X里"。

《实用汉语语法》（刘月华，2001）②中解释"在……上"可以表示范围、方面和条件，插入这一格式的词多为名词或者名词短语，有时也可以是动词或者动词短语。"在……中"表示动作发生或者状态存在的环境、范围、时间、条件等，中间大多是名词、名词短语、动词、动词短语或形容词等。

《对外汉语教学实用语法》（卢福波，2011）③中解释"在……上"主要表示方面、空间范围、条件等，"在X中"主要表示环境范围等。

《现代汉语虚词释例》（1982）④中解释"在……上"、"在……中"常用来表示时间和空间。此外还有它们的一些引申用法，"在……上"还可以限定表述的范围，表示条件，中间嵌入的成分多是双音节抽象名词或由之组成的名词性词组。"在X中"中间如果嵌入名词性成分表示某个事件发生在另一件事情的进程里，有时也往往用来指出某小范围相对而言的大范围，如果中间嵌入动词性成分，则表示动作持续或正在进行。

以上这些专著都从语法、语义或语用的角度对常用介词结构"在……上

---

① 彭小川、李守纪、王红《对外汉语教学语法释疑201例》，商务印书馆，2004年。
② 刘月华等《实用汉语语法》，商务印书馆，2001年。
③ 卢福波《对外汉语教学实用语法》，北京语言大学出版社，2011年。
④ 北京大学中文系1955、1957级语言班《现代汉语虚词例释》，商务印书馆1982年。

/里/中"的基本意义和引申意义及可以进入这个结构的成分作了说明。随着认知语言学的发展,从认知或者隐喻角度来进行的研究为我们打开了新的视野。

崔希亮(2002)[①]用认知语言学的观点来解释由空间方位关系造成的句法歧义现象,并在语料考察的基础上,对汉语方位词"里"的意义转移过程进行了构拟,得出的结论是:在现代汉语里,空间范围仍然是"里"的核心意义,抽象的意义处于边缘地带。核心意义以外的意义与核心意义之间存在着一种内在的联系,这种内在的联系揭示了语言认知上的动因。并且,他将不同语义范畴的"里"分为四个层次:

里1:空间范围,无参照系,有物理边界,有内外且有清晰界限;

里2:方位处所,有参照系,有物理边界,有内外但界限不是很清晰;

里3:环境氛围,无参照系,无实在边界,有内外但内外的认知是基于心理图式的;

里4:抽象事物,无参照系,无实在边界,无内外但通过隐喻与核心意义建立联系。

顾振立(2008)[②]讨论了介词框架"在X中"的句法特点和分布模式,分析出了哪些名词和动词可以进入"在X中"这个结构,得出了"在X中"的四种主要的语法意义,即空间义、范围义、时间义和状态义,并对"在X中"和"在X里"这两个相似的结构进行了对比,找出了哪些名词或动词可以同时进入这两个结构。最后,还对"在X中"的隐喻性进行了研究。

杨丽忠(2010)[③]以介词框架"在VP中"为研究对象,首先是对进入该框架的VP的类型进行分析,发现进入该框架的"VP"不仅有光杆的动词还有动词性短语,接着通过对孟琮等的《动词用法词典》(1987)中能够进入该框架的动词的性质和类别的考察,归纳出进入该框架动词的句法特点和语义特征;既而在对"在VP中"的句法分布情况进行总结的基础上,概括

---

① 崔希亮《汉语方位结构"在……里"的认知考察》,载《语法研究和探索》2002年第11期。
② 顾振立《介词框架"在X中"考察》,上海师范大学硕士学位论文,2008年。
③ 杨丽忠《"在VP中"格式研究》,上海师范大学硕士学位论文,2010年。

出影响该框架分布的句法和语义因素,进一步归纳出"在VP中"的语法意义和其与主句之间的语义关系,然后从语用的角度出发分析了"在VP中"的语篇功能,并且通过"在VP中"和它相关格式"在NP中"的比较,进一步探讨"在VP中"的分布情况和语法特征;最后就"在VP中""在"的隐现情况和"中"的性质分析,使我们对"在VP中"有更为详尽的认识。

21世纪初,随着汉语语法研究的深入和类型学理论的引入,部分学者开始对汉语介词框架进行深入研究。例如刘丹青(2002,2003)提出了"**框式介词**"(Circumposition)的概念,作者基于语言类型学的研究,从汉语共时和历时两个角度,考察汉语中特有的"框式介词",即在名词短语前后由前置词和后置词一起构成的介词结构,这种结构使介词支配的成分夹在二者中间。作者在阐述框式介词时,认为该"介词"的概念是指类型学中的Adposition,所以此"介词"应该包括**前置词**(Preposition)和**后置词**(Postposition),而不仅仅是指汉语语言学中相当于前置词的"介词"。作者深感汉语学界对"后置词"的忽视是汉语语法研究中的一大缺憾,认为这势必会妨碍对语言句法特点的准确把握。作者认为"框式介词"在汉语中是一种重要的句法现象,它构成了汉语重要的类型特征。此外,作者还指出大部分"框式介词"属于临时性句法组合,而未必是固定**词项**(Lexical item)。通过具体论证,进一步指出:从目前接触的材料看,所谓"框式介词",大多并非固定词项。一个框式介词多由一个前置词和一个后置词在句法中临时同现,因此经常有用一舍一的情况。所以,"框式介词"主要是一种句法现象,而不是词项。刘丹青的"框式介词"研究更关注世界语言中框架的形成、框架的整体功能和题元功能。[①]

同时期的另一位学者陈昌来(2002)也对"介词框架"进行了深入的研究。[②] 他认为现代汉语的介词可以跟方位词、名词、连词、助词、动词、介

---

① 刘丹青《汉语中的框式介词》,载《当代语言学》2002年第4期。有关内容详见刘丹青《语序类型学与介词理论》,商务印书馆,2003年。
② 陈昌来《介词和介引功能》,安徽教育出版社,2002年,P137—138。

词等构成种种固定的格式,并称之为"**介词框架**"(Prepositional frame)。[①]由介词构成的介词框架颇为复杂,形式多样。其专著《汉语"介词框架"研究》一书[②]运用类型学、语法化、词汇化、认知语法等语法理论,对汉语介词框架进行了系统的考察,全面探讨了汉语介词框架的形成和发展、性质和类别,全面分析和描写了介词框架的句法、语义、语用特点和篇章功能,可谓汉语框式介词研究的集大成之作。陈文的"介词框架"研究是从形态角度出发,更关注框架的后部、框架的句法语义、框架的介引对象以及介引对象的语义关系。此外,还有张谊生(2016)的《"从X到Y"介词框架的构造和功能》,[③]对"从X到Y"格式的一些尚未被充分认识而又带有普遍意义的问题进行了多侧面、多角度的考察,对"框式介词"研究提出四点建议:1.既要描写该格式的典型组配,又要弄清与之相关的各种变化形式;2.既要发掘该格式框架成分的意义和功能,又要研究可换成分的特征和关系;3.既要弄清该格式的内部结构关系,又要考察其外部使用语境。4.既要探求静态的格式义,又要揭示动态的语用义。以上观点无疑会提升介词框架研究的理论水平。

第五节　汉外介词的对比研究

从宏观角度对英汉介词进行比较研究的文献主要有沈家煊(1984)的《英汉介词对比》。[④]该文从介词和动词的划分、介词和介词短语在句中的位置、介词包含的意思、各类介词短语在句中的相对位次以及英语用介词而

---

① 刘丹青(2002,2003)和陈昌来(2002)在介词框架后补词的性质上存在分歧,因而所用名称不同,二者关注焦点也不相同。"介词框架"是从形态角度划分,而"框式介词"则是依照结构的句法功能划分的。
② 陈昌来《汉语"介词框架"研究》,商务印书馆,2014年。
③ 张谊生《介词的演变、转化及其句式》,商务印书馆,2016年,P53—73。
④ 沈家煊《英汉介词对比》,载《外语教学与研究》1984年第2期。

汉语无需用介词的情况包含的意思等五个方面,对英汉介词进行了较为全面的、总体的比较;王慧晶、刘天玮(2010)《从英汉语言对比的特点看介词用法》①则以英汉语言对比特征为视角,展现了英语介词重形合、有静态倾向以及英语多被动句的这些与汉语不同的特点;张秋葵(2011)《英汉介词对比分析》②也从英汉介词的结构类型、意义类型以及英汉介词及介词短语在句中的位置等方面进行了比较。

从类型学角度对英汉介词进行比较研究的主要有席建国(2013)的《英汉介词研究的类型学视野》。③该书主要分析了英汉介词的类型及其语序特征、英汉前置介词的语序及其句法制约功能、英汉介词的句法分工及其标记模式及英汉介词的语序稳固性。王鸿滨(2013)《类型学背景下汉英介词对比及教学策略》④首先对汉英介词进行了比较,分析了英汉介词对应关系的复杂性、介词的位置、对语序的影响以及英汉介词的强制与省略的情况;在此基础上,讨论了母语为英语的学习者学习汉语介词学习时的难点,最后提出了相应的汉语介词教学策略。

另外,从语义分析角度来研究英汉介词差异的有翁义明(2013)的《英汉介词短语语义指向对比研究》。⑤该文对比研究了英汉介词短语在各自语言中充当定语、状语及补语时的异同。涉及介词"隐性形式"的文章有陈建文(2013)的《英汉介词隐性形式对比研究》。⑥该文对英汉介词短语中介词的"隐性形式"进行比较探讨,分析了其表征及形成的原因,提出介词"隐性形式"的两种方式为"介词投射"和"隐性介词参数";胡世平、陈建文(2013)《英汉介词句法隐性与话语隐性形式对比研究》⑦也指出了英

---

① 王慧晶、刘天玮《从英汉语言对比的特点看介词用法》,载《内蒙古农业大学学报》(社会科学版)2011年第6期。
② 张秋葵《英汉介词对比分析》,《聊城大学学报》(社会科学版)2011年第2期。
③ 席建国《英汉介词研究的类型学视野》,上海交通大学出版社,2013年。
④ 王鸿滨《类型学背景下汉英介词对比及教学策略》,载《云南师范大学学报》(对外汉语教学与研究版)2013年第4期。
⑤ 翁义明《英汉介词短语语义指向对比研究》,载《重庆交通大学学报》(社会科学版)2013年第5期。
⑥ 陈建文《英汉介词隐性形式对比研究》,载《沧州师范学院学报》2013年第4期。
⑦ 胡世平、陈建文《英汉介词句法隐性与话语隐性形式对比研究》,载《邢台学院学报》2013年第4期。

汉介词的"隐性形式"可分为"句法隐性形式"和"话语隐性形式"两种，而且这两种形式在英汉语中并非处于完全对称状态。

从习得角度研究汉外介词的主要有：罗琳颖（2012）的《从认知角度进行英汉介词习得的对比》①和余云峰、龚波（2013）的《基于英汉空间语义对比分析的英语空间介词习得实证研究》。② 这些文章都是在认知范畴化的基础上，通过对相关英汉介词的空间语义的对比研究分析，来研究英汉空间介词习得过程中的认知差异及差异的原因；另外，文秋芳（2013）《认知语言学与二语教学》③深入探讨了认知语言学理论应用到二语教学中的理论依据、教学内容、教学方法等，在第五章"介词教学"中，选择了很多成熟且有认知解释的介词教学实例，说明如何将认知语言学理论运用到介词的习得过程中去。

此外，也有一些文章是对两种语言的介词某一大类的比较研究，如冯宏（2003）《英汉方所介词对比初探》④主要分析了英汉方所介词的不可互换性、二重性、含混性、隐含性以及整体性；郑家芳（2009）《英汉方位介词的认知分析及其时空映射》⑤从认知语言学的角度出发，探讨了英汉方位介词的时间隐喻拓展意义，从而揭示了空间概念在理解时间概念过程中的作用和认知过程；而王尚法（2010）《空间介词in的空间义与隐喻拓展义的英汉认知对比研究》⑥借助认知语言学的意象图式理论和"射体-界标"理论，对空间介词in的空间义和隐喻拓展义进行分析，探讨导致英汉空间介词翻译中空间概念的语义对等和语义改变的深层次的原因；刘平（2013）《英汉动源介词语法化特征探微》⑦则探讨了英汉介词中源自于动词的介词的主要特

---

① 罗琳颖《从认知角度进行英汉介词习得的对比》，载《才智》2012年第4期。
② 余云峰，龚波《基于英汉空间语义对比分析的英语空间介词习得实证研究》，载《武汉纺织大学学报》2013年第2期。
③ 文秋芳《认知语言学与二语教学》，外语教学与研究出版社，2013年。
④ 冯宏《英汉方所介词对比初探》，载《渭南师范学院学报》，2003年第A1期。
⑤ 郑家芳《英汉方位介词的认知分析及其时空映射》，载《怀化学院学报》2009年第10期。
⑥ 王尚法《空间介词IN的空间义与隐喻拓展义的英汉认知对比研究》，重庆大学硕士学位论文，2010年。
⑦ 刘平《英汉动源介词语法化特征探微》，载《西安外国语大学学报》2013年第3期。

征;金黎(2013)《英汉空间方位词的认知语义对比》[1]则是基于认知语义学的原型理论和空间隐喻,对英汉空间方位词进行系统的对比,由此来分析和描述两种语言空间方位认知的异同,并从人类体验观、历史、民族等方面分析了差异的原因。

还有一些文章对某些零散而又具体的英语和汉语相对应的介词进行了比较,例如聂建军(2000)《英汉介词by、"被"、"由"的对比》[2]分析了英语被动句中介词by所表达的概念在汉语中的不同表达方式,及汉语介词"被"和"由"在语义和语用上的不同点,分析了学生产生错误的原因,并为改进"被"和"由"的教学方法提出参考建议;刘丹(2003)《英汉基本空间介词的空间及隐喻认知》[3]从空间和隐喻认知的角度,对英语中的基本方位介词at、in、on与汉语介词"在…"、"在…里"、"在…上"进行了比较研究;潘妍(2011)《"在"和at的对比分析及其偏误研究》[4]从语义、功能、省略等方面对"在"和at进行了对比,重点对习得者的"在"和at的使用偏误进行了对比分析。

第六节 对外汉语介词习得与教学研究

有关汉语介词习得、教学的文章有很多,较早的是汪寿顺(1990)的《从母语影响看朝鲜学生在动词、介词使用中的问题》[5],他把朝鲜学生学习汉语时介词的掌握和使用归纳为三种:该用而不用、不该用而用、该用甲而用乙,并从受母语影响的角度做了一些分析。

---

[1] 金黎《英汉空间方位词的认知语义对比》,延边大学硕士学位论文,2013年。
[2] 聂建军《英汉介词"by"、"被"、"由"的对比》,载《首都师范大学学报》(社会科学版)2000年第A期。
[3] 刘丹《英汉基本空间介词的空间及隐喻认知》,西南师范大学硕士学位论文,2003年。
[4] 潘妍《"在"和at的对比分析及其偏误研究》,云南大学硕士学位论文,2011年。
[5] 汪寿顺《从母语影响看朝鲜学生在动词、介词使用中的问题》,载《天津师范大学学报》1990年第1期。

白荃（1995）《外国学生使用介词"从"的错误类型及其分析》① 将外国学生使用介词"从"时所犯错误归纳成12个类型：1.不宜用"从"却用了；2."从"与"跟、向"混用；3."从"与"跟、与"等介词混用；4."从"与"离"混用；5.用作"从"的宾语的词语不当；6."从……"的末尾缺少相应的方位词；7.用"从……"表示某一时间为起点时，后面缺少与"从"搭配的动词"起"；8."从……"在句中的位置不当；9."从……"误用作定语；10."从……"误用作"是"字句的宾语；11."从"误用作谓语；12.缺少必要的介词"从"。

韩容洙（1998）《对韩汉语教学中的介词教学》② 认为，位置分布、介词的用法辨析（结构、搭配、音节、意义）是两个在介词实际使用中存在的重要问题，建议在进行介词教学时，对汉语介词的种种用法有总体的把握，并对韩语学生在学习汉语介词时的干扰作用有清楚的认识。

丁安琪、沈兰（2001）《韩国留学生口语中使用介词"在"的调查分析》③ 认为，韩国学生与母语为汉语者在使用介词"在"的时候，最常用的都是表示处所的用法，而韩国学生出错最多的也是此种用法；在此基础上，归纳出的学生的四种偏误情况：介词缺漏、状语后置、方位多余和错用。作者还对韩国学生介词"在"的教学提出了一些启示。

赵葵欣（2000）④ 针对留学生学习和使用汉语介词进行了调查，发现在初级阶段，学习者能够使用的介词并不太多，主要集中在"在"、"跟"、"对"、"和"、"给"、"从"、"为了"七个介词上。该研究提出了以下四点认识：1.学习者语言中的"在"字结构由状语位置发展到补语位置，在初级阶段"在"字结构的句法位置并不构成明显困难；"在"与方位词的

---

① 白荃《外国学生使用介词"从"的错误类型及其分析》，载《北京师范大学学报》（社会科学版）1995年第6期。
② 韩容洙《对韩汉语教学中的介词教学》，载《汉语学习》1998年第6期。
③ 丁安琪、沈兰《韩国留学生口语中使用介词"在"的调查分析》，载《语言教学与研究》2001年第6期。
④ 赵葵欣《留学生学习和使用汉语介词的调查》，载《世界汉语教学》2000年第2期。

配合使用及方所、时间不用"在"直接作句子成分这两个汉语特点对学习者构成明显困难。2."从"在学习者语言中的发展遵循了"空间→时间→抽象"这一普遍顺序。3."跟"与"和"的若干介词用法在学习者的语言中逐步发展并有着明显的分工,"跟"集中用于表协同的对象,"和"偏重于表比较和关系。4."跟、从、对、给"这类介词与动词等的搭配有一定的强制性,对学习者使用构成一定困难。

崔希亮(2005)[①]以"汉语中介语语料库"所反映出来的现象为根据,探讨了欧美学生在习得汉语介词时所表现出来的特点,并针对学习者的语言偏误倾向提出了教学建议。他把介词偏误类型归纳为九种:1.介词冗余;2.框式介词缺少呼应词语(框式介词结构不完整);3.介词结构出现的位置不当;4.结构错位(修饰语与介词结构彼此之间的顺序问题、介词结构与主语的顺序问题、宾语和补语的顺序问题、双宾语的问题、否定副词与介词结构的相对位置问题等);5.结构不完整(介词没有宾语、有宾语没有动词);6.体貌标记错误;7.词语搭配问题(词语搭配不当);8.语句意义模糊或错误(表达的问题);9.介词混用。该文还提出了三个针对欧美学习者的教学策略:1.针对不同的学习者确定不同的学习难点;2.整体把握欧美学生学习汉语介词过程中遇到的问题;3.用认知图式来阐释结构和语义的问题。

李春红(2004)《外国留学生初级汉语习得中的虚词偏误分析》[②]将虚词偏误分为四类:语序偏误、缺失、赘余和误用,还将初级汉语学习者习得虚词偏误的原因概括为"母语的负迁移(母语的干扰)"和"规则的过度泛化"两种。为了降低初级阶段虚词的偏误,提出了三个对策:1.针对对比性偏误,教师应尽量了解学生母语中虚词的基本结构和语法,比较充分地了解母语和汉语之间虚词的同异,通过对偏误的积累分析,掌握学生容易出现的问题,及时强调,给予纠正,降低学生母语对目的语的负迁移。2.针对非对

---

① 崔希亮《欧美学生汉语介词习得的特点及偏误分析》,载《世界汉语教学》2005年第3期。
② 李春红《外国留学生初级汉语习得中的虚词偏误分析》,载《和田师范专科学校学报》2004年第4期。

比性偏误，教师应该对目的语的虚词语法细则较好掌握。3.对于虚词语用中的语法规则限制，要给以强调指出。

李金静（2005）的《"在+处所"的偏误分析及对外汉语教学》[①]从"在+处所"的偏误入手，分析了"在+处所"的句法功能并对留学生偏误进行难点分析，最后提出了一些教学建议。认为介词短语的主要功能是作修饰成分，即作定语、状语和补语，"在+处所"可以作定语、状语和补语三种成分。在给汉语中级水平的留学生讲授"在+处所"结构时，建议考虑其他相关的语法项目，主要是关于处所词语作定语的问题、汉语的语序问题和"把"字句的问题，以使学习者融会贯通，掌握其用法。另外，还建议针对学习者的学习策略，采取教学对策，引导学习者结合所学知识，达到正确运用语法知识的目的。

袁慧（2009）《外国留学生介词习得过程中的偏误与教学设计》[②]分析留学生习得汉语介词的偏误类型有：遗漏（独用介词的缺失、框式介词的缺省）、冗余、误用和错序四类。该文提出了五个针对介词教学的建议：强制记忆、典型情景法、循序渐进和分阶段教学、多角度全面讲解以及对比教学法。该文中还以介词"从"为例进行了教学设计。

曲宏欣（2010）《汉语学习者介词"从"的偏误分析》[③]以崔希亮归纳出来的介词偏误类型为标准，对他在对外汉语教学过程中积累到的135个关于介词"从"的偏误例句进行了分类，进而发现英语为母语的汉语学习者介词"从"的习得偏误有：介词混用、框式介词缺少呼应语、介词结构出现的位置不当（即介词短语作状语的位置不当）、结构不完整（即句法功能误用）、词语搭配问题、介词冗余这六种类型。该文分别从语义功能、介词短语结构和句法成分三方面进行了偏误分析。

姜鸿青（2010）《英语母语者汉语介词"在"、"从"的习得偏误分

---

① 李金静《"在+处所"的偏误分析及对外汉语教学》，载《语言文字应用》2005年第S1期。
② 袁慧《外国留学生介词习得过程中的偏误与教学设计》，载《高等函授学报》（哲学社会科学版）2009年第12期。
③ 曲宏欣《汉语介词"从"与英语介词"from"的对比研究》，吉林大学硕士学位论文，2007年。

析》①是从语义功能和句法形式这两个方面将英语为母语的汉语学习者的介词"在"、"从"的偏误归纳为：1.介词混用，包括"在"与"从"混用、"从"与其他词混用；2.介词冗余，包括"在"的冗余、"从"的冗余；3.位置关系错误，包括介词结构作定语后置、介词结构作状语位置不当、介词结构作补语后置三种偏误；4.共现关系偏误，包括表空间意义的介词，介词结构与后置词搭配时的缺失与冗余及表时间意义的介词结构与其他成分搭配，即体貌标记错误两种偏误。

2010年，高霞②以英语国家学生为研究对象，王辛丹③以美国学生为研究对性，赵燕华和秦晓洁④以越南留学生为研究对象，研究了汉语介词"在"的习得偏误。

周文华、肖奚强（2011）《外国学生习得时间介词的中介语考察》⑤分析了初级、中级、高级汉语水平外国学生习得时间介词的使用率和偏误率，并分析了其偏误类型和原因，最后也提出了一些针对各级水平的汉语时间介词的教学建议。钱玉莲（2011）《汉语介词与相应英语形式的比较研究》⑥以对比分析理论为指导，对"跟"类介词、"向"类介词结构以及对象类介词"给"和"为"进行共时描写分析，借助于格语法分析介引宾语充当的语义角色、介宾短语所修饰谓词的情况，探讨母语为英语的第二语言学习者上述介词的习得顺序，并为英语为母语学习者的汉语介词教学提供建议。

有关介词习得与教学的硕士论文主要有：景洪（2004）《初级汉语水平韩国留学生使用汉语介词偏误研究》、吴成焕（2005）《韩国留学生习得汉

---

① 姜鸿青《英语母语者汉语介词"在"、"从"的习得偏误分析》，载《语文学刊》2010年第10期。
② 高霞《现代汉语介词"在"、"跟"、"对"、"从"的对英汉语教学研究综述》，载《楚雄师范学院学报》2008年第12期。
③ 王辛丹《从语言习得角度看美国学生使用汉语介词"在"的偏误现象》，载《德宏师范高等专科学校学报》2010年第2期。
④ 赵燕华、秦晓洁《越南留学生习得"在"字方所短语的句中位置偏误研究》，载《襄樊学院学报》2010年第9期。
⑤ 周文华、肖奚强《现代汉语介词习得研究》，载《语言文字应用》2011年第2期。
⑥ 钱玉莲《汉语介词与相应英语形式的比较研究》，世界图书出版公司，2011年。

语介词偏误分析》、李建慧（2004）《越南学生常用介词偏误分析》、邢意和（2005）《对外汉语教学中介词教学》、周正红（2007）《韩国学生使用汉语介词偏误分析》、吴素兰（2007）《从中泰对比看泰国学生汉语常用介词习得与教学》以及储成丽（2007）《印尼留学生"在"字简单句习得情况考察与研究》。①

以上这些论文填补了介词习得的研究空白，更加丰富了对外汉语教学的研究成果。

---

① 景洪《初级汉语水平韩国留学生使用汉语介词偏误研究》，中央民族大学硕士学位论文，2004。吴成焕《韩国留学生习得汉语介词偏误分析》，吉林大学硕士学位论文，2005年。李建慧《越南留学生常用介词偏误分析》，广西师范大学硕士学位论文，2004年。邢意和《对外汉语教学中介词教学》，天津大学硕士学位论文，2005年。周正红《韩国学生使用汉语介词偏误分析》，辽宁师范大学硕士学位论文，2007年。吴素兰《从中泰对比看泰国学生汉语常用介词习得与教学》，苏州大学硕士学位论文，2007年。储成丽《印尼留学生"在"字简单句习得情况考察与研究》，暨南大学硕士学位论文，2007年。

第二章
类型学背景下汉英介词系统的差异

第一节 引 言

英语和汉语分属两种不同的语言符号体系,两种体系中均有**介词**(Preposition)类。从定义上看,二者在语法的**聚合性**(Paradigmatic)方面显示了共同的质的特征,但因其各自受着不同语言结构体系内在发展规律的制约,在其组合、结构、语义特征及语法功能诸方面均显示出各自的特点。所以它在第二语言学习中是最难掌握的词类之一。

从传统语法阶段开始,介词的研究就在语法系统中占有一席之地。形式学派(*Foskett*,1991 *Chomsky*,1965,*Jackendoff*,1983)从词法,句法的角度研究介词,注重在单一语言结构内部对它进行研究;功能学派开始结合语言内部因素和外部环境对之进行研究;随后,认知主义学者(*Lakoff*,1987[①];*Dewell*,1994[②];*Taylor & Evans*,2001[③])从认知的角度较好地解释

[①] Lakoff G.Women,Fire,and Dangerous Things.The university of chicago press.1987.

[②] Robert B. Dewell. Over again: Image-schema transformations in semantic analysis Cognitive Linguistics 1994(4),P351—380.

[③] Taylor,Andrea;Evans,Vyvyan Reconsidering preposttional polysemy networks: The case of over. Language. 2001(4),P724.

了介词语义的演变等一系列问题，并且证明英语介词的不同语义是互相关联的，形成一个连续的**语义链**（Semantic chain）。*Taylor*（2001）[①] 提出介词的使用具有高度的结构性。而*Greenberg*（1966）[②]、*Hawkins*（1983）[③] 所创立的语序类型学更是把介词的"语序"问题提到前所未有的重要位置，在他们的语序类型学模型中，介词类型是出现率最高的**参项**（Parameter）。国内介词的研究，从刘丹青（2003）[④] 以介词理论为核心的语序类型学论文开始，打开了汉语介词研究的新视角。[⑤] 刘丹青首次从类型学（Typology）的角度对汉语介词作了系统的研究，建立起更为全面的汉语介词理论，使汉语介词系统同其它语言的介词系统更具有可比性；无疑，其研究为不相近的语言中相似概念表达的认知比较提供了可能性。

本章试图在语言类型学已有成果的基础上，探求影响和决定英语和汉语中介词系统类型特点和表达方式的优势特征，寻找两种语言中介词系统的类型学差异。

第二节　英语的介词系统

要对两种语言的介词进行对比研究，首先要弄清楚两种语言的类型学特征。刘丹青（2011）在跨语言比较研究中提出了"**显赫范畴**"（Mighty category）这一概念，认为显赫范畴的**强势**（Powerful）表现是造成一种语言

[①] Taylor, J.R.Linguistic Categorization: *Prototypes in Linguistic Theory* [M]. Beijing: Foreign Language Teaching and Research press. 2001.

[②] Greenberg, Joseph H.(ed.) *Universals of Language*. Mass [M]. Cambridge: M.I.T.Press. 1966.

[③] Hawkins John A. *Word Order Universals* [M]. Academic Press. 1983.

[④] 这些论著不仅将国外语序类型学研究的最新进展和其所取得的重要成果介绍到国内，更重要的是用这种理论和方法对汉语的介词和语序进行了全面的梳理和分析，建立了前置介词、后置介词、框式介词的介词体系，还提出了支配介词和介词短语语序的四个原则（关系项原则、和谐原则、时间顺序原则、信息结构原则），并对它们之间的主次和互动关系作了深入的研究。

[⑤] 刘丹青《语序类型学与介词理论》，商务印书馆，2003年。

区别于其他语言的类型特征的关键要素；而显赫范畴的扩展用法又是造成语种之间"形-义"关系复杂性、多样性的重要原因。①

从类型学的角度看，介词在汉语和英语的句法系统中都占有重要地位。汉语和英语都有为数不少的介词，它们的共同功能都是表示句中词与词之间或者成分之间的关系。汉语介词是汉语中仅有的句法专用形式手段之一（引进间接题元）；② 而英语的**连接手段和形式**（Cohesive ties）数量大，种类多，使用频繁，英语介词更是关系词中最具特色的一个；例如英语中的名词与名词、动词与名词、形容词与名词之间的关系常常借助介词来表示，③ 作为词与词之间关系的**显性标记**（Dominant marker），其使用是**强制性**（Mandatory）的，因而结构语言学者甚至直接称英语介词为"功能词"或"结构词"。

一、名词作为英语优势词类及其后果

英语动词的使用往往受到形态变化规律的严格限制。一个句子结构通常只使用一个**定式动词**（Finite verbs）作为句子的谓语，这就使英语动词的使用和功能扩展受到很大的限制，表现在词汇方面，英语往往运用抽象名词、动词的同源名词（如：master→mastery）、同源形容词（如：doubt→doubtful）、副词及介词等手段来表示动作的自然倾向；在句法方面，英语的名词可以直接表达具体的动作（如：have a swim/smoke/look/try/wash/shave/dink 等），用非谓语或限定动词（动词的-ed、动词的-ing 和不定式-to），省略动词（be 或谓语成分）以及将动词名词化替代原有的动词，如加词尾-ing 表示行为、状态、情况等的抽象名词（如：traveling［旅行状态］、driving［操纵行为］、playing［游戏/运动］、cleaning［清洁处理］、

---

① 刘丹青《语言库藏类型学构想》，载《当代语言学》，2011年第4期。
② 刘丹青（2003）认为单靠语序不足以清楚地表示汉语的句法结构与关系。于是，介词及所谓"结构助词"便成为汉语中仅有的小句内句法的专用形式手段。详见刘丹青《语序类型学与介词理论》，商务印书馆，2003年。
③ 魏跃横《英语中表示词的关系的重要手段》，载《外语研究》2003年第1期。

running［奔跑/运转状态］、waiting［等待状态］、visiting［访问行为］；或通过用不同的派生手段直接将动词变为名词（如：invent→invention、die→death、please→pleasure、think→thought、decide→decision、discuss→discussion、confident→confidence、describe→description等）；而这些动作名词既具有一般名词的特征（能受形容词或介词短语修饰），又因为其含有动作意义，能够与所有格名词（或代词）或者以of短语为主的介词短语进一步结合成为名词短语，表达逻辑上的主谓、动宾关系以及施事、受动关系，从而更加丰富了表示关系的手段，这一特点使英语句子呈现出"名物化"（Nominalization）特征，表现为可以直接将一个句子紧缩成一个以动作名词为中心语的名词性短语。① 例如：

［1］He arrived.→his arrival.

［2］The prisoner was released.→the prisoner's release.

［3］Japan invaded China.→Japan's invasion of China.

除了上述同源词外，表达动作意义的其他词，如名词（close、glance、look、mention等）、形容词（able、afraid、angry、anxious、aware、capable、good等），在特定的语言环境中，都可译作相应的动词。因此，Simeon Potter（1975）② 称现代英语有"**名词凌驾动词**"（A preponderance of nouns over verbs）趋势。而名词作为英语的优势词类其后果如下：一是英语强大的派生构词法将动词名词化，从修辞和总体表达效果上看，英语句式呈现出明显的静态优势；二是替代词和关系词的大量运用，形成各种关系词集结（Conjunctive-nexus），导致英语表达多用长句以及定语、状语的词组或子句交错配用的复合句；三是大量原来由谓语动词来表达的概念，除用动词的**非谓语形式**（Verbals）或**非限定动词**（Non-finite verb）以及名词表达外，还借助于其他词类，尤其是分词加介词的词组。

---

① 王菊泉、宗福常《英汉被动意义名词性短语的对比研究》，载《外语教学与研究》1988年第4期。

② Simron Potter在他的《变化中的英语》（Changing English）（HarperCollins Distribution Services;2nd edition.April 10, 1975）里提出的一个有关现代英语的现实问题，即"名词凌驾动词"的趋势，但也有语言学家把这种现象归纳为近代英语中省略句（Ellipsis）出现频繁的原因之一。

二、介词作为英语优势词类及其后果

介词在英语中起着极其重要的作用，是英语里最活跃的词类之一。英语介词的作用通常是把介词的宾语转变成形容词性或副词性的修饰语（如：He's a friend of mine.）。英语的名词优势带来的最直接后果便是各种替代词、关系词的广泛使用，尤其是在表达动作的**静态**（Stative）含义时往往借助介词；英语介词集合里的各类成员远多于汉语介词，其强势主要表现在向其他**概念域**（Conceptual domain）或句法功能的扩张。

第一，英语进入中世纪时，名词和形容词的形态变化日益萎缩，词尾变化的消失对现代英语结构产生了重大影响，表达名词和句子中其他成分的语法关系时，作为形态简化的一个重要补充，介词的重要性大大增加。例如，英语中的名词与名词、动词与名词、形容词与名词之间的关系常常要借助介词来表示；而英语句中的介词都是强制使用的，即使是在句末也不能省，例如在英语问句中，疑问代词或疑问副词做介词宾语时，介词会留在词尾；英语的时间名词做句子的时间状语也是必需加介词的，如We met each other in the morning.而英语被动句常常借助动词的词形变化和介词by和with标识，不光其用途与数量之广是汉语中的被动句所无法比拟的，而且被动语态在英语里更是一种常见的语法现象，动作的施事明确且由介词引出；因此，从某种意义上讲，介词在英语使用中更为活跃。

第二，为了满足英语名词动用的表达需要，介词一般是多义的。为了表达各种不同的概念，英语介词遵循人类认知规律，从一个语义领域隐喻映合到另一个语义领域，产生了众多隐喻义和延伸义，[①] 造成英语介词意义呈几何式的增加。例如介词in首先从空间概念引申到时间概念，再到动作和抽象概念

空间 → 时间 → 动作 → 抽象概念

In the suitcase →in the 20th century →in memory of →in happiness（in anger.）

[①] Lakoff & Turner, *More than coll Reason: A Field Guide to Poetic Metaphor* [M]. Chicago: The University of Chicago Press, 1989.

由最初表示方位的原型意义"在……之中",衍生出了表示情感的抽象意义。

除了语域间的隐喻映合,一个英语介词在同一语域内也会延伸出更多具体而复杂的意义。如in的原型意义为表示方位的"处在有界空间内"即"在……里(中)",通过其意象图式的转换和概念的隐喻生成了12个非空间义项。张琳(2010)概括出的介词in根据原型意义及独立义项衍生出的非空间义项如表所示:①

表示"在……期间"	**in** Spring./ **in** school.	表示"阻碍"	He is standing **in** my way.
表示"在……以内"	**in** five minutes.	表示"排列"	standing **in** a circle.
表示"关于"	He was boyish **in** his humor.	表示"比率"	Only1 **in** 5 math majors passed the CET 4.
表示"处境"	**in** great excitement.	表示"方式"	I'll pay the bill **in** cash.
表示"从事"	He engaged **in** politics.	表示"目的"	They act **in** their defense.
表示"穿戴"	**in** dress.	表示"对象"	I believe **in** you.

表2-1　英语介词in根据原型意义衍生义项表

从类型学的角度得出的统计规律显示:空间介词的多层义项形成是从"典型意义→次典型意义→边缘意义"这样的放射性网络结构,具有一定的**理据性**(Motivation)。英语词的"形"与"义"没有必然联系,使词义拓宽更有广阔的余地,英语介词正是通过这样的隐喻引申和意义延伸等途径,便产生普遍的多义现象,以此来满足英语句子动态表达时对介词的特殊需求。

第三,从人类认知的角度来看,语言中的"化动为静"是抽象思维的

---

① 张琳《原则性多义模式视域下的空间介词语义结构研究——以介词为例》,载《西安外国语大学学报》2010年第4期。

特征。英汉认知方式的不同而产生了介词运用上的巨大差异。英语在介词的使用上更加精确细致，常用介词描述事物间种种复杂细微的关系；例如，英语介词系统中的in、on、at三个介词被用来构建空间关系中最基本的"面-线-点"或者"体-面-域"的三位一体概念，在表达这一概念时，英语更擅长逻辑思维和具体分析；英语的处所介词不仅可以表示静止的处所和方向，还可以表示动态的"穿过"（across）、"通过"（over）、"离开"（down）、"到达"（into）等，使英语介词呈现出生动鲜活的特性；而汉语介词在表达这种动态意义时必须借助**趋向动词**（Directional verb）。例如：put it in（to）his pocket（放**进**口袋/放**到**口袋里）。

第四，大量的介词短语的出现弱化了英语动词的作用。英语中的名词优势形成了介词的优势，英语的介词往往包含强烈的动态或动作意义。例如"动词+介词"结构往往相当于一个及物动词（如：call on=visit、put off=postpone、pass on=go、turn up=appear、give up=abandon），大量的介词短语可以取代动词短语；同样的意义还可以用不同形式的介词来表达（in spite of=despite、with the exception of=except）；介词本身可以构成形式多样的合成介词（into、outside、upon）和短语介词（in front of、along with、by means of、in comparison with、except for、as for）；同时，成串的介词短语又常常与弱化动词（如be、seem、look、become等）组合使用；此外，"名词+介词"的优势更是随处可见，这类短语往往起到削弱或**淡化**（Dilute）原来所要表达的动词、形容词和其他词的意义的作用。

第五，比起汉语的介词，英语介词的功能往往有更全的覆盖面。[1] 考察英语介词可以直接用在指人和动物的NP（包括名词和人称代词）上，而汉语的指人的NP用作方所题元时却有种种限制。例如，可以说"在树上"，但不能说"*在老张上"、"*在小狗上"。再如：

〔1〕the stone just hit **upon** Bill.石头砸在比尔*（**身/头/手**）上。

〔2〕stay a bit longer **with** John.在john*（**这儿**）待一会儿。

---

① 刘丹青《语序类型学与介词理论》，商务印书馆，2003年，P166。

〔3〕Come over **to** me.到我*（**这边**）来吧。

〔4〕I borrowed some money **from** xiaowang.我从小王*（**那儿**）借了一些钱。

以上"在"、"从"后的名词应该是处所名词，而"比尔"、John、"我"、"小王"不是，在这种情况下，要进行相应的"处所化"处理。

汉语介词使用的搭配面受到语义范畴的较大制约这一事实，从另一个角度证明了汉语介词**语法化**（Grammaticalization）程度远远不如英语介词。

第六，介词结构的定语功能在英语中非常发达。介词短语大多可直接做定语，后置于所修饰的名词，形成"The+名词$_1$+介词+名词$_2$"格式（如The theory of translation〔翻译理论〕、The book by Prof.Li〔李教授的书〕），"名词$_1$"前的限定词the的限定功能完全是通过其后的介词短语完成的；而汉语介词短语做定语的功能不发达，英语中一些用介词定语表达的内容，在汉语中更多的只能用介宾结构的状语、补语。特别是汉语介词结构作定语都要靠"**的**"的介引，如 a pen to write with（写字**的**笔）、In the learning of students（在学习**的**学生）、Train to Shanghai（到上海**的**火车），这里的汉语"在"、"到"都还有动词身份，因而汉语的这类定语就带有动宾短语的身份。然而，当动词性已经很弱的汉语介词在定语中出现时，则受到的限制更大，往往还需要由动词谓语帮助才能组句，如：guests from Hong Kong（**来自香港的**客人/**从香港来的**客人）、the train from Shanghai（**从上海来的**火车）、students in school（**在学校学习的**学生）等。

总之，英语中介词的出现可以说是无穷的，因为现成的介词和任何名词、动词、形容词都可以组合，从而产生形形色色的介词短语或介词群。相比而言，英语介词具有较强的强制性和能产性（Mandatory and productivity）。

第三节 汉语的介词系统

仅仅从数量的角度看，英语介词的复杂性远非汉语能比，① 英语中各类介词总数约286个，② 而汉语仅有35个左右；历史语言学的研究已经探明，汉语介词与动词在语源上的同一关系，同时也注意到了介词在语言实际运用中的独立地位。③

一、动词作为优势词类及其后果

不同于英语表达的"关系入手"，汉语倾向于"动作着眼"。汉语造句往往以动词为中心参照点，**依时间顺序**（Time sequence）把与动词有语义联系的成分排列起来，没有严格意义上动词形态变化的要求，汉语动词也不需与其他成分在形态上相互配合照应；由于汉语的形容词可以作谓语，作为广义的动词广泛使用，从而形成了动词集中而突出的效果；刘丹青（2010）从多个角度证明汉语是**动词型语言**（Verby language）。④ 吕叔湘（1999）也曾指出："英语当中最容易省掉的是动词或复合动词的一部分，这是汉语里边决不允许的，英语里说My sister works in a factory, and my brother on a farm. 汉语里必须说'我姐姐在工厂工作，我哥哥在农场工作'。"⑤ 汉语的动

---

① 仅仅从数量多少、在语言中的分布情况和出现频率的角度看，一般人们会认为英语在介词方面更为发达，不仅数量远远多于汉语，而且分工也更为细致而具体，自然就会在用法上，以及词汇意义的范围以及句法功能上，比汉语更为活跃，更加复杂多变。然而，这种纯粹来自形态标记和数量方面的推断是否准确，已经遭到越来越多的研究者的质疑。

② 《科林斯英语语法系列第一册：介词》（2004）中共收录了介词124个。从结构上来分，英语介词分为：简单介词（如about, after, of, on, to, before, at 等等）、合成介词（inside, within, in, underneath 等等）、短语介词三类。短语介词还根据其形式复杂程度还分为双词介词 because of, according to, as far 等，三词介词 in front of 等。

③ 20世纪50年代前后，中国语言学界对介词研究的讨论主要是围绕着介词的取消和建立以及介词的归属问题，一些学者强调了介词跟动词的渊源关系，认为兼有介词功能的动词不是介词，持取消介词的观点，直到《暂拟汉语教学语法系统》（1956）出台之后，有关介词体系问题或介词类地位问题才得以明确。

④ 刘丹青《汉语是一种动词型语言——试说动词型语言和名词型语言的类型差异》，载《世界汉语教学》2010年第1期。

⑤ 吕叔湘《语法研究入门》，商务印书馆，1999年，P21。

词功能强大,除了充当谓语之外,还可以直接充当主语、定语、补语、状语等等;动词经常无条件地扩张到名词的领地,甚至汉语句子的话题(典型的话题是由名词性成分充当的)也可以由动词或动词性的成分(谓词性成分指称化)来充当,代替其他语言中受状语修饰的谓语,表达同样的意思。例如:

〔1〕Xiao Wang studies〈hard〉.

〔2〕小王学习**很努力**。

〔3〕a *小张**学习了**努力。(不能带体标记)

〔3〕b *小张**学习学习**努力。(不能重叠)

〔3〕c *小张**不/没**学习努力。(不能否定)

上面〔1〕、〔2〕虽然表达的意义相同,但是句法表现形式却完全不同。英语将"学习"看作是VP,从〔3〕的a,b,c看,这里汉语的"学习"绝对不是动词;从语义上说,"小王**学习**很努力"真正表达的是"小王(**在**学习方面)很努力"。这进一步证明:在英语中修饰谓语动词的状语或补语在翻译为汉语时,都要升级为谓语,这其实正是汉语作为**话题型语言**(Topic-prominent language)动词优势的句法表现。由于汉语动词的这种强势作用,因而在汉语中无需像英语那样频繁地使用介词。

从来源上说,现代汉语里的介词基本上都是从动词虚化来的,或者说是由动词经过语法化而形成的;即使到目前为止,现代汉语介词还处在动词向介词语法化的中间阶段,有的已经彻底虚化,如"把"、"被"等;有的还没有彻底虚化,因此汉语介词中可兼类为动词的非常多,用作介词时跟源动词没有明显区别,如"比"、"在"、"把"、"用"、"到"、"拿"、"叫"、"让"、"替"、"给"、"跟"、"朝"、"往"等,而这些词现在几乎都还残存有动词的用法,其本质就是一种**次动词**(Coverb)。尽管英语介词本身的动作性很强,能弱化替代英语动词使英语句式呈现出明显的静态特征,但其本身却没有能够兼类为动词的,动词和介词是截然分开的;而汉语的动词和介词则是一种天然的衍生关系。

此外，我们在作语言对比分析时还发现，在英语中不光是介词，很多用名词、形容词、副词等表达的概念在汉语里只能用动词来表达（这从大量英汉对译句式中就可看出）。这一语言差异决定了汉语的动词数量和使用频率远远高于英语。

在现代汉语中，有些单音介词短语往往只分布于动词后，而不出现在动词前，① 例如"给"、"在"、"向"、"自"、"于"等。这些介词出现在动词之后时，动词与介词之间几乎不能插入任何成分。这些介词目前正面临着**重新分析**（Reanalysis）而发展成为动词内的语素的趋势，例如："勇于"、"敢于"、"善于"、"源于"、"出于"、"来自"、"取自"、"给以"等等；这类汉语单音介词由于往往附着在单音动词后边，在汉语句法和韵律共同作用下，就可能在作为小句核心的重读的动词影响下念**轻声**（Neutral tone），甚至出现**语音虚化**（Sound virtualization）现象，并在节律上依附于动词，于是跟它所直接支配的成分即后面的名词反而有了一道节律上的界限，例如："走在 / 路上"、"走向 / 光明"等。

二、汉语连动结构优势及其后果

动词优势使现代汉语除了大量的**动宾结构**（Verb-object structure）外，还有不同于其他语言的两个以上动词连用的**连动式**（Serial verb）、**兼语式**（Pivotal construction）等**动词结集**（Verb-nexus）句式，② 从而强化了汉语句子明显的**动态**（Dynamic）优势。刘丹青（2011）认为：在现代汉语里，连动式一方面扩展到或挤占了其他语言中属于**并列结构**（Coordinate structure）的领地，另一方面又扩展到或挤占了其他语言中属于**从属结构**（Subordinate structure）的领地，从而在汉语VP域内成为优势结构。③

---

① 汉语有些单音介词（"自"、"在"）可以出现在动词前后，但位于动词前和位于动词后意义有所不同，例如"他在台上跳"和"他跳在台上"，前者表示动作发生的处所，后者表示动作的结果。

② 与汉语兼语句和连动句相对应的英语句子如：He asked me to post the letter.和He has gone to the market to buy vegetables.不属于英语的基本句型而是派生句，其中的不定式短语是由镶入句转换生成的。

③ 刘丹青《语言库藏类型学构想》，载《当代语言学》2011年第4期。

Delancey认为人类语言的介词主要是由动词（主要是及物动词）、名词（尤其是关系名词）以及副词经过语法化而形成的，[①] 动源介词发生在连动句中，名源介词发生于领属结构中。早期的汉语连动结构并不发达，还处于与并列、从属共存阶段，在语义上有向主从倾斜的趋势，最终在一定条件下连动句经过动词语法化演变成真正的主从结构，奠定了今天介词短语的基本位置。[②] 而连动结构中最容易产生语法化的动词是赋元动词，因为这种赋元动词本身就能赋予宾语以受事对象类题元以外的题元，而不是需要另用赋元虚词。例如古代汉语的动词"于"、"以"、"在"、"往"、"向"、"用"、"给"等，分别能赋予宾语以方所题元、工具题元和接受者题元，由此发展出方所标记、工具标记和接受者标记的介词用法。但也有一些汉语动词只是由于在连动句中，经常获得某种题元，从而"泛化"为该题元的标记而成为介词的，例如"以"、"把"等。因此，汉语介词语法化过程都要经过一个重新分析的过程，这一重新分析的基础就是汉语连动结构的泛化。整个汉语史汉语动词向介词的**语法化**（Grammaticalization）基本都发生在这种连动式的句法环境之中。[③]

　　连动式（V-V）作为现代汉语中的优势结构，一方面在于汉语连动结构可带体标记，由连动句"VP_1+VP_2"扩展为"VP_1着VP_2"，使动作分出主次来；另一方面，英语中以主从结构（状中关系）表达的短语在汉语中往往是通过从属成分状语，特别是介词短语来表示的。例如：Students go out of classroom **with** laughing and talking.（学生们说**着**笑**着**走出教室）；这进一步证明了英语介词有多样的句法分布。与此相反，汉语介词的使用不但不是句法强制性的，甚至还可以省略。

---

　　① 引自刘丹青《语序类型学与介词理论》，商务印书馆，2003年，P152。
　　② 张琳《原则性多义模式视域下的空间介词语义结构研究——以介词为例》，载《西安外国语大学学报》2010年第4期。
　　③ 根据刘丹青（2003）的调查，在汉语的主要前置介词中，至少有一个词的虚化没有在连动句式中发生，这就是"被"，发生于带领属结构的动宾式中。

三、介词框架大量存在于汉语句子中，构成汉语介词类型的显著特点之一

汉语介词的语法化程度不高，句法限制颇多，介词不能独立完成介引名词的任务，因而无法构成句法系统中一个自足的介词系统。例如一些汉语基本介词不能单独支配名词短语，必须与其他词（例如方位词、"……似的"等结构）配合才能组成句法上自足的介词短语，语法学家称之为**介词框架**（Circumposition）。① 例如，介词"在"、"从"不能放在普通名词性成分前，而必须放在"方位短语"前，除非那个名词本身是地名一类处所词语。因此，在现代汉语中，方所介词后带方位词已经不是语义需要而成为一种句法的需要。② 例如：

1. 在……上/里/外/内/下、从…里/起/以来、向…外、自……起/以来、到……为止、跟……似的、像……一样、除了……以外、当……的时候、从……到……。

2. 比……更、比……要、跟……一起/一道/一块儿、用……来、通过……来、以……来看、据……说、按照……来、就……来、对/就……来说/来讲、就……而言、为了……起见、为……所、被……所、被……给……、把……给……、给……给……

汉语"介词框架"有许多类型学特征，如介词框架是伴随着汉语介词的衍生和方位词的产生以及介词句法位置（语序）的变化而产生的。特别是汉语介词框架的后部词语具有多样性特点，不限于方位词。框架的两个部分间不光是名词、代词、连词、助词等体词性成分，也可以是动词、介词等谓词性成分，甚至小句。此外，汉语介词框架在语法意义上不限于表示方位和时间，有较多的引申意义。介词框架中的**前置词**（Preposition）和**后置词**（Postposition）在有的框架中是必须同时出现的，具有句法强制性（如"**在**

---

① 这一概念最早是由当代语言学创始人 *Greenberg* 在研究闪族语和伊朗语族部分语言的语言类型时提出的。当时称之为"框缀"（Circumfix）。后来大概因为这些所谓的框缀在功能上是介词性的，改称为"框式介词"了。

② 刘丹青《语序类型学与介词理论》，商务印书馆，2003年，P162。

黑板上写字"）；有的相对自由，可以出现也可以不出现（例如"［从］楼上传来笑声"、"从这些表格［上］看不出"）。在不同的介词框架中，前置词和后置词的**隐现**（Implicity）有各自的规律，也有不同的隐现机制。①

刘丹青（2003）为了证明汉语的方位名词是汉语后置词的主要来源，曾转引吕叔湘（1965a）的统计数据：方位词"上"、"里"的用例和与介词的搭配面大大超过其它词，其次是"中"，但是很多例子并没有相对于"上"、"里"的"下"、"外"的用法。② 显然，各类不同的介词框架在分布上具有不平衡性，运用时需要分别对待。随着介词框架中这些汉语方位词语法化的程度加深，很多"上"、"里"、"中"的用例和部分"下"都没有了实际的"方位性"而只有"泛向性"（不指示具体方位），有时"上"、"下"、"里"、"中"等可以相互替换却并不改变意义。例如，"记在/心**里**/心**中**/心**上**/心**下**"、"在教学**中**/**上**"、"在这种情况**中**/**下**/**里**"基本同义，甚至**虚化**（Grammaticalization）成为汉语的**话题标记**（Topic marker）。

第四节 结　语

通过以上英汉两种介词系统的对比，我们可以得出以下结论：

尽管根据语言单位**聚合关系**（Paradigmatic relation）划分出来的词类之间存在着明显的共性，但由于语言单位的**组合差异**（Syntagmatic difference）使同一语法范畴在不同的语言里的表现形式差别却很大。从本章所观察到的英汉介词系统的个性特征可以看出：同一**语法术语**（Grammatical terms）在两

---

① 有关汉语"介词框架"的研究，可见陈昌来《汉语"介词框架"研究》，商务印书馆，2014年。
② 刘丹青《语序类型学与介词理论》，商务印书馆，2003年，P110。

种语言中所代表的内容不会完全相同,同类词在不同语言中功能也不完全相同。如果在进行汉英介词对比研究时,仅仅满足于两种介词体系的比附、对照和印证,就会淹没了汉语介词的独特性,从而违背对比的根本目的。

第三章
类型学背景下汉英介词对比及汉语介词教学策略

第一节 引 言

与中国学生学习英语相比,英语国家的学生学习汉语介词并不难,有一定的优势,他们可以凭借母语介词快速习得汉语里相应的、适用范围相同或者大部分重合的介词,特别是空间意义和时间意义介词是有一定效果的,而其中的不重合之处,以及由于认知的隐喻和延伸而产生的多种抽象意义的不对应、以及介词与动词搭配的选择性等等,仍然是汉语介词学习的难点,这也是要花大力气需解决的问题。本章从类型学角度,对比分析英汉介词系统,找出英汉介词系统中诸多差异,并在此基础上,提出一些汉语介词教学的对策。

第二节 汉英介词对比

一、汉英介词的对应关系的复杂性

Lakoff&Johnson(1980)认为语言中所表达的概念大部分是建立在隐喻

（Metaphor）基础上的。人类的认知活动根植于日常的生活经验之中，而不同民族的生活经验是相同的。① 一方面我们假设人类普遍性的隐喻概念的存在；另一方面，由于身体体验不能独立于特定的文化和社会之外，我们也有理由推论在不同文化的隐喻概念系统中应该存在差异。而英汉两种介词系统中表现出来的认知差异，正是学习者在学习中最难掌握的。

相对于汉语而言，英语介词更多是复杂在其意义繁多、使用灵活上。以方所概念为例，在《科林斯英语语法：介词》第一册中有23条。由于英汉两种语言对同一物体维度功能存在感知上的差异，空间方位词的意义引申方式也不尽相同。主要表现如下：

（一）汉语前置介词往往只表示空间关系的类型，而不表示空间关系的具体位置，因此需要借助"上"、"下"、"里"、"外"等方位词来帮助

汉语表现为"介词+界标+方位词"（"在……上/里/中"），而英语为"介词+界标"，因此，汉语介词加方位词所表达的单一概念往往可以对应英语多种介词形式。例如，同样是表示"在……上"的方位，英语根据不同的维度用不同的介词：

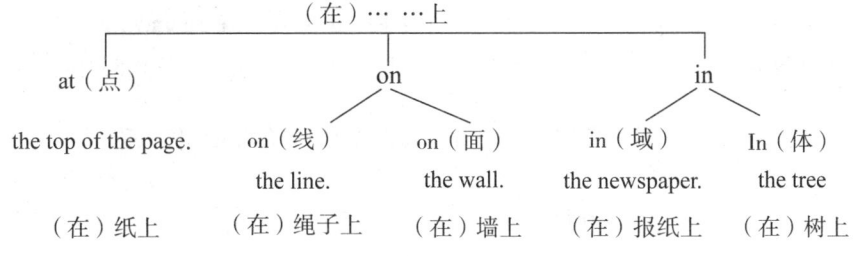

图3-1 英语介词的多维关系

同样是表示方位"在……上"，英语根据不同的维度用不同的介词：at把地方、地点、位置当做一个"点"，on当做平面，in则当做一个范围或一个封闭的空间。在识解同一空间场景时，英汉两种语言对应的介词和方位词

---

① Lakoff, G.& Johnson.M.Metaphors We Live By［M］.Chicago：The University of Chicago Press，1980.

的空间语义存在着"多对一"的关系。①

（二）在空间小类中，根据"上"、"下"关系的不同层次，英语也会直接选用不同的介词

例如（在）……上：

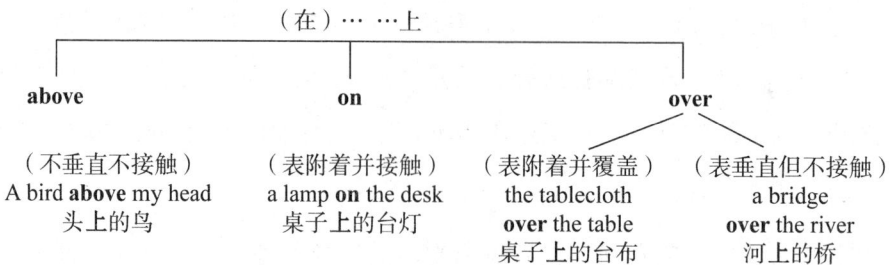

图3-2　汉语"（在）……上"与英语方所类介词的对应关系

再如（在）……下：

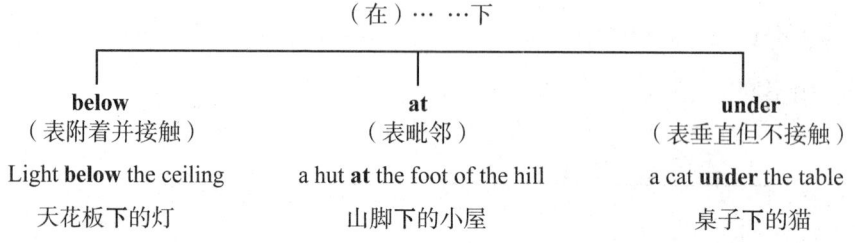

图3-3　汉语"（在）……下"与英语方所类介词的对应关系

以上例句汉语仅仅用方位词"上"或"下"，而英语则借助于不同介词来表达复杂的方所关系。

（三）从不同的视角多角度观察事物时，英语会选用不同的介词来表达

例如：

---

① 这种关系不仅指形式数量上的不对称，而且指功能匹配上的参差。相同的形式或功能在两种语言中所负载的内容既不全同，也不全异，往往同中有异，异中有同。

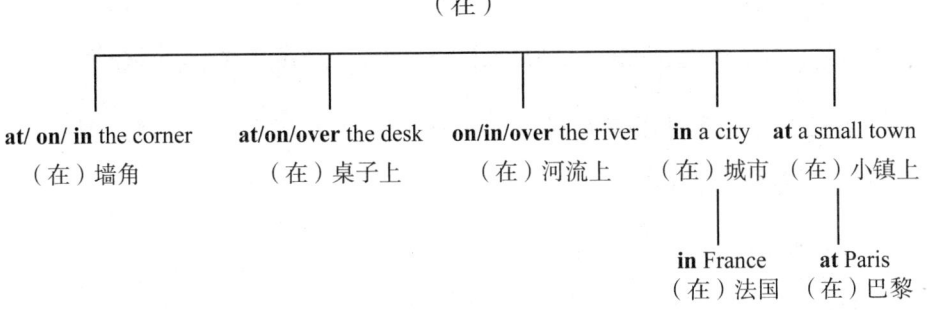

图3-4　英语介词的多视角关系

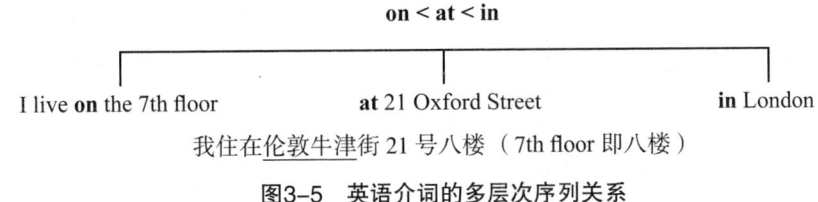

我住在伦敦牛津街21号八楼（7th floor 即八楼）

图3-5　英语介词的多层次序列关系

相对于法国来讲，巴黎只是一个"点"，而相对于伦敦来说，牛津只是一个"点"。

（四）英语表示处所的介词除了表示静止的处所和方向外，还有内化动词的意义，可以表达"通过"、"离开"、"到达"等动态意义

例如，表示"通过"这个动态的方所概念时，汉语只使用"V+过"，英语则仔细区分不同的维度并使用不同的介词：

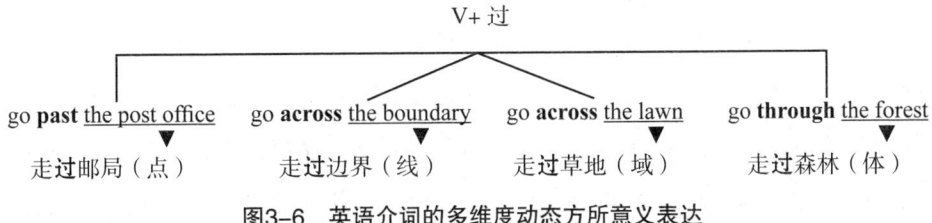

图3-6　英语介词的多维度动态方所意义表达

其中past仅表示途径参照物,但不接触;across表示从物体表面通过,为二维空间,与on有关,through则从物体内部穿过,与in有关,为三维。

(五)英汉两种语言有时会把同一事物感知为不同的维度,英语往往使用截然不同的介词

如表所示:

中文	英文	中文	英文
在家里	at home	把家看作"域"或"体"	把家看作"点"
在世界上	in the world	把世界看作"面"	把世界看作"域"或"体"
扯到题外	stray from the point	把题看作"域"	把题看作"点"
在墙上的洞	a hole in the wall	把墙看作"面"	把墙看作"体"

表3-1 英语介词不同维度表达对照表

有时由于观察的侧重点不同,英语介词的表达形式也因之有所不同。如表所示:

中文	英文	中文	英文
坐在树阴下	sit in the shade of a tree	着眼于"上下"关系	着眼于"里外"关系
戴在他胸前的勋章	medals on his chest	看作"前后"关系	看作"附着"关系
在树上的鸟	birds in the tree	着眼于"附着"关系	着眼于"里外"关系

表3-2 汉英介词不同视角表达对照表

语义概括的角度不同,必然会导致对应词指称意义的错落不齐。以上情况可以说明两个问题:(1)英语介词有多层次的语法意义,以不同的介词区分相近概念之间的微妙差异,表达精确、细腻;而汉语则词意概括,综合程度很高。在很大程度上介词需要搭配方位词、趋向动词来足句足义,在这种情形下,汉语介词往往就成为次要的,甚至完全可以不用;(2)不同民族独特的认知心理造成概念域差异,其对应与不对应的深层原因则是由两种语言在方所关系的表达上认知方式不同所决定的。

二、介词的位置以及对语序的影响

虽然汉语和英语都是SVO型语言，其语序跟思维流向几乎完全合拍，表现为"**施事**（Actor）-**动作**（Action）-**对象**（Goal）"模式，但是在表达同一范畴时，在形态和句法方面也存在着类型学差异。一般来说，SVO型语言介词结构的典型位置是处于动词（V）之后，英语即是如此，而现代汉语大部分的介词短语的位置都在其所修饰的动词之前。尽管汉英介词在句中的分布位置很不相同，但多个性质不同的介词短语作状语修饰动词时，英语和汉语排列原则却大致相同，二者映显出**镜像一致**（Mirror concord）关系：

原因目的←时间←地点←方式←对象←动词→对象→方式→地点→时间→原因目的
　　　　　　汉语（介词）　　←　↓　→　英语（介词）

在语法功能上，英语介词常常还兼有定语标记的作用。英语介词短语做定语时，其位置与介词短语做状语表现一致，均后置于所修饰的名词，例如：the book **in** the chair（椅子里的书）。

同时，英语介词做格标记的时候，一般不会因为格标而导致句子的述谓成分的位置的变化；相反，有一部分汉语介词却具有使句子语序发生变化的功能。例如由汉语介词"把"、"被"和"比"形成的特殊句式，动词宾语可进行**前置移位**（Permutation），移到支配它的及物动词前边，不但打破了SVO的语序，甚至对句中补语、状语等其它句法成分的顺序也大有影响。例如和V有关的一些修饰语，如能愿动词、否定词、时间词语一律要位于介词（"把"、"被"等）的前面（例如"我［要/没/已经］把这本书给他"）。以上这些特殊介词的存在，对汉语小句结构的语序类型产生了极大的影响。

三、介词的强制与省略

英语介词的使用在句法上表现出明显的强制性，是影响介词在实际话语中出现频率的关键因素。

（一）汉语时间名词以及"名词+方位词"结构直接可以做句子的状语，而在英语中这类状语是必须加介词的

例如，"放（在）桌上（put **on** the table）"、"坐（在）床上（sit **on** the bed）"；英语表示工具和方式必须使用介词with、by：

［1］Go **by** train/air.（坐火车/飞机去）（方式/工具）

［2］Cut **with** knife.（刀切）（工具）

［3］She made a living **by** teaching.（她教书为生）（方式）

（二）英语表示关涉的介词短语（例如regard、about、as for）在汉语中往往是以句子主题（Topic）的形式出现，通常不需要介词

例如：

［1］Regarding marriage，I have my own way.（婚姻的事，我自己做主）

（三）被动（Passive）语态在英语里是一种常见的语法现象

英语的主语多"**无灵**"（Inanimate），倾向于**物称**（Impersonal）（主语不能发出动作或无生命），汉语倾向于"**有灵**"（Animate），在一般情况下，能主动发出动作的必定是有生命的物体（包括人类的组织形式），因而汉语表达更多采用**主动句式**（Active sentence）。在英语"NP1（受事）+be+过去分词+by+NP2（施事）"句式中，很多时候并不真正强调**施事**（Agent），"by+NP2（施事）"部分往往省略（如：It was done.这件事做了）；尽管如此，有标记被动句（通过by和with）在英语中确实占其主体；而汉语存在大量无标志被动句，并且被动式受到意义上的诸多限制，例如早期"被"字句多表示不愉快或不愿做的事，动词具有较强的处置性，**受事**（Patient）明确受到外力影响；在句式上突出动词的后附成分（例如：饭被他吃*光了），同时还要受到形式的限制（受事主语是有定的）。这些限制使得许多难以说出施事者的句子不能进入被动句式。另外，英语被动语态还

有其独特的语用价值——论述客观态度或事实。例如：

［1］He is loved **by** every one.人人喜欢他。

［2］I was struck **with** an idea.我突然想到了一个主意。

［3］History is made **by** the people.历史是人民创造的。

以上例句徒具被动形式，介词只是为了强调句子的**施事**（Agent）。

（四）与英语相比，汉语介词的使用更多地受到句法、语义和语用等多重因素的制约

当汉语介词结构出现在句中状语的位置上时，一般情况下，介词是不能省略的，但当介词结构通过某种语法手段移位到句首话题或主语（如汉语存现句等）、宾语的位置上时，介词往往就会省略（孙一，2006）。[①] 例如：

［1］一群学生**从教室里**走了出来/**教室里**走出一群学生。

［2］He likes to travel in summer.（他喜欢**在夏天**出游/他喜欢**夏天**出游/夏天他喜欢出游）

第三节　母语为英语学习者的汉语介词学习的难点

一、使用频率的不对等

汉语与英语介词在数量上悬殊很大。据美国著名语言学家寇姆（G.Curme）统计，英语中各类介词约285个（包括短语介词），但是汉语中的常用介词还不到30个。究其原因，主要是由于汉语介词的发展受到诸多限制。例如英语的处所介词数量最为繁多，而汉语介词和方位词连用时，介词往往是次

---

① 孙一《从汉英介词的特性对比英汉介词的用法》，载《华中师范大学学报》2006年第1期。

要的,甚至可以省略。又如英语的处所介词不仅可以表示静止的处所和方向,还可以表示动态的"穿过(across)"、"通过(over)"、"离开(down)"、"到达(into)"等,汉语介词在表达这种动态意义时,往往要借助趋向动词。例如"从火车上走**下来**/走**下**火车(step down the train.)",汉语介词在这种情况下也往往省略。

从句法上看,一些英语用介词短语表达的从属性内容,汉语介词却没有相对应的表达,出于语义的直接驱动,只能用谓语来表达。例如:He is against me(他**反对**我);an apartment with two bedrooms(一套**带**两个卧室的公寓)。这样的介词还有across、along、into等,只是翻译成汉语的动词才能准确地传达原文的信息内容,同时与汉语的表达习惯相吻合。因此,在具体运用中,汉英两种语言句式在整体面貌上呈现出"动"、"静"的差异。前者动词占优势,后者名词、介词占优势。而学生在用汉语表达时,缺乏"动-静"转换意识,常根据英语**静态**(Stative)的语感,以介词的表达习惯代替汉语中的动词意义,或在句式上多用主从句来代替汉语特有的连动句,出现过度使用介词和从句而造成的欧化句式等现象。

二、汉语的特殊句式与介词的配合

汉语句子的组合形式是SVO,但是使用介词"把"、"被"等时,就会使句子的宾语提前至谓语前,如"我打扫(了)宿舍",如果动词要添加各类补语,则只能用"把"字句,例如"我把宿舍打扫了一遍"、"我把宿舍打扫干净了",不能说"我打扫干净了宿舍"。对于留学生而言,"把"字句和"被"字句中的补语的逻辑主语也会比较难理解,例如"我把他骂哭了","骂"的是"我","哭"的是"他";而"我被他骂哭了","哭"的是"我"。另外英语被动语态需通过动词的形态变化(助动词be+过去分词)来表示被动意义,而汉语无介词标识受事主语句却是一种常态句式,例如:The difficulties have been overcome.(困难克服了);the work has been finished.(工作完成了);the problem solved.(问题解决了)等。

另外，汉语的比较句通过介宾结构"A比B+形容词（比较项）"表示，其中比较主体A必须位于主语/话题之位，即属性主体和比较主体合而为一，比较项只能做谓语（或具有次级谓语属性的补语）；而英语比较主体可以是宾语或谓语，比较项除了谓语之外也可以是状语或定语（例如：He eats more noodles than rice./He like noodles more than rice.）。汉语除非强调，一般使用形容词作为比较项时不加其他程度标记，一些英语比较句，汉语却不能用比较的方式来表达（例如：Who is taller?John is taller.），留学生往往掌握起来很难。

三、汉语同义介词的互换问题

汉语里大量像似表意的介词受所连接词的音节数、语体色彩、习惯用法等因素的影响，其互换受到一定的限制，这也是汉语介词学习过程中容易产生偏误的地方。例如，有的介词，像"据"和"根据"、"按"跟"按照"，语义上是一样的，而且二者在很多时候都可以互换使用。再如，凡是用"对于"的句子都可换成"对"，而用"对"的句子，有些却不能换用"对于"，如"**对**学生负责"、"**对**人礼貌"；特别是当其后所接词是单音节词时，互换更不自由，例如"按**期**完成"和"按**时**完成"，都不能将"按"替换成"按照"；有的则是因为语体色彩的不同而不能替换使用（如"以"和"用"、"对于"和"对"、"与"跟"和"等）。显然，汉语中单音节和双音节对于词语的结构有一定制约作用。这些很细微的用法差别，对于汉语为非母语的人而言，没有汉语语感、没有汉语韵律常识，学习和掌握起来确是很困难的。

四、介词的特殊位置及使用

汉语介词短语的使用还有位置分布的问题。例如，有的既能出现在主要动词之前，又能出现在主要动词之后（"在"、"于"、"给"、"与"、"向"、"往"），有的只能出现在主语和谓语动词之间（"把"、"被"、"比"、"跟"、"从"、"朝"、

"对"），还有一些甚至只能出现在句首（"关于"、"对于"、"根据"）；此外，英语中的一个介词，如 from、to、through、at、under、in 等，却往往要用汉语"从……中"、"到……中"、"在……上"、"在……下"、"在……看来"等一个介词加一个后部词而形成框架来对译。此外，汉语介词在使用时还经常可以省略（例如"放［在］杯子上 / 里 / 旁边"和"放进杯子［里］"），这都给非本族语者的学习和掌握造成了极大困惑。有些介词对英语来说是必不可少的，但对汉语来说是不需要的，或者说是多余的（例如表空间和时间的介词"在"，表被动意义的 by、with，表达因果关系句式中的缘由介词"为了"等）。这些方面的问题，如果教师不是有意识地悉心去指导，让学生深刻去理解，学习者难免会受到自己语言使用习惯的误导。

综上可见，英语母语国家的学生在学习介词过程中，面对的不仅是介词本身的问题，还有一系列与之相关的搭配问题、结构问题、位置问题和语序问题等等。因此，通过简单地比附和对照，笼统地说汉语介词比英语介词简单，只是看到了"冰山"一角，有失偏颇。

第四节　汉语介词教学策略

一、确立类型学视角下的分国别介词教学观念

由于不同语言介词的来源不同，通过外部形态一个方面对照而言，英语介词比汉语介词分类更细、通过介词来明确标识的语义特征更多，自然使用频率就更高。同类别的英语介词与汉语介词之间可能是多对一或者多对少，甚至是有对无，学生习惯于运用"英汉对译"的策略来帮助记忆和运用，这是我们在教学中遇到的大问题。调查发现，事实上留学生在学习介词的过程中，对自己母语中介词特点也没有系统、深刻的理性认识，而

目前可供选择的有效的汉语介词学习策略有限。为了改善学生介词学习的现状，教师有必要进一步通过语言的类型学对比指导，根据学生的母语特点进行有针对性的分国别汉语介词习得培训，以增强学生的学习策略意识，并且能够在语言对比分析中，引导学生利用自己母语特点自觉地选择恰当的策略。

二、解决好汉语动态和英语静态带来的"动"、"静"转换问题

由于在思维和认知方面存在的差异，各种语言呈现出具有民族特色的**基本模式**（Basic patterns）。例如，英语国家学生在学习和运用汉语介词时，往往因为没有在整体上把握两种语言动态和静态的表述特征在动词和介词使用上的具体表现和要求，缺乏句式的"动"、"静"转换意识，在汉语表达时，常根据英语静态的语感过多地使用介词，出现"以介代动"的英化句式，而不能灵活自如地运用汉语的介词进行表达。

针对这一情况，教师在教学中应帮助学生调整学习策略，让学生学习和记忆具体介词的用法和特点的同时，在教学中应从汉英两种语言表现的动静不同的角度出发，让学生了解汉民族一些独特的思维和认知特点在语言中的表现，同时给学生提供大量典型的、地道的语言材料，引导学生对比两种语言中不同的类型学优势及产生原因，让学生从根源上掌握介词在汉语动态表达中的作用；在此基础上设计练习，指导学生按照汉语特有的造句规律重新安排结构。比如，可以让学生把名词化句型中的名词或名词词组转换成非名词化句式中的小句或动词词组，把英语中关系词集结的长句、复合句转化成汉语动词集结的短句、简单句，通过这类有意识的转换练习，使学生加深对汉语句式动态表达特性的认识，有意识地、自如地运用汉语的介词进行表达。

三、解决好多义介词使用中的混用问题

在英汉两种语言介词的语义范畴中，最基本的空间关系是其原型范畴，其他的延伸意义是边缘义项，原型范畴和其他的边缘义项之间都是通过隐

喻认知机制形成一个巨大的错综复杂的关系网络。崔希亮（2005）调查发现，留学生介词"混用"主要发生在以下意义上有联系的介词之间："跟-向"、"在-到"、"给-让"、"给-对"、"给-跟"、"比-跟"、"对-就"。[①] 因此，在学习的过程中，教师要化繁为简，帮助学习者在自己已有的母语介词系统的语义网络中，重新构建一个围绕原型意义的相联系的汉语介词网络，并将之进行对比。例如，在课堂上运用直观的**意象图式**（Image schema）或**语义地图**（Semantic map）等工具，找出其交集和共有区域，关注其不对应区域，有助于学习者对汉语介词的语义形成更为全面而正确的认识。同时运用**原型范畴理论**（Prototype category theory）对比分析两种语言中介词的**语义层级**（Semantic hierarchy）之间复杂的对应关系，也是解决介词**多义性**（Polysemy）的一个理想的方案。

四、重视对汉语"框式介词"的整体教学

介词偏误调查发现（崔希亮2005），框式介词缺少呼应词造成的"遗漏"是出现数量最多的一种偏误（例如"*放在杯子［里］"），而这些"遗漏"大多发生在表达空间结构的方位介词上。[②] 例如汉语普通名词不能直接出现在空间介词的后边，即介词的宾语必须借助方位词（如"**在**黑板**上**写字"、"东西在老王那里"）等等。因此，汉语介词框架的构成规则的讲解在教学上显得尤为重要。其次，教学实践证明，把框式介词以及格式化介词（例如"位于"、"生于"、"来自"）作为一个整体教授，特别是将框式介词的后部分搭配词视为强制使用的成分整体学习和记忆，更便于我们的教学和学生的理解。以下为常用汉语框式介词与英语介词对照：

---

① 崔希亮《欧美学生汉语介词习得的特点及偏误分析》，载《世界汉语教学》2005年第3期。
② 同上。

above	在……上	besides	除了……以外
below	在……下面	on	在……上、在……时候
outside	在……外面	beside	在……旁边
between	在……之间	beyond	在……外边
behind	在……后面	among	在……中间
after	在……以后	before	在……以前
when	当……时	since	从……时候起

表3-3 常用汉语框式介词与英语介词对照表

五、根据频率数据有效安排教学次序

在朱学锋、俞士汶（2004）统计的2600万字的汉语语料中，① 母语者使用频率最高的40个词中，介词就占有6个，它们分别是：

在——频度154642　　**对**——频度54393　　**为**——频度31406

从——频度26577　　**与**——频度26140　　**以**——频度25984

赵葵欣（2000）考察了HSK甲、乙、丙级词汇大纲中出现的40个介词，调查出留学生在初级阶段经常使用的7个介词为"**在**"、"**跟**"、"**对**"、"**和**"、"**给**"、"**从**"、"**为了**"；② 崔希亮（2005）则调查出欧美学生使用频率最高的七个介词依次为"**在**"、"**跟**"、"**把**"、"**和**"、"**对**"、"**从**"、"**给**"，其中介语偏误率从高到低呈现为"被＞从＞为＞给＞向"。所有这些数据都是我们在介词教学中应该参照的标尺。我们在介词的教学过程中，同样还要考虑到所教介词在学习者日常交流中使用的**频率**（Frequency）和**流通度**（Circulation degree），对于意义相同或相近的介词（如"跟"和"与"、"对于"和"关于"），在教学中更应该根据其使用频率选择先后次序，在具体操作时进行分层次、分步骤教学，明确哪些介词在日常交际中用量少，同时有其他同类介词可以替代，可作为扩展内容教授或引导学生在交际中自

---

① 朱学锋、张化瑞、段慧明、俞士汶《〈汉语高频词语法信息词典〉的研制》，载《语言文字应用》2004年第3期。

② 赵葵欣《留学生学习和使用汉语介词的调查》，载《世界汉语教学》2000年第2期。

然习得。

总之,介词是最有语序类型学特征的词类,不光是汉语和英语,韩语、日语和俄语的介词类型都各不相同,体现在第二语言习得中,则一定会显示其所属语言类型的差异,其中有交叉也有重合。所以,对外汉语教师一定要有语言类型学视野,以从根本上给学生最有针对性的指导。

第四章
汉语框式结构"在X上/中/里"和英语介词 at, on, in 的对比研究

第一节 引 言

"在X上/中/里"是现代汉语中日常使用频率非常高的空间介词结构。我们在与来自英美国家的留学生的接触交流中了解到,他们普遍感觉自己对这三个介词结构的理解和掌握并不全面。我们在"HSK动态作文语料库"中,也发现了英语为母语的学习者误用"在X上/中/里"的句子:

[1] * 在这个电视剧上,演员都说很标准的普通话。

[2] * 我喜欢在床里看书。

[3] * 在这次考试上,我没有太多时间写作文。

[4] * 玛利亚在报纸里看见了他们的广告。

[5] * 在这篇文章上,我会讨论这条新的标准。

造成这些偏误的原因固然是留学生对于这些结构的语法知识掌握不够,但是也同英语的母语干扰有密不可分的关系。我们通过调查发现,留学生在理解和使用这三个汉语介词结构时通常会参考联想到英语的at, on, in。因为在英语中,at, on, in在语义上分别对应空间关系的"点"、"线/面"、

"体",与汉语的"在X上/中/里"有很强的关联性。

为了能更深入地研究英语介词at,on,in对英语为母语的学习者在学习汉语框式介词"在X上/中/里"时产生的影响,本章从认知角度将英语中的表示空间关系的介词at,on,in和汉语框式结构"在X上/里/中"进行对比研究,分析它们各自的语义系统,找出二者的异同,并结合问卷调查,探讨英语为母语的汉语学习者因此而受到的影响,最后探索并提出适合他们的教学对策。

第二节 汉语框式结构"在X上/中/里"的语义认知特点

介词结构是由介词同其他词或者短语组成的语言单位。它的前一组成部分由一个介词充当,后一组成部分由另一词语或短语充当,中间跟上介词的介引成分,三者组合成一个不可分割的整体,在句子中作一个句子成分。一般语法论著称之为"介词(宾)短语"或"介词(宾)结构",有的语法论著称之为"介词词组"。

刘丹青(2002)《汉语中的框式介词》一文基于语言类型学的框架理论,根据汉语共时、历时的材料,把这类结构称为"**框式介词**"(Circumposition)。刘文深入分析了框式介词存在的动因,从汉语史角度看,**前置词**(Preposition)短语从动词后为主演变为动词前为主,使汉语前置词不再位于联系项倾向占据的中介位置,违背了Dik的"**联系项居中原则**"(Contact center key principles),从而促使方位名词等一些词语发展出**后置词**(Postposition)的用法,并与前置词一起组成框式介词。最典型的就是"前置词+名词短语+方位词",如"在X上/中/里"。在两种语言的对译中,英语中的前置词短语on the table、from the book等,在现代汉语中往往无法用这种"前置词+名词短语"的结构来翻译,而需要用这种介词的框式

第四章　汉语框式结构"在X上/中/里"和英语介词at, on, in的对比研究

结构进行对译,如"在桌子上"、"从书中"等,这些"方位短语"中的方位词在现代汉语中具有强制性。①

我们综合前人的研究,发现之前对于框式介词"在X上/中/里"的研究侧重点都放在能进入"在X上/中/里"这三个结构的X上。而对于X的分类主要有两种方式:一是对X的词性和语义进行考察,作为划分标准;二是通过划分X的空间维度作出分析和总结,以确定"在X上/中/里"的语义基础。本章在此基础上,并受**"有限界标"**(Limited landmark)概念的启发,将"在X上/中/里"结构中的X细化为三维空间、二维空间和一维空间三种情况,分析其"在X上"和"在X中/里"空间语义与非现实空间义中,与X搭配产生的隐喻意义的认知系统。

一、本章对空间维度的划分

当X为三维空间时,分为封闭空间和准封闭空间两种情况讨论:② 封闭空间具有最典型的"容器"特征,X可以是人类所处的空间,也可以是生活中的封闭容器;准封闭空间是指并非严格封闭,但也可以抽象地视为一种"容器"的空间。例如"山谷"、"街道"、"森林"、"坑"、"洞"、"被窝"等。

在二维空间概念下,X分为典型平面、准三维空间和划界平面。X为准三维空间也就是有一定范围的平面空间,但又与典型的平面空间有所不同。在我们的概念中,它们还有某种"边界",因此,更为准确地说,它们也接近于三维空间概念,而且目的物都处于这个三维空间的平面之上,且与之接触。例如"院子"、"社区"、"河"、"海"、"岸"、"沙发"等。X为划界平面。这里的划界平面也就是类似"门"、"窗"这类并非容器,能起到划分出两个空间范围作用的平面。这类X数量有限,限于门、窗、墙、门槛、竹帘之类的平面类事物(邢福义,1996)。③

---

① 详见刘丹青《汉语中的框式介词》,载《当代语言学》2002年第4期。
② 朱真《"X里/中/内"的语义系统研究》,华东师范大学硕士学位论文,2007年。
③ 邢福义《方位结构:"X里和X中"》,载《世界汉语教学》1996年第4期。

X为一维空间,也就是条/线状物,例如,"电线"、"铁丝"、"藤"等。

二、"在 X 上/中/里"的空间语义

我们在研究中发现,不管X是几维空间概念,当其进入"在X上"时都在认知中有一个"平面化"的过程。换言之,不能平面化,或者侧重空间感的X都不能进入"在X上"。"在X中/里"主要强调X的空间感以及目的物在X内部的空间位置。相比较,"里"侧重表达空间的内部,"中"侧重表达空间位置上的"中心"或"中央"的意义,空间感更强。朱真(2007)通过语料统计发现,合格的"X中"的语料比"X里"的语料少得多,并且"X中"更多用于抽象的"在内部"的语义。"在X里"与"在X上"因为在认知中有从"容器"到"表面"的渐变,所以在这个过渡地带会有交叉,就是目的物在可以被视为平面的封闭空间内部时,"在X上"与"在X里"的语义相同。X为典型平面时,要进入"在X中/里",在人们的认知里有一个"立体化"的过程。X为划界平面时,并非"容器",起到划分出两个空间范围的作用,目的物与之没有依存关系,只有里外关系。三者关系如表所示:

X			在 X 中	在 X 里	在 X 上
三维空间	封闭空间	侧重X的空间性	目的物在X内部（在箱子里/中、在房间里/中）		
三维空间	封闭空间	X可以视为平面		目的物在X内部底面（在车上/里、在飞机上/里）	
三维空间	准封闭空间		目的物在X内部（在森林中/里、在山谷中/里）		目的物在X上（在街道上）
二维空间	准三维空间	侧重空间意义	目的物在X边界之内（在海中/里、在院子中/里）		
二维空间	准三维空间	侧重平面意义			目的物在X平面上（在岸上）
二维空间	二维典型平面		X被立体化,目的物在X内部（在墙里/中）		目的物依附于X表面（在墙上）
二维空间	划界平面			目的物在相对于"外"的X里（在门里）	
一维空间	条状物				强调目的物与参照物的表面接触（在电线上）

表4-1 "在X上/中/里"空间语义表

三、本章对隐喻概念的划分

空间隐喻（Spatial metaphor）是以**空间域**（Spatial domain）为**原始域**（Primitive domain），将空间域的意象图式结构**映射**（Mapping）到非空间的、抽象域之上，使得我们可以通过空间概念来理解、思考和讨论非空间概念。

我们结合刘国燕（2007）通过语料对能进入"在X上"的X的分类，以及葛婷（2004）对"X上"的认知隐喻分析，将X分为以下几种类型：1.方面类词语；2.身体器官名词（"心"、"手"、"口"等）；3.通讯工具和信息载体（"新闻"、"电话"、"电视"等）；4.某些机构组织、集团等（"法庭"、"单位"、"矿"等）；5.表示某种领域、范围、活动场所（"世界"、"社会"、"市场"等）。

四、"在X上/中/里"的隐喻语义

虽然在**隐喻认知**（Metaphorical Cognition）中的空间位置已经虚化，但是在人们的认知中还是对应了一种空间位置关系，这也反映了日常生活中的空间关系在抽象世界的映射。因此，"在X上/中/里"对X的选择仍然是一个平面化或者立体化的过程。"在X上"中的X在认知中都是以平面或者表面出现的，这也是方位词"上"对X的选择性。在隐喻意义的搭配中，仍然同X和"上"的方位本义有关，因为隐喻常以两个事物的类同之处为基础，所以我们仍能从"在X上"的隐喻的语义中找到目的物同X的关系来源。如"在电视上"、"在社会上"、"在课堂上"等，都有抽象的空间关系。大部分X与"在X中/里"结合时都将X视为一个"容器"，人们经常把一些无形的、抽象的事件、行为、活动、状态容器化，而"中"、"里"的空间位置也强调了在X内部的意义。如表所示：

X	在X上	在X里	在X中
方面类词语	表示事物涉及的方面（在金钱上）		
X为身体器官名词	抽象虚化的空间意义（在手上/中/里）		
通讯工具和信息载体	途径（在电视上/中/里）		
某些机构组织、集团等	隐喻到社会集体成员、社会活动空间（在单位上）	强调的是一个范围、区域或者环境这个整体（在城里）	
某种领域、范围、活动场所	强调范围或领域（在社会上）	在X内部（在社会里/中）	
隐喻为"容器"的抽象名词或短语		在X内（在梦中/里）	
时间段		在X内（在一年中/里）	

表4-2 "在X上/中/里"隐喻语义表

第三节 英语介词at，on，in的语义认知特点

一、英语介词at，on，in的空间语义

正如前文提到的，英语at，on，in三个介词对应"点"、"线/面"、"体"。我们通过分析发现：当X为一维空间，也就是点和线的时候，汉语框式介词"在X上/中/里"中没有可以对译，也就是语义上对应的结构。X是二维空间时，典型平面的空间关系和汉语方位词"上"一致，并且on的语义和"在X上"对应；当X是准三维空间，也就是既可以视为平面，也可以视为空间的概念时，分别使用on和in。这一点与我们前面对汉语介词的空间分析得出的结论一样，分别可以对应"在X上"和"在X中/里"。最后，当X是三维空间，也就是封闭空间和准封闭空间时，目的物位于X内部用in，

位于X外部表面用on，而当X是被视为平面的封闭空间，目的物在X内部底面上时，既可以用in也可以用on。这一点也与前面分析的汉语介词相一致。如表所示：

X			in	on	at
三维空间	封闭空间	侧重空间意义	目的物在X内部（in the box）同"在X中/里"	目的物在X的外部表面上（on the box）同"在X上"	
		X可视为平面	目的物位于X内部底面（on/in the plane）同"在X上/里"		
	准封闭空间		目的物在X内部（in the world）同"在X中/里"		
二维空间	典型平面			目的物在X外表面（on the wall）同"在X上"	
	准三维空间	侧重空间意义	目的物在X内部（in the park）同"在X里/中"		
		侧重平面性		在X表面上（on the river）同"在X上"	
一维空间	线			沿着（on the coast）	
	点				在（at the North Pole）

表4-3　at，on，in空间语义表

二、英语介词at，on，in的隐喻语义

at，on，in的隐喻意义来源主要是它们在空间上的意义。如at在空间意义上是"点"，因此隐喻到时间概念时，at就用在短暂的时间，而in则可以用在比较长的一段时间。而on就仍然是平面上的认知方向，如交通工具。对照汉语，我们可以发现，在时间上，汉语里没有点、或者平面/线状的概念，服装类的词也不具有立体的空间意义，只存在"上"和"下"的位置关系。在表达"方面类"关系方面，英语和汉语的认知也不一样。前者表示"空间"、"范围"的in，后者表示"平面"的"在X上"。我们将at，on，in的隐喻意义总结如表所示：

X	at	on	in
时间概念	时间点（at 8 o'clock）	一天以内（on Monday）	一段时间（in the morning）
动作或抽象概念	一时间短暂的动作（at the attention of）	将某事置于自己身上（on duty）	处于某种状态动作之中（in panic）
交通方式		on foot	
"方面类"成分			在……方面（in studies）
服装类的词			穿着……衣服（in dress）

表4-4　at，on，in隐喻语义表

第四节　汉语框式结构"在X上/中/里"与英语介词at，on，in的语义对比

一、汉语框式介词"在X上/中/里"与英语介词at，on，in的空间语义对比

在空间意义中，除了X是一维空间的情况以外，在三维空间和二维空间中，介词at，on，in都可以找到与之对应的"在X上/中/里"，并且都是on对应"在X上"，in对应"在X中/里"，而at则没有对应。这是因为on与"在X上"对应的基本都是平面关系，in和"在X中/里"对应的都是在空间或者"容器"情况下的位置关系，at对应的"点"和"线"则不能与这三个汉语框式介词对应。这说明在汉语和英语的系统中，这三个介词的范畴内具有类似的空间认知。

因为介词at的基本空间意义只有当X是"点"时表示"在……"的语义，这个语义与"在X上/中/里"均无交叉，所以我们先将"在X上"与on，"在X中/里"和in进行对比。如表所示：

第四章 汉语框式结构"在 X 上/中/里"和英语介词 at，on，in 的对比研究

X		"在 X 上"的语义	"on+X"的语义
三维空间	封闭空间	目的物在 X 外表面（在箱子上）（on the box）	
		目的物在 X 内部底部（在飞机上）（on/in the plane）	
	准封闭空间	目的物在 X 外部表面上（X 可视为点/线/面）（在山谷上）	
二维空间	准三维空间	目的物在 X 的外表面（X 侧重于平面性）（在海上）（on the river）	
	典型平面	目的物依附于 X 的表面（在墙上）（on the wall）	
一维空间	线	强调目的物与参照物的表面接触（在电线上）	沿着（on the coast）

表4-5 "在X上"与on的空间语义对比

X		"In+X"的语义	在 X 里	在 X 中
三维空间	封闭空间	目的物在 X 内部（in the box）（在箱子里/在房间里/中）		
	准封闭空间	目的物在 X 内部（in the world）（在森林中/里、在山谷中/里）		
二维空间	典型平面	X 被立体化，目的物在 X 内部（在墙里/中）		
	准三维空间	目的物在 X 边界之内（in the park）（在海中/里、在院子中/里）		
	划界平面	目的物在相对于"外"的 X 里（在门里）		
一维空间	线			
	点			

表4-6 "在X里/中"与in的空间语义对比

我们从上表可以看出：

1. 在三维空间和二维空间中，"在X上"都可以和on对应，主要表示目的物位于X的外部或者表面，但是在封闭空间中，表示目的物在X的内部底面；

2. X表示一维空间时，"在X上"与"on+X"表示的语义不同，不能对应。

3. 当X表示"空间"、"容器"的意义时，"在X里/中"与"in+X"的语义相同，都表示目的物位于X的内部或者边界以内；

4. 当X是一维空间时，都不能进入"在X里/中"与"in+X"；

5. 当X是典型平面、划界平面时，"在X上/中"也不与介词in对应。

二、汉语框式结构"在X上/中/里"与英语介词at，on，in的隐喻语义对比

我们通过对汉语框式介词"在X上/中/里"和英语介词at，on，in的隐喻语义考察，发现这三个英语介词的空间意义虽然比汉语三个框式结构稍少，但其隐喻意义却更丰富。此外，这三个英语介词的隐喻方式仍然是"点"、"线"、"面"、"体"的衍生，主要都是指向空间，所以in的使用频率最高。在时间表达上，英语的隐喻意义比汉语更多，分别区分出了点、线/面和空间，汉语只是隐喻为空间。在方面类成分上，汉语和英语的差别也比较大，一个是平面隐喻，一个是空间隐喻。我们总结了"在X上/中/里"与英语介词at，on，in的隐喻情况，对比结果如表所示：

X	在X上	在X里	在X中	对应英语介词及语义	
时间				at	时间点
动作或抽象概念				at	一瞬间短暂的动作
时间				on	一天之内
动作或抽象概念				on	做某事，承担某事
交通工具				on	乘坐
X为身体器官名词	抽象虚化的空间意义（在手上/中/里）			in/on	
通讯工具和信息载体	途径（在电视上/中/里）			in/on	
动作或抽象概念				in	处于某种状态或动作之中
服装类的词				in	穿着……衣服
方面类词语	表示事物涉及的方面（在金钱上）			in	
某些机构组织、集团等	隐喻到社会集体成员、社会活动空间（在单位上）		强调的是一个范围、区域或者环境这个整体（在城里）	in	
某种领域、活动场所	强调范围或领域（在社会上）	在X内部（在社会里/中）		in	
隐喻为"容器"的抽象名词或短语			在X内（在梦中/里）	in	
时间段			在X内（在一年中/里）	in	

表4-7 "在X上/中/里"与at，on，in的隐喻语义对照表

第四章 汉语框式结构"在 X 上/中/里"和英语介词 at，on，in 的对比研究

综上，我们将"在X上/中/里"与at，on，in的语义交叉点总结如表：

at	在 X 上	on	在 X 中/里	in
	\multicolumn{4}{c}{X 为身体器官、通讯工具和信息载体 在 X 上/中/里　　on/in+X（途径）}	
	X 为二维空间和三维空间 在 X 上　　on+X（在 X 外表面或可视为平面的封闭空间 X 内部）		可以隐喻为"容器"的 X 在 X 中/里　　in+X（在 X 内部或范围内）	
X 为"年龄"的时间词 at+X　　在 X 上（X 的时候）				

表4-8 在X上/中/里"与at，on，in的语义交叉表

另外，"在X上/中/里"与at，on，in的语义不对称有：

1. X为划界平面时，没有介词与之对应；

2. X为一维空间时，"在X上"与on+X 的语义不同；

3. X为方面类时，分别与"在X上"和介词in搭配。

三、小　结

我们以汉语框式结构"在X上/中/里"中X的分类为标准，对比汉语与英语中的介词搭配，如表所示：

X	汉语	英语
封闭空间	在 X 上/中/里	on/in
准封闭空间	在 X 上/中/里	on/in
典型平面	在 X 上/中/里	on/in
准三维空间	在 X 上/中/里	on/in
划界平面	在 X 里	无
线	在 X 上	on
身体器官名词	在 X 上/中/里	on/in
通讯工具和信息载体	在 X 上/中/里	on/in
时间段	在 X 中/里	in
地理概念、行政区划、机构组织	在 X 上/里	in

X	汉语	英语
隐喻为"容器"的抽象名词或短语	在 X 中 / 里	in
方面类词语	在 X 上	in
某种领域、范围、活动场所	在 X 上 / 中 / 里	in

表4-9　汉英介词搭配比较表

第五节　基于语料库和调查问卷的考察分析以及教学建议

为了进一步研究以英语为母语者在学习汉语介词"在X上/中/里"时，这三组汉英介词的差异会对其产生何种影响，我们需要在对汉语框式介词"在X上/中/里"与英语介词at，on，in的语义考察和对比分析基础上，结合调查问卷做进一步的分析。

一、基于调查问卷的汉语介词结构"在X上/中/里"考察分析

（一）调查对象

本章的调查对象是北京语言大学英语为母语的各国留学生，总共63人。其中初级水平的有15人，中级水平有25人，高级水平有23人。关于调查对象的选择，我们出于以下考虑：本章研究的"在X上/中/里"这三组介词结构的空间意义和隐喻意义的使用贯穿在初、中、高三个阶段，因此我们选择分别处于这些学习阶段的学生，调查比较他们掌握情况。

（二）问卷设计

本章的调查问卷不涉及介词相关语法内容，主要考察在前文中提到的各种空间或隐喻意义中，留学生会选择"在X上/中/里"哪一个介词结构，所以我们以前文表中的13个X的用法作为考察项目，从《汉语水平考试大纲》

（1996）HSK常用词汇甲级词汇选择X的词项，词项选择如表所示：

X		X 的词项
空间意义	封闭空间	卧室、飞机、箱子
	准封闭空间	森林、街
	准三维空间	院子、河
	划界平面	墙、门
空间意义	典型平面	墙、屋顶
	线	绳子、线
隐喻意义	领域、范围、活动场所	系统、社会
	"容器"抽象名词	梦、歌声
	地理概念、行政区划、机构组织	城市、班
	身体器官	心、手
	通讯工具和信息载体	电视、信
	时间	一生、四年
	方面	问题、学习

表4-10 调查问卷考察项目表

该调查问卷分为两个部分：选择题（一）是二选一，选项为X与"在……上/中/里"的不同搭配。该题型难度相对较低，既帮助调查者进入状态，又可以看出在哪些用法或哪些介词中留学生容易产生错误。选择题（二）是多选题，选项为"上/中/里"，要求选择适当的介词使句子完整。该题型难度较大。因为很多是多选，所以不但可以找出使用错误，而且能从中调查留学生在使用这些介词组合时的倾向性。调查问卷详见附录。

（三）基于调查问卷结果的分析

1. "在X上/中/里"的空间意义调查统计结果

根据调查问卷，"在X上/中/里"表达空间语义时的初、中、高调查结果如表所示：

X	初级正确率	中级正确率	高级正确率
封闭空间	83%	87%	94%
准封闭空间	86.67%	96%	100%
准三维空间	80%	92%	95.65%

X	初级正确率	中级正确率	高级正确率
典型平面	86.67%	88%	91.30%
划界平面	30.72%	32%	34.79%
线	55.77%	60.42%	69.88%

表4-11 "在X上/中/里"空间意义调查统计表

我们从上表看到：X为封闭空间、准封闭空间、准三维空间和典型平面的时候，学生的掌握状况很好，正确率很高，高级水平学生准封闭空间的正确率甚至高达100%；而X为划界平面和"线"的时候，学生的正确率较低，尤其是X为"线"的情况下，连高级水平学生的正确率都偏低。对照各表，我们发现：X是封闭空间、准封闭空间、准三维空间、典型平面的时候，"在X上"与on、"在X中/里"与in用法和语义对应，因而英语为母语的留学生对这些空间位置的理解和掌握情况较好；反之，X为划界平面时，汉语里使用"在X里"，英语里却并不对应使用in这类表达"里/外"关系的介词，学生也就不会选择"里"。当X为线时，只能进入"在X上"，与英语介词in搭配，然而二者表达的语义并不相同，学生对这一题的选择失误也较多。

2. "在X上/中/里"的隐喻意义调查统计结果

如表所示：

X	初级正确率	中级正确率	高级正确率
领域、范围、活动场所	66.67%	92%	95.65%
隐喻为"容器"抽象名词	79.77%	86%	93%
地理概念、行政区划或机构组织	76%	80%	95.65%
身体器官	100%	100%	100%W
通讯工具和信息载体	86.67%	92%	96.96%
时间	80%	80%	89.13%
方面类	51.43%	56%	71.74%

表4-12 "在X上/中/里"的隐喻意义调查统计结果

第四章 汉语框式结构"在X上/中/里"和英语介词at, on, in的对比研究

可以看出：X为方面类词语时，普遍掌握水平较低，其他情况时掌握都较好。这是因为，"在X上/中/里"的隐喻意义里，X是"方面类"词语时，汉语里进入"在X上"，英语中不与on搭配而是与in搭配。因此，在这个题上，留学生的错误较多。而X是其他情况时，汉语和英语介词的搭配使用基本都是对称的，可以进入"在X上/里/中"，也可以搭配使用on或in，因而正确率较高。

（四）问卷调查总体情况对比分析

如图所示：

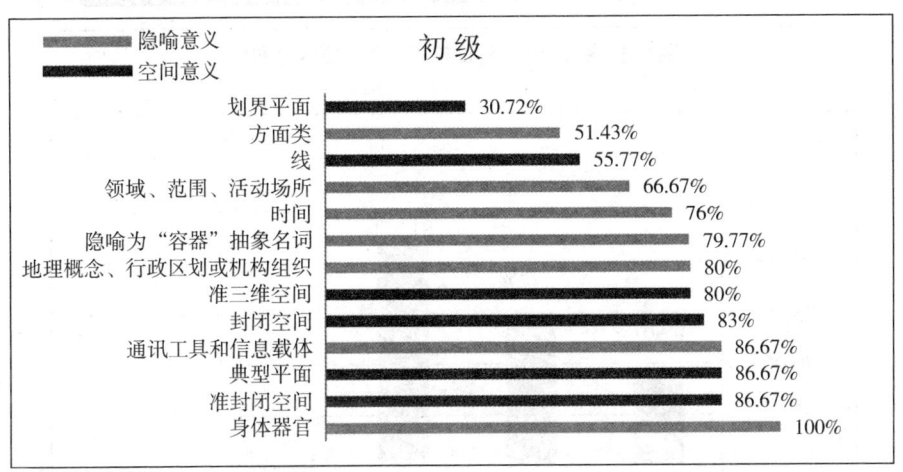

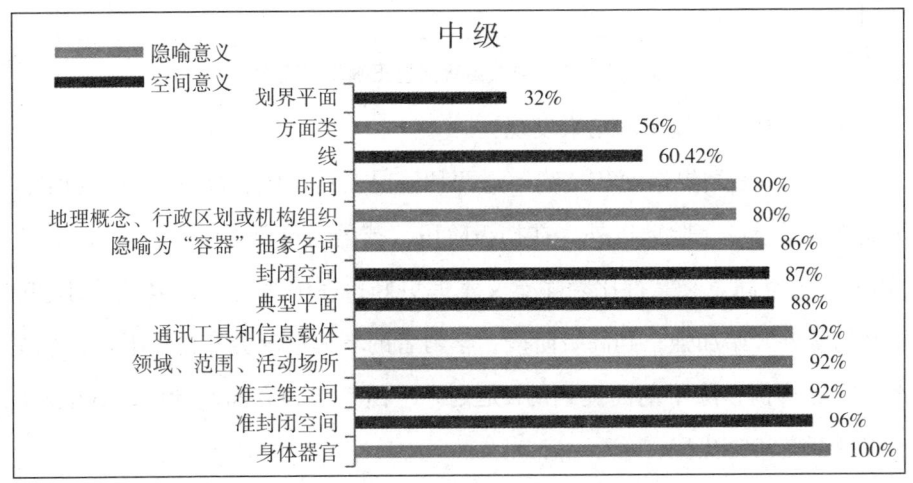

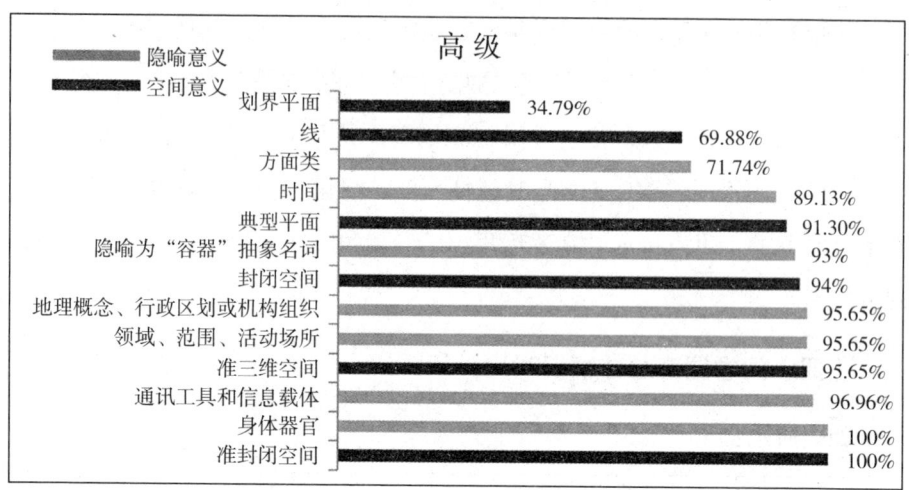

图4-1 初、中、高正确率由低到高X分布图

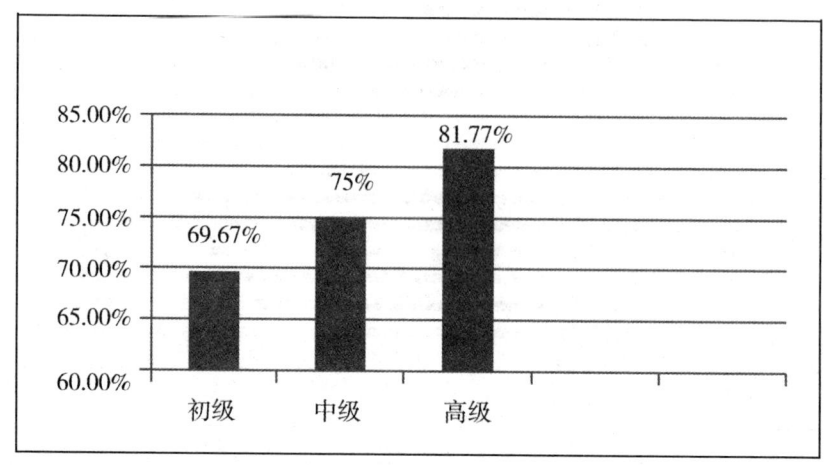

图4-2 初、中、高级问卷正确率对比图

我们根据上图显示的结果发现：

第一，X是划界平面和"线"这两种情况在初、中、高三个级别的掌握情况都是最差的。除此以外，在初级阶段，英语为母语的学习者对"在X上/中/里"的空间意义掌握比隐喻意义掌握更好；在中级阶段，学习者对隐喻意义的掌握开始加强；到高级阶段，学习者的掌握情况分布比较平均，掌握水平也更均衡，除了前面提到的X是划界平面、线和方面类词语，其他X的正确率都在80%以上。

第二，英语为母语的学习者对介词结构"在X上/中/里"的掌握与运用水平在不断提高，总体正确率随着程度升高不断上升，初级的正确率为69.67%，二年级为75%，三年级为81.77%。数字显示：三个级别的学生正确率变化比较平均，都是5%至6%。推测其原因，一方面，学习者随着语法知识的不断积累和完善，语言表达能力增强，所以正确率也稳定升高。另一方面，对于英语为母语的学习者而言，初学介词结构"在X上/中/里"时，理解难度不是很大，但是提高起来并不容易。

第三，在目标物X分为13种情况时，其中X为划界平面、X为"线"、X为"方面类"词语时，正确率偏低。推测其原因，这三种目标物在英语中都不能找到和汉语对应的搭配。如：X为划界平面时，基本不用介词in、on或at；X为"线"时，对应on，表达的意思却是"沿着"；X为"方面类"意义时，在英语中常用介词in。

二、框式结构"在X上/里/中"的教学难点及教学建议

（一）介词结构"在 X 上/中/里"的教学难点

以上，我们已经对比分析了汉语介词结构"在X上/中/里"与英语介词at，on，in的认知和使用异同，可以看到：虽然都是空间方位介词，但不论是空间意义还是由其发展出来的隐喻意义，却不尽相同。由此而造成的英语为母语的学习者在学习汉语介词时的优势和劣势，也在调查问卷中得到体现。我们可以据此预测"在X上/中/里"的教学难点，从而在以后的教学中注意这方面的讲解和训练，增强学生的理解运用能力。

1.我们从13种X的正确率对比图中发现，在13项中有9项的正确率都超过了80%，说明英语为母语的学习者在这些方面都掌握得比较好，尤其是X为准封闭空间和身体器官两项，正确率超过90%。结合前面的汉英介词对比可以发现，这些义项中"在X上/中/里"基本和at，on，in对应，因此受试者们即使不能选出全部的正确答案，也能排除错误的选项。这说明在学习这些

义项的过程中，母语对学习者产生了正迁移。

2. 有正迁移就会有负迁移，同样体现在X为划界平面、X为"线"或X为"方面类"，受试者的正确率就很低，尤其是X为划界平面。我们通过对比不难发现，这三种均是这三组汉英介词不一一对应，或者这三个英语介词中缺失这个义项的情况。由此可见，如果我们不及时给学生补上这些差异，学生即使到了高级阶段，也难免出错。

3. 在统计结果和访谈中都发现，能用"在X里/中"的时候，大部分学生倾向于选"在X里"；而对于"在X中"，除了知道"中间"的意思之外，只有对抽象的事物才会使用。这一点不能在这三组介词的对比中体现出来，推测是因为"在X中"在英语中对应的主要是in the center of或者among。

（二）介词结构"在X上/中/里"的教学建议

我们在对这三组介词的差异有所了解并清楚学生在哪些问题上容易犯错之后，在教学方面，可以鼓励或者利用和英语相同的义项去引导学生理解，强调汉英介词间不一样的义项及使用方法。在介词结构"在X上/中/里"教学方面，具体要注意的内容如下：

1. X为划界平面的情况

正如前面问卷分析中提到，我们在访谈中发现，大部分受试者不能马上理解这种空间关系。因为在英语中，这类情况在认知中或是侧重于两个空间，或是侧重于与门的位置关系，所以多会用介词from，behind等，并不对应in或者on，因而他们也就没有"里/外"的概念。在这个问题上，我们发现重复解释的效果并不好。一是可以采取画图的直观方法，让学生对空间关系一目了然；二是使用换位思考，反过来讲解：如果在房间里面，观察角度就是门外面或者窗户外面，所以如果在房间外面，就是门里，窗户里。因为这个用法比较特殊，并且是唯一的，只能用"在X里"，所以只要讲解得当，学生记住并不困难。

2. X为方面类词语的情况

我们结合问卷调查对留学生进行了访谈，发现大部分留学生都知道"在……方面"的用法，却没有"在……上"也是"在……方面"的意思的表达习惯。甚至某些高级阶段的学生在面对"在这个问题上/中"时，第一时间考虑的也是"问题中"（in the problem）和"问题上"（on the problem）哪一个比较合理。我们推测原因主要在于英语中并没有像汉语这样一个固定搭配来表示"方面"的意思；在英语中，根据动词的不同也会选择不同的介词搭配，如：

The teacher paid a lot of attention **to** my study.（老师对我的学习给予了很大的关注。）

He helped me a lot **with** my Chinese.（在汉语学习方面他给了我很多帮助。）

因此，对于老师而言，解决这个问题的办法就不能在英语中找，只能在日常汉语教学中强调这个语言点，并加强练习。遇到相似语言点如"在……方面"、"关于"等，就要反复激活学生的记忆，让学生整体记住这个固定搭配。

3. X为线状物的情况

这部分的错误主要集中在"在……中"上。在英语中，"在绳子上拴……"主要用介词with，表示把两个拴在一起，但如果是"绳子打结"就不需要介词了。所以不少受试者就认为是在绳子的中间打结，故而选择了"在……中"。面对这个问题，需要教师想办法给学生建立这种英语里没有的空间感，通过演示或者讲解，一旦使学生明白，就非常简单了。

4. 加强介词结构"在X中"的教学

我们在访谈中还发现，不少高级阶段的留学生也对"在X中"的用法模糊不清，简单地认为"在X中"和"在X里"的差别就是是否在中心的问题，对于能不能同时用"在X里"和"在X中"并不清楚。但很多时候，对"在X里/中"的选择需要语感。所以，基本知识和复现率也非常必要。

【附录】 汉语框式结构"在X上/中/里"调查问卷

注意事项
本测验包括以下四部分：
选择题一（共6题）
选择题二（共14题）
共20题，测验时间约需15至20分钟。

姓名：_____ 国籍：_____ 母语：_____
学习汉语时间：从_____到_____ HSK水平（如果有）：_____

一、选择

例：图书馆____A____。

    A. 在学校里　　　　　　　B. 在学校上

1. 我们可以把照片印_____，然后送给别人。

    A. 在杯子中　　　　　　　B. 在杯子上

2. 他刚走到门口，就听到有人_____。

    A. 在门上说话　　　　　　B. 在门里说话

3. 钓鱼（fish）时要_____拴上（tie）鱼钩（fishhook）。

    A. 在线里　　　　　　　　B. 在线上

4. 香港和广州的青年_____的想法比较接近。

    A. 在这个问题上　　　　　B. 在这个问题中

5. _____，认识了很多朋友。

    A. 在我的大学四年中　　　B. 在我的大学四年上

6. 学校的老师不仅_____对我很关照，在生活上也非常关心。

    A. 在学习上　　　　　　　B. 在学习里

二、选择（多选）

　　　　　　　　　　A. 上　　　　　　B. 中　　　　　C. 里

例：你的衣服我放在柜子_____A C_____了。

1. 你们俩的结婚照挂在卧室_____了。
2. 大家都知道在起飞以后，不能在飞机_____使用手机。
3. 如果在森林_____看到一只老虎，谁都会很害怕。
4. 邓小平晚年的时候，在院子_____种了棵樱桃树。
5. 好几次，她高兴得在梦_____都笑了出来。
6. 这棵树是种在墙_____的，现在都长到外面来了。
7. 这种平板式电视机，大得像一幅画，可以挂在墙_____观看。
8. 在没有文字的古代，人们是用在绳子_____打结的方法来计数和记事的。
9. 每个人都应该清楚自己在这个系统_____的地位和责任，做好工作。
10. 在这首儿歌的歌声_____，我们想起了小时候的日子。
11. 现在，越来越多的人开始不喜欢在大城市_____生活。
12. 不愉快的事情不要记在心_____。
13. 一个人在一生_____随时都在学习，而不只是在学校学习。
14. 我在电视_____见过这个人。

第五章
汉语介词"自"和
英语介词 from 的对比研究

第一节 引 言

"自"在做介词时,与"从"在语义和用法上十分相似。然而从数量上看,对介词"自"进行单独研究的文章可谓少之又少,这是由于"从"和"自"在做介词时,用法上有很多重合之处,但介词"从"的适用范围更加广泛。然而"自"作为介词,却有着一些不同于"从"的独特用法,尤其在组成"动介宾"形式的时候,例如"出自~"、"来自~"、"源自~"等,用法更是十分常见。英语介词from是英语中使用频率最高的介词之一,汉语介词"自"的这些"动介宾"结构又都似乎可以与英语"from+NP"结构对应,然而相互之间却具有很大的差别。对母语为英语的汉语学习者来说,"自"比"从"更难掌握。

本章选取汉语介词"自"与英语介词from及这两者分别构成的介词短语作为研究对象,通过使用对比分析的方法,试图研究并归纳出两者在语义和句法上的异同,同时也希望借助对二者在二语习得中可能会出现的问题的分析,找出其各自所遵循的语言规则并解释其产生差异的原因,希望能帮助母语为英语的留学生更有效地学习介词"自"的相关用法，以及母语为汉语的学习者有效地学习介词from。同时，借助于这种中英介词比较的研究途径，以期为其它介词的研究提供新的思路。

第二节 "自"与from的语义特征及意象图式

在多数情况下，词汇的意义并不单一，而很多基础词汇的语义更是复杂多样。Lakoff & Johnson（1980）[1]认为，多义词的众多义项以其**本义**（Original meaning）或**原型义**（Prototype meaning）为基础，通过**隐喻**（Metaphor）发展而来，而这个原型义常常就是其表示空间层面的意义。英语介词from是英语中使用频率最高的介词之一，与之相对应，引出空间和时间意义的介词"自"，在汉语中也十分常见。这些多义词之间的关系既不是**任意的**（Arbitrary），也不是约定俗成的，他们之间的关系具有**系统性**（Systematicness），每一个**词项**（Lexeme）代表了一个复杂的**范畴**（Category）。而在多个相关的义项里，其中有一个是**典型义项**（Typical meaning），当把这个典型义项**投射**（Project）到不同的**域**（Field）中时，词义就会随之发生变化，通过多种认知机制衍生出其他义项来。一个**多义词**（Polysemant）就是一个由这个词的各个义项组成的范畴，这些义项通过**范畴化**（Categorize）联系起来，构成一个网络。当多义词有多个**意象**（Image）时，这些意象通常以原型意义为中心，经过**隐喻**（Metaphor）、**转喻**（Metonymy）等认知机制，不断向外辐射，最后形成一个辐射型的语义网络系统。

一、介词from的语义特征

英语是介词发达的语言，而from作为最常见的英语介词，义项丰富、语

---

[1] Lakoff G.&M.Johnson（1980）*Metaphors We Live By*.［M］Chicago：The University of Chicago press.

义复杂。我们为了便于对多项语义的归纳研究，首先将介词from的各个义项列出。① 整理如表：

1. 标记处所：表示某人或者某物出发的地方或者方向。What time does the flight from Amsterdam arrive?（阿姆斯特丹来的飞机什么时候能到？）	9. 表示某人从某地的离开或者某物从某处被移除。They were exiled from their homes during the war.（战争期间他们被驱逐出了家乡。）
2. 标记时间：某事开始的时间或者某物起源的时间。The shopping mall is open from 9.30 am to 10 pm.（商场的营业时间是从早上九点半到晚上十点。）	10. 表示防止某事或某物的侵害，从而得到保护。They found shelter from the storm under a large oak tree.（他们躲在一棵大橡树下躲避暴风雨。）
3. 标记人物：表示传送或给予某物的是谁。It is a present from my best friend.（这是我最好的朋友送给我的礼物。）	11. 表示阻止某事的发生或者阻止某人得知某事。He's been banned from driving for six months.（他被禁止驾驶六个月。）
4. 表示某事或者某物的出处、起源；或某人的出身。"Where are you from?" "I'm from Italy."（你是哪里人？）（我来自意大利。）	12. 表示某事发生的理由、原因或动机。He died from his injuries.（他因伤重不治亡。）
5. 表示两个处所之间的距离。We're about a mile from school.（我们距离学校大约一英里远。）	13. 表示某人在做决定前出于的某些考虑。It's difficult to guess what they will conclude from the evidence.（仅从这些证据判断，很难说他们会得出什么样的结论。）
6. 标记例如数量或价格等范围的起点或者最低限度。Tickets will cost from $10 to $200.（票价自十美元至二百美元不等。）	14. 用以区别两人或两事物。His opinion could hardly be more different from mine.（他和我的意见分歧大的不能再大了。）
7. 表示某事或某人改变之前的状态。Things went from bad to worse.（事情变得越来越糟。）	15. 表示（从某处）看向他处的地点。From the restaurant, you can see a beautiful view of the sea.（从酒店看，海景非常美。）
8. 标记事物的原材料，该原材料在加工过程中有所变化。The desk is made from pine.（这张桌子取材自松木。）	16. 表示看待某事的立场。She was talking from her own experience of the problem.（她的发言来自自己的亲身经历。）

表5-1　介词from的义项类别

---

① 这里选用了《牛津高阶英汉双解词典》，商务印书馆、牛津大学出版社，2014年第8版，汉语解释稍有改动。

以上的这16个义项，看上去差别很大，有些甚至毫无联系。但认知语言学认为，多义词各个义项的联系并不是随意产生，毫无理据的，而通常是以一个核心原型意义为中心，向外辐射而形成一个辐射型的语义网络。

意象图式（Image Schema）作为一个统一的认知系统，既有基于词汇的**基本义**（Basic meaning）构建的中心图式，也有根据词汇的**衍生义**（Derived meaning）构建出的延伸图式。因此，在构建from的意象图式之前，也要首先搞清楚from多项意义之间的关系。Tyler（2012）[①] 曾利用"义–义联系"分析了英语介词to多个意义之间的关系。我们借鉴Tyler的方法，对介词from的16条义项的关系进行了归纳总结。如图所示：

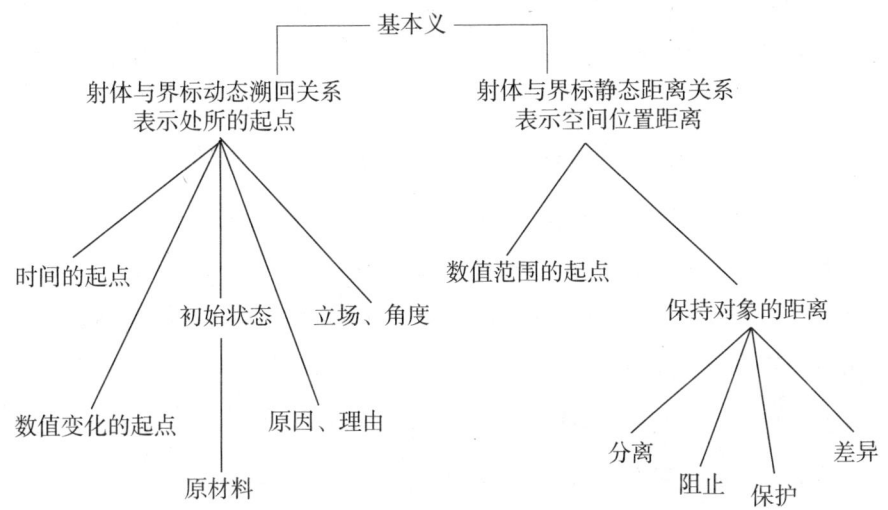

图5-1 介词from多项语义之间的关系

从from各个语义之间的联系我们可以发现，其实from最核心的意义只有两个：一是表示起点，此时射体（TR）和界标（LM）之间有动态的溯回关系；二是表示静态的距离。其余的多种义项都是这两种语义投射到不同的认知领域而衍生的结果。所以只需要构建出动态和静态两个意象图式，并表明其可以投射的领域及其延伸意义即可。

[①] Tyler，A.（2012）.Cognitive Linguistics and Second Language Learning: Theoretical Basics and Experimental Evidence. New York: Routledge.

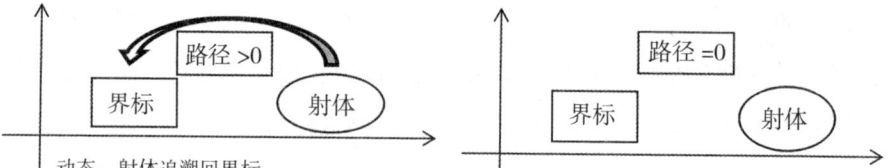

图5-2　from的动态意向图式　　　　图5-3　from的静态意象图式

我们在图5-2中,看到射体是一个关系结构中的凸显部分,其位置会沿着坐标发生移动。而界标是射体活动的参照点,指关系结构中的背景,是与射体处于同一**关系**（Relation）中的其他**实体**（Entity）。由于射体和界标之间存在着动态的溯回关系,路径是大于零的,此时的介词from表示的是一种逆向于射体本身进程并追溯回界标的移动关系。无论射体在本身的进程下最终的落点在哪里,from的语义是将其追溯回界标。界标在图中的位置是不会改变的,是用来确定射体原始位置的。在图5-3中,射体仍然是空间结构中的**突显**（Salience,Prominence）部分,界标是该结构的**参照点**（Reference point）,处于相对的静态关系之中。它们之间的路径为零,介词from在这里强调的是射体和界标间的距离。由于世界上的事物都是在运动变化的,静止只是运动的一种特殊方式,所以from的静态意象图式的存在,不仅没有偏离动态意象图式的基本框架,反而还展示出了动态意象图式不具有的组成部分,体现出了不同侧重点。我们可以说from的静态意象图式是动态意象图式的一种特殊情况,一种延伸。两个意象图式合在一起,表现出了from可以表达的完整空间关系。

二、介词"自"的语义特征

汉语介词"自"的基本义是表达空间的起点,并且含有追溯回源点的意义。其多个义项及其意象图式之间的关系如下:

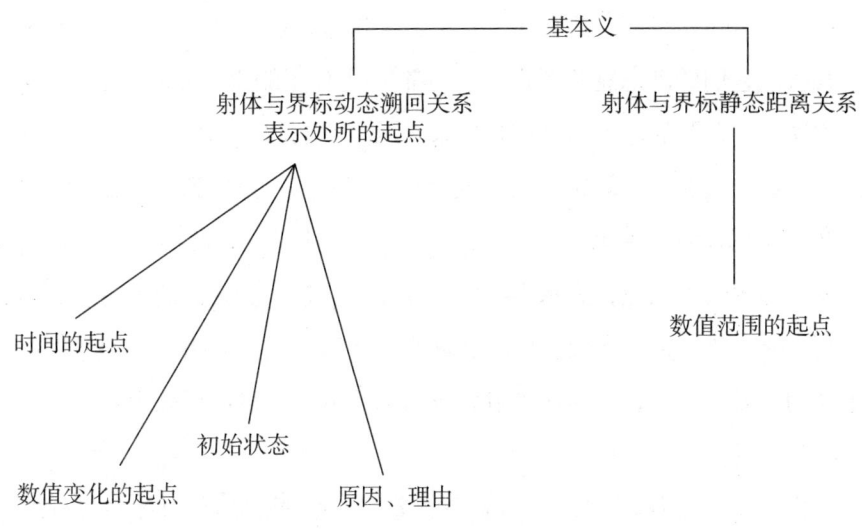

图5-4 介词"自"多项语义之间的关系

与介词from类似，汉语介词"自"也有动态和静态两种语义：一是表示起点，此时射体和界标之间有动态的溯回关系；二是表示静态的距离。如图所示：

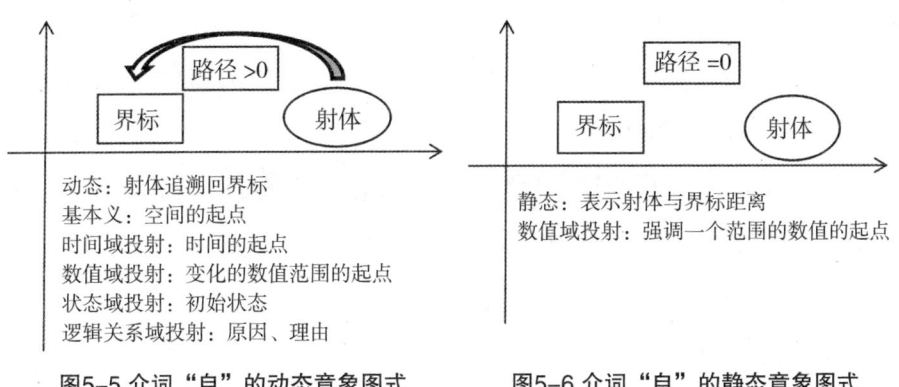

图5-5 介词"自"的动态意象图式　　**图5-6 介词"自"的静态意象图式**

介词from和"自"都是从表达空间范畴，通过隐喻、泛化等手段表达时间范畴或其他抽象范畴。通过以上对英语介词from和汉语介词"自"的意象图式的对比，可以看出，英语作为一种介词使用频繁的语言，介词from的语义要比汉语介词"自"复杂丰富得多，因而可以投射的场景也更多，其区别主要在于它们各自可以投射的语义领域的不同。

首先，from和"自"都有动态意象图式和静态意象图式两种图式类型。

其次，它们的动态意象图式表示的都是射体追溯回界标的含义。此时，from和汉语"自"的基本语义都是用来表示空间的起点，也都可以投射到以下四个领域：投射到时间域，用来表示时间的起点；投射到数值域，表示变化的数值范围的起点；投射到状态域，表示一种变化发展的状态的初始形态；投射到逻辑关系域，表示事物发生的原因、理由。它们的动态意象图式的区别主要在于：from在投射到状态域时，还可以用来介引事物的原材料，汉语介词"自"不行；from在投射到逻辑关系域时，可以用来表示看待某事的立场和角度，介词"自"不行。

再次，from和汉语"自"的静态意象图式强调的都是射体与界标的距离。区别在于，from此时的基本义是用来表示两个实体的空间距离，并且可以投射到下面两个领域：投射到数值域，用来强调一个范围的数值的起点；也可以投射到对象关系域，表示保持两个对象之间的距离，从而产生出"分离"、"阻止"、"保护"、"区别"这四种语义。另外，与from不同的是，汉语介词"自"只有在表示一个数值范围的起点时，才有静态的含义，表示的是射体与界标的距离，汉语介词"自"的静态意象图式就只能用来强调一个范围的数值的起点。

最后，from和汉语介词"自"的静态意象图式都可以说是动态意象图式的一种特殊情况。两个意象图式配合在一起，才能表现出from和汉语介词"自"所表达的完整语义关系。

综上，学习者若能先解读汉语介词from和"自"的动态和静态意象图式，在此基础上利用from和汉语介词"自"多义项之间的语义网络，掌握其基本词义和延伸词义之间的关系，就能真正地理解和使用英语介词from和汉语介词"自"。

第三节 "自"与from的对比分析

一、语义对比

我们在前面用意象图式理论分别对介词"自"与from的语义进行了分析，总结它们语义的相似点与不同点，可以得到两者的对称语义和不对称语义。"自"与from的语义对称关系如图所示：

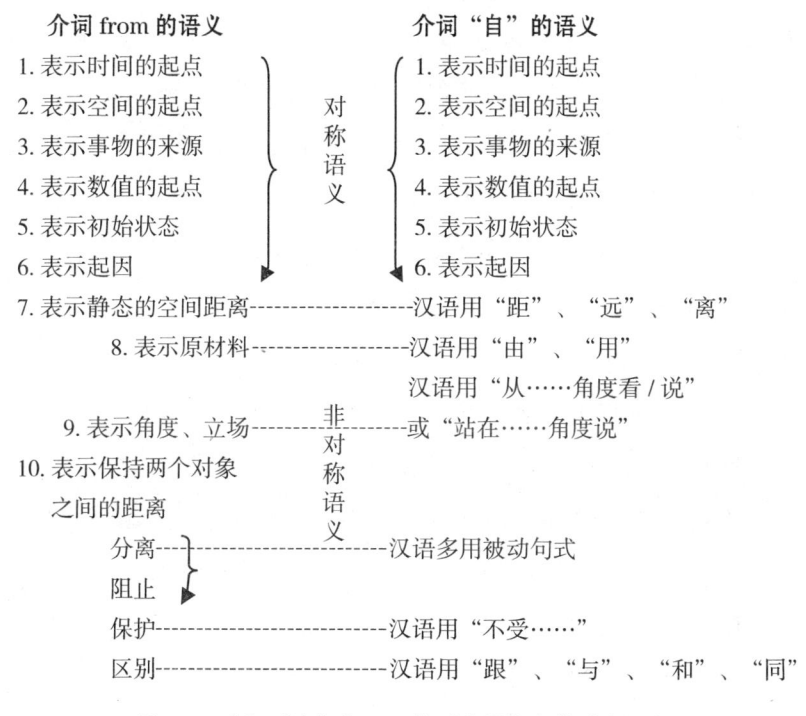

图5-7 介词"自"与from的对称语义和非对称语义

综上，我们在对介词"自"与from的语义对比分析之后，发现二者在表示"时空的起点"、"事物的来源"、"数值的起点"、"事物发展的初始状态"和"事物的起因"这几个语义方面是对称的。但介词from的语义所涉及的内容和种类却远远多于汉语介词"自"，from的语义功能远远多于汉语介词"自"，from还可以用来表示"静态的空间距离"、"原材料"，表示

"看待某事的角度、立场",表示"分离"、"阻止"、"保护"、"差别"等使两个对象保持距离的含义,这些都是介词"自"所不具有的。现将from和"自"的语义不对称性举例如下:

(一)英汉在表示静态的空间距离的不对称

从介词"自"的意象图式我们可以看出,汉语介词"自"在表达空间关系时,并没有发展出表示两个实体间的静态位置距离的含义,也就是说介词"自"不具备表示静态的空间距离的语义,而这却是from的一个基本语义。例如:We're about a mile from school.表达射体We距离界标school大约一英里远的意义时,直接在from的后面加上了一个表示处所的名词school,表达两个地点之间的距离。而在汉语表达中,需要加上"距"、"远"、"离"等词汇。因此,受到英语的影响,汉语学习者们很容易把"距"、"远"、"离"等词汇与"自"混用。例如:

[1]* 我住在自车站不远的地方。(我住在离车站不远的地方)

[2]* 车站自这里不远。(车站距这里不远)

[3]* 自这里不远就是车站。(离这里不远就是)

[4]* 车站自这里五十公里。(车站距这里五十公里远)

以上这些病句都是应该用"离"或"距"却使用了介词"自"。此外,from表示静态的空间距离的语义,还可以延伸到抽象的认知域。例如:I am not far from getting cold.这句话的射体I与界标cold之间是抽象的距离,英语可以直接在所生之病之前加介词from来表达,但汉语不能用介词"自",需要用"离"(例如:"我昨天受了寒,感觉离生病不远了。")

(二)英汉在介引材料时的不对称

英语介词from一方面受到与它长期搭配的动词的影响,一方面由于介词from的基本义自身的延伸,导致介词from产生出了引出事物"原材料"的语义。而汉语介词"自"并没有延伸出介引"材料"的语义,汉语表达则尚需搭配"由"、"用"等词,例如:

*红酒是自葡萄酿的。(红酒是用葡萄酿的。)

上面这个病句,明显是受到了英语的影响。英语在表示原料时,可以直接用"介词from+材料"(例如:Wine is made from grapes),而汉语表达需要把介词"自"改为"用"或"由"。

(三)表示"角度"、"立场"的不对称

英语介词from也经常用来表示"角度",这种角度可以是用于具体事物的,例如:

[1] **From** this angle, the color of the dress looks like platinum.(从这个角度看起来,裙子是白金色的。)

例[1]中的界标是this angle,而射体实际上被省略了,句中并没有表明是"谁"看的这个裙子的颜色。from在这里介引的其实是这个射体"谁"的"视觉上的起点"。这种"角度"也可以用于抽象的事物,例如:

[2] She was talking **from** her own experience of the problem.(她站在她的立场谈。)

这个句子的射体she是站在界标her own experience of the problem的角度来谈论问题的,也就是说界标是射体talking的出发点。然而无论是具体的角度还是抽象的立场,汉语在表明看待某事的"角度"、"立场"等语义时,一般会使用"从……角度看/说"或"站在……角度说"等固定结构来表达。受到英语的影响,学习者们在运用框式介词时容易出现问题,即漏掉框式介词的后边的呼应部分,例如:

[3] *自/从这个角度,裙子是蓝黑色的。(从这个角度看,裙子是蓝黑色的。)

[4] *她是自健康的角度谈论这个问题的。(她是站在健康的角度谈论这个问题的。)

(四)英汉在表示"分离"、"阻止"的语义时的不对称

from有"使两个对象保持距离"的含义,这个语义隐喻到不同的语境

中，产生出了"分离"、"阻止"、"保护"和"区别"的语义。由于汉语介词"自"在表示空间位置关系时，不存在表示静态距离的语义，介词"自"也就不具备介词from的这四个延伸义。同时，from可以直接使用"from+NP"的格式来表示某物从某处被分离、移开。在英语表达中，既可以是被动语态，也可以是主动语态。例如：

［1］He stole the bag from her.（主动）

［2］The bag was stolen from her.（被动）

汉语在表达以上内容时，一般要使用被动句式，否则就会出现以下错误：

［3］*手袋自她处偷走。（她的手袋被偷走。）

［4］*他们自家乡驱逐。（他们被驱逐出家乡。）

二、句法结构对比

"介词from+NP"的格式是英语中表示空间起点最常见的一种方式，例如I bought these flowers from the nearest shop.此外，介词from还有一种特殊的用法，即介引处所的起点，组成"**双层介词短语**"（Double preposition phrases）①结构，也就是在介词from的后面再接一个介词短语，并由from统一管辖。例如：I heard the noise came from inside the closet.如果仅有介词from，我们只能判断出noise从closet传出，可以是衣柜前面，也可以是衣柜上面或衣柜里面等等。可以进入此结构作prep2的介词还有以下几个，基本上都是用来表示具体方位的，它们分别对应的都是汉语的**框式结构**（Circumposition）。②例如：

---

① 刘丹青《汉语中的框式介词》，载《当代语言学》2002年第4期。

② "框式介词"（Circumposition）的概念最早是由当代语序类型学的创始人Greenberg（1995）在研究闪语族和伊朗语族部分语言的语序类型演变时提出的。汉语的"框式介词"指的是由前置词（Preposition加后置词（postposition）构成的，使介词支配的成分夹在中间的一种介词类型，在汉语中是一种重要的句法现象，构成了汉语的重要类型特征。详见刘丹青《汉语中的框式介词》，载《当代语言学》2002年第4期。

第五章　汉语介词"自"和英语介词 from 的对比研究

from {
under（在……下方，正……下面）
above（在……上方）
below（在……下面）
among（在……中间）
inside（在……里面）
outside（在……外面）
}

汉语的"**框式介词**"（Circumposition）指的是由前置词加后置词构成的、使介词支配的成分夹在中间的一种介词类型，在汉语中是一种重要的句法现象，构成了汉语的重要类型特征。汉语在表达空间关系时，有时需要借助框式介词，是因为"前置词只能表示空间关系的类型，而不能表示空间关系的具体位置。具体的空间位置类型，即'上、下、里、外、边、中、之'等，前置词无法表达。于是，表达这些关系位置的任务就落到了方位词的头上。"① 但大部分框式介词都属于临时性句法组合，而未必是固定的词项。例如介词"自"表示时间起点的框式介词短语主要有"自……起"、"自……以来"、"自……以后"等等。

以下是英语介词from和汉语介词"自"的句法结构对比表：

	时间起点	空间起点	来源	数值起点	初始状态	事物起因
from	from+NP	from+NP	from+NP	from…to…	from+NP	from+NP
		from+prep2+NP	from+pers pron②			
自	自……起、自……以来 等框式介词	自……向……、自……起 等框式介词	V自O	自……至……、自……到…… 等框式介词	V自O	V自O
	V自O	V自O				

表5-2　介词"自"与from的句法结构对比

需要特别说明的是，from在介引事物来源的时候，from后面除了可以跟名词之外，还可以跟人称名词或代词。例如：I got this book from Raymond. 和I got this book from him. 但是在汉语里，介词后面不可直接跟表示人的名词或代词，需要在其后加上"那里/这里"或者"处"等指示处所的词，将人

---

① 刘丹青《汉语中的框式介词》，载《当代语言学》2002年第4期。
② 表中pers pron是personal pronoun的缩写，指的是人称代词。

称转化为方位,例如"我从他那儿拿到的这本书"或"我从雷蒙德这里拿到的这本书",而"V自O"很少用到这种表达方式。

三、句法功能对比

英语介词from构成的介词短语和汉语介词"自"构成的介词短语都可以做状语,来修饰动词或者全句,但两者在句子里的位置有所不同,from所组成的介词短语可以放在句首或者句尾,但不能放在主语与谓语动词之间。例如:

〔1〕They are happily together **from** that day on.

〔2〕**From** that day on, they are happily together.

〔3〕* They **from** that day on are happily together.

上面句子所要表达的都是"他们自那天起就幸福地生活在一起了"。显然,例句(3)是个病句。这是因为英语作为高度形式化、标记化的语言,句法结构严谨完备,句子是以动词为核心的,主语与谓语之间关系紧密,中间不能被隔开。所以介词短语在作状语修饰动词或全句时,只能位于句首或句尾,而不可以位于主谓语之间。

介词"自"所构成的框式介词短语和"V自O"结构也都可以用作句子的状语,但与介词from构成的介词短语作状语不同的是,介词"自"构成的短语做状语时可以放在主谓语之间,却通常不能放在句尾。例如:

〔4〕自四月起,我就在这家公司工作了。

〔5〕我自四月起就在这家公司工作了。

〔6〕* 我在这家公司工作,自四月起。

按照戴浩一(1988)的观点,这是因为汉语一般把动词看成参照点,而非核心,句子要按照时间顺序来安排跟动词有语义联系的成分。由介词"自"构成的框式介词短语"自四月起"指明了后面"在这家公司工作"的起点,是动作产生前的状态;因此,在作状语修饰动词时,要放在谓语的前面。①

---

① 〔日〕戴浩一《时间顺序和汉语的语序》,黄河译,载《外国语言学》1988年第1期。

由 from 构成的介词短语有作定语的句法功能，通常用作后置定语，对前面的名词或名词性短语进行修饰，例如：It is a present from my best friend. 介词"自"构成的介词短语作定语的情况却与之不同。介词"自"组成的框式介词短语，用来指明一段时间或者范围的，一般不做句子的定语；但"V自O"结构组成的介词短语是可以充当句子定语的，而且不仅可以是主语的定语，也可以是宾语的定语。与介词 from 构成的介词短语作定语后置情况不同的是，"V自O"结构做定语要放在被修饰对象的前面。例如：

［7］源自西方的情人节会在中国如此火爆，受欢迎程度甚至超过了欧美地区。

［8］她最喜欢吃产自新疆地区的红枣。

我们通过对比发现，尽管在语义表达涉及的范围上，from 比"自"更为多样，但在表达相同的语义时，介词 from 的句法结构却反而要比介词"自"简单。介词"自"或者需要借助众多的框式介词短语来表达，或者需要组成"V自O"结构。在充当句子成分的时候，介词 from 构成的介词短语一般充当状语、定语等修饰性的成分，而"V自O"结构还可以出现在修饰主语、宾语或者谓语的位置上，表现出的句法功能反而比介词 from 复杂得多。

第四节 "自"与 from 在二语习得中应该注意的问题

一、关于英语背景学生"自"的习得

对于母语为英语的外国留学生来说，由于英语介词 from 的语义涉及的内容和种类更加丰富，就会导致他们在使用与介词 from 对应的汉语介词"自"时，容易把汉语介词"自"的语义扩大；在句法功能方面，由于"自"的句

法结构相对复杂,因此,在使用框式介词短语和"V自O"等固定结构时,也要特别注意。此外,还要特别注意以下几个方面:

第一,从前面的语义分析可以看出,介词"自"和from在语义上的不对称,主要表现在表示静态的空间距离的不对称、介引"材料"时的不对称、表示看待某事的"角度"时的不对称、表示"分离"、"阻止"的语义时的不对称等;此外,介词from用来表示"保护"的语义时,可以直接用from介引施加伤害的对象,表达的却是不被这个对象伤害的意思。而汉语要多加上一个表示否定意义的词,如"不受……"来表达"不受来自……的伤害"的语义。学习者受到英语的影响,可能会漏掉表达否定意义的词汇,造成语义表达不清的问题,例如:

[1] *警察会保护他来自父亲的伤害。(警察会保护他不受来自父亲的伤害)

介词from在介引比较的对象时,含有"区分差异"的意思;而汉语介词"自"不能引介比较的对象,主要用介词"跟"、"与"、"和"、"同"等。英语背景学生则很容易把这些介词与"自"混用,例如:

[2] *他的想法自我的很不同。(他的想法跟我的很不同。)

[3] *那个时候自现在很不一样。(那个时候和现在很不一样。)

第二,框式介词漏掉呼应的部分,是二语学习者们最容易犯的错误之一。介词"自"在表示空间关系时,构成框式结构"自……向……"和"自……到……",由于和英语介词from构成的框式结构from…to…相照应,因此不容易漏掉,但介词"自"在表示时间起点时,构成的框式结构"自……起"对应的英语说法为"from+NP",因此,"起"字很容易被漏掉。例如:

[4] *自四月,我就在这家公司工作。"(自四月起,我就在这家公司工作。)

[5] *自中学,我的英语成绩就不错。(自中学起,我的英语成绩就不错。)

另外，英语介词from也经常用来表示"看待某事物的角度"。这种角度可以用于具体的事物，也可以用于抽象的事物。然而无论是具体的角度还是抽象的立场，汉语在表明看待某事的角度、立场这些语义时，一般会使用"从……角度看/说"或"站在……角度说"等框架结构来表达。受到英语表达的影响，学习者们在使用框式介词时容易出现问题。

第三，介词搭配的问题。介词from在表示"来源"的时候，后面不仅可以跟一般性的名词或名词性词组，还可以跟人称名词或代词，表示在"某人那儿"的意思；但是汉语在表达这个语义时，则需要在名词或代词后面加上"那里"或者"那儿"等词，将人称词转化为处所词，而且在口语表达中不能搭配介词"自"，一般要搭配介词"从"。受到英语的影响，学习者们可能会产生下面的问题：

［6］* 我得到这本书自她。

［7］* 我自她处得到的这本书。

上面这两个病句在修改的时候，都是把介词"自"改为介词"从"，并且在人称代词后面，要搭配上"那里"或"那儿"。另外，例［6］的语序明显是受到了英语语序的影响，介词位置有误。

第四，介词短语作状语顺序问题。介词from所组成的介词短语在作状语的时候，可以放在句首或者句尾来修饰整个句子，受到英语的这种影响，学习者也可能会把介词"自"所构成的短语放在谓语动词的后面（例如"*我的英语成绩很好自中学起。"）而汉语句子的语序通常都是受时间顺序原则所管辖的，一般必须放在动词的前面（例如："我的英语成绩自中学起就很好。"）

第五，介词冗余问题。英语介词from后面有时直接跟着动名词，表示的却是这个动作发生的地点。例如：

［8］I am back **from** shopping.（我购物回来了）

但汉语中不存在这样的表达方法，动词不能指代其发生地。受到英语的这种影响，汉语学习者们可能会将上句直译成：

[9]* 我自购物回来了。

这个句子的修正有两种方法，一是把介词去掉，句子直接变成连动句"我购物回来了"；或者保留英语表达的格式，这样的话就需要把购物的地点引出（"我从商场购物回来了"）。

二、关于中国学生from的习得

介词from是英语中最常用的介词之一，其语义多样，适用语境丰富，是中国学生最常用的英语介词之一，"其使用频率甚至基本与英语母语者相近"。[1] 不过，尽管介词from的语义丰富，功能发达，但其用法在多数情况下却十分简单。"介词from+NP"的结构基本适用于介词from的各种语义情景，因此，对介词from句法结构功能的掌握比对语义的掌握，实际上要简单得多。问题主要出现在以下两个方面：

第一，英语介词from的语义远多于与之相对应的汉语介词，导致中国学习者们在使用介词from时，往往对其隐喻义比较陌生，而倾向于使用from的基本义。

根据彭卓（2012）的调查，中国学生"使用介词from的空间域语义占了绝大多数的比例，而英语母语使用者在空间域和其他认知领域的语义使用上则平分秋色"。[2] 也就是说，母语为英语的人在使用介词from时，其基本义和衍生义出现的概率是相同的，衍生义并不比基本义的使用面狭窄；但中国学生在使用介词from时，就更多的局限在对其基本义的掌握上。

第二，除了对from语义的使用过于集中在基本义之外，中国学生在掌握介词from的用法过程中，还有两处容易出现问题。

一是在遇到"双层介词短语"结构时，即："介词from+prep2+NP"，易漏掉from。因为汉语里没有两个介词连用的现象，因此中国学生在遇到这

---

[1] 彭卓《基于语料库的非英语专业大学生介词from的用法对比研究》，载《河北经贸大学学报》2011年第4期。

[2] 同上。

种情况时，很容易凭借语感漏掉一个介词，通常是漏掉介词from。例如：

［1］* I heard the noise came inside the closet.

［2］I heard the noise came **from** inside the closet.

乍看之下，第一个例句没有问题，介词短语inside the closet好像做的是句子的状语，句子似乎不缺成分。但仔细分析语义，我们就会发现，这个句子漏掉了标记声音来源的介词from。这是中国学生最容易遇到的问题，因此在学习过程中要多加注意。

二是上文提到介词from所组成的短语可以对主语进行补充说明，但这种情况比较特殊，通常情况下主语和宾语关系紧密。句型转换之后，情况如下：

［3］He was known **from** a very wealthy and powerful family.（他因为出身显赫而被大众所知。）

［3］' People know him **from** a very wealthy and powerful family.

［4］He was tipped off **from** the inside.（他从内部得到了风声。）

［4］' Someone tipped off him **from** the inside.

观察上面两组例句，介词from组成的短语在句子中所承担的成分看似相近，实则不同。可以看出：**from** a very wealthy and powerful family短语在例［3］'中补充修饰的是改写后句子的宾语"他"（him），也就是改写前句子的主语"他"（he）。而介词短语from the inside在例［4］'中却并非修饰宾语"他"（him），而是修饰主语someone，所以例［3］'中的介词from组成的短语作的不是补语而是状语。在两种语言的对译和英语语法学习中，判断介词from组成的短语在句中究竟是作补语还是状语，对于中国学习者来说，难度比较大。因此，完全可以借助上文所运用的方法将句型转化后，再做判断。

第五节 结　语

通过前面相关部分的讨论，我们可以得出以下结论：

第一，从介词本体的研究来看，由于介词的含义多样而又相对抽象，利用认知语言学的意象图式可以比较直观地描述出介词from和"自"的基本语义、延伸语义及其关系，可以帮助习得者更透彻地理解介词的复杂含义如何辐射、衍生，也使得其多个义项之间的关系更具系统性。

第二，从理论方法上讲，运用意象图式理论可以"从认知角度系统研究介词的多义现象，揭示某个义项生成的内部认知机制，使语言学习者更加深刻的理解介词各义项在多义网络中的内在联系"。[①]

第三，从实践的角度来看，母语为英语的留学生在学习汉语介词和母语为汉语的学习者在学习英语介词时，都可以借助意象图式和原型范畴理论，掌握其基本词义和延伸词义之间的关系，改变以前传统介词教学的死记硬背状态，从而提高习得的准确率和效率。

---

① 曹巧珍《原型范畴理论应用于课堂一词多义教学的实验研究》，载《山东外语教学》2010年第2期。

第六章
英语背景留学生运用
框式介词的偏误调查与分析

第一节 引 言

介词在现代汉语使用过程中,存在一种"框式"现象。例如,介词"在"、"跟"、"从"、"为了"、"对/对于"、"通过"、"按(按照)"、"比"等引导出后面的一部分,组合成"在……上"、"跟……有关"、"从……起"、"为了……起见"、"对(对于)……来说"、"通过……来"、"按/按照……所"、"比……要/来得"等等,使之成为一个相对固定的组合。相对于一般意义的**介词**(也译为**前置词**[Preposition]),在这类框式介词的组合中,不但有**前置词**(Preposition),而且还有**后置词**(Postposition),是一个不可分割的整体。①尽管其数量和种类有限,但其在语言表达中的使用频率却很高。这一现象已经引起国内学者的关注(刘丹青2002、陈昌来2002),并加以研究。

我们通过多年的对外汉语教学,发现学生在学习汉语介词方面不太轻松,很多介词明明已经学习过,老师在课堂上说出的时候,学生还是很茫

---

① 陈昌来称之为"介词框架",刘丹青则称之为"框式介词"。

然。例如说："我是学校的管理人员,我的工作跟学校相关。"有部分学生会问:"'跟学校相关'是什么意思?"还有的学生会问:"'跟……相关'是什么意思?"还有的学生会问:'提前'和'之前'有什么不一样的?"表现出的实际上是对时间类框式介词"在……之前"的后置词的生疏,从而没有区分词性的意识,像这样的例子有很多。可见在课堂上,并没有对"跟……相关"、"在……之前"这样的框式介词进行过专门教学;到了中高级阶段,即使学生用到了,框式介词的偏误在习得过程中也是普遍现象。如果学生因为害怕出现偏误,有意避开框式介词不用,不但减少了对地道的汉语精华的掌握,也会说不出地道的汉语。因此,为了帮助学生有针对性地对这类框式介词进行练习,需要借助专门为之设计的的教学资源(例如教材和语料库)辅助教学,并对其使用情况进行深入的调查研究。

第二节 框式介词与英语介词的对应性

一个英语介词和一个汉语框式介词一般不会是一对一的对应,以in和on为例,在下面的例句中,in的基本意义对应于汉语的"在……里面",表示一种范围,on的基本意义对应于"在……上面",表示两种东西相互接触。如:

〔1〕the cup in the cupboard.(杯子在杯橱里面)

〔2〕the cup on the table.(杯子在桌子上面)

然而在以下两例中却有所不同:

〔3〕speak in English(用英语来说)

〔4〕on the team(在队里当队员)

在这两种形式中,in和on表达的则是引申意义。在这里,汉语的"来"和"里"这样的后置词已经意义虚化,"来"甚至还可以省略。例如以下两例前置词"在"可以省略不用:

〔5〕the boat **on** the lake（在）湖上的船

〔6〕the cottage **on** the lake（在）湖边的小屋

我们再以汉语方所类框式介词"在……下"为例，其对应的英语介词应该是under。例如：

〔7〕他最好的朋友在极其可疑的情况下被警察打死了。

His best friend was killed by police <u>under</u> extremely questionable circumstances.

〔8〕在他的管理下，联合国的声望得到了极大提升。

<u>Under</u> his stewardship, the UN's repute has risen immeasurably.

但是，汉语的"在……下"表达的意义却不一定与英语的under一一对应，也可以和其他英语介词对应。例如：

〔9〕这次会议是在政治暴力连续不断的背景下召开的。

The meeting takes place <u>against a background of</u> continuing political violence.

显然，在表示"在……背景下"时，用到的介词为against和of。还有不少"在……下"用到的也各不相同。例如：

〔10〕在那种情况下，他觉得自己一直非常冷静。

<u>In</u> the circumstances he felt he'd been very restrained.（用in）

〔11〕在月光下他们开始沿着满是尘土的路漫步。

They started strolling down the dusty road <u>in</u> the moonlight.（用in）

〔12〕因被控舞弊，在托德先生的坚持下重新进行了投票。

The ballot was re-run <u>on</u> Mr. Todd's insistence after accusations of malpractice.（用on）

〔13〕他在2比4落后的情况下实现逆转闯进1/4决赛。

He recovered <u>from</u> a 4-2 deficit to reach the quarter-finals.（用from）

由此可见，同样表示"在……下"，英语可以用in，on，from等多个介词来表达，不一定非under不可。

面向二语教学的现代汉语介词研究
Chinese Preposition Research in Teaching Chinese as a Second Language

第三节 留学生框式介词使用偏误调查与分析

一、以"在……+方位词"为例的偏误分析

留学生在框式介词使用过程中,各类框式介词使用频率并不均衡,根据调查,所有类别的框式介词中,"在……+方位词"占很大比重。因此,我们以框式介词"在……+方位词"为例,进行偏误调查与分析。

(一)"在……+方位词"框式介词的偏误类型

"在"跟方位词"上"、"中"、"下"等构成的介词短语,表示动作、行为的时间、处所、方位、条件或范围等(黄伯荣 廖序东2007),① 它们在句中主要做状语或补语。从英汉对比角度看,汉语介词"在"可对应的英语介词如表所示:

	英语介词	英语例句	汉语例句
在	at	She worked at home.	她在家里工作。
	in	She worked in the café house.	她在咖啡屋里工作。
	on	The book is on the desk.	书在桌子上。
	above	The hill rise above the broad river.	小山在这条宽阔的河流之上。
	below	This place is below sea level.	此地在海平面以下。
	behind	The garden is behind the house.	花园在屋子的后面。
	over	There is a lamp over the table.	在桌子上方有一盏灯。
	under	The envelope is under the newspaper.	信封在报纸下面。

表6-1 汉语介词"在"可对应的英语介词表

沈家煊(1984)认为:"汉语介词(主要是'在''从''朝''到')常常跟方位词配合使用,表示处所或方向,而英语表示处所的介词本身包含方

---

① 黄伯荣、廖旭东《现代汉语》,高等教育出版社,2007年,P28。

位的意思,即"英语'介词+名词'=汉语'介词+名词+方位词'"。①

根据"在……+方位词"的特点,我们在调查问卷(见附录)的第一部分中设计了10道英译汉的题目,考察英语背景留学生对这类框式介词的使用偏误。② 10道题的考查内容如表所示:

题号	在+方位词	"在"与方位词之间的名词(短语)
1	在……上	桌子
2	在……下	楼梯
3	在……下	前提
4	在……下	背景
5	在……下/中	这个条件
6	在……前	学校
7	在……前	我的名字
8	在……里	心
9	在……外	房子
10	在……后	教室

表6-2 调查问卷(第一部分)考察的框式介词分布表

其中,除3至5题方位词的意义是抽象化的,其他题方位词都表示具体意义。调查人数为60人,结果如表所示:

人数 在+方位词	缺少前置词	缺少后置词	前置词使用错误	后置词使用错误
在……上	3	3	0	0
在……下	9	3	3	15
在……下	42	57	18	3
在……下	45	57	12	0
在……下/中	12	24	9	0
在……前	6	0	0	0
在……前	21	18	6	12
在……里	6	0	0	0
在……外	3	0	0	0
在……后	3	3	0	9

表6-3 调查问卷(第一部分)出现偏误人数情况表

---

① 沈家煊《英汉介词对比》,载《外语教学与研究》1984年第2期。
② 关于问卷调查,后面有专门介绍,调查对象为60个英语背景的中高级水平留学生,分别来自英国、美国、澳大利亚、印度、德国等国家,汉语水平大致在HSK考试5至6级,处于中高级水平。

总体来说，除了第2题和第7题，具体意义的方位词错误率不太高，而3至5题由于方位词的虚化程度高，留学生的使用率低，且使用错误率较高。下面是留学生出现偏误的句子。如第2题中，正确的翻译应为"我看见了我的朋友在楼下等我。"问卷呈现出的留学生主要的偏误句有以下四种：

［1］＊我看见了我的朋友等着我。

［2］＊我看到了我的朋友们楼下等我。

［3］＊我看了我的朋友等着我在楼下。

［4］＊我看到了我的楼下在等我的朋友。

句［1］没有将地点写出来，属于不完整句；句［2］缺少前置词"在"；句［3］虽然框式介词使用正确，但出现了语序错误，采用的是英语语序；句［4］的情况较复杂，留学生使用的"在"其实是"正在"的意思，为时间副词，将词类混淆，而方位词"下"与"楼"组合的"楼下"是直接从英语中地点名词downstairs得来。3至5题中的后置词意义抽象，虽然要用"在……下"，但方位词并不表示具体方位。如第3题中，正确句子是"在确保员工的基本利益前提下，取得最大利益。"偏误句出现很多，主要为：

［5］＊<u>为</u>前提<u>以</u>确保员工的基本福利，并保障他们的最大利益。

［6］＊<u>根据</u>条件我们得保障人员的权益。

［7］＊<u>为了</u>保证人员的利益和最高利益的前提。

［8］＊一个先决条件是<u>为了</u>保险员工基本的好处，也是为了保护大部分好处。

［9］＊前提条件是确保员工的基本权益和最大利益。

从这些句子中，不难发现，大多数留学生使用了前置词"为/为了"，还有人使用的是"根据"，这说明了留学生对介词as、to的汉语意义有较好的理解。句［5］中，用了介词"为"和"以"，留学生对介词as和to作了直接的翻译，有使用介词的意识，但对整体句子把握不够，对框式介词"在……下"词义不够了解。句［6］、［7］是前置词使用不当，受英语as

词义影响。句［8］没有前置词，as的意义没有展现出来。句［9］则是完全没有用到前后置词。与第3题不同，第5题的调查结果是，虽然留学生没有使用框式介词"在……下"，但也使用了其他介词，出现了不同的偏误情况，例如：

［10］* <u>为了</u>这种情况，我什么都不想做。

［11］* <u>按照</u>这个条件，我什么都不会做。

［12］* <u>根据</u>这个要求，我什么都不想做。

［13］* 这样的情况，我什么都不愿意做。

正确句子为："在这种条件下，我什么都不想做。"在句［10］、［11］、［12］中，都使用了介词，但都没有正确写出第5题中under的意义。句［12］在具体语境中也可以算作正确的句子，但回避了框式介词。同样，回避的情况也不在少数，如第7题：

［14］* 你的名字是先前我的。

［15］* 你的名字在我的之前。

［16］* 你的名字比我的名字前来得一点。

此题正确答案是："你的名字在我的名字前面。"句［14］就是采取回避策略。受英语语法影响，留学生试图用简单的"是"字句来避免使用框式介词"在……前面"，用英语语法套用于汉语。句［15］中，后置词出现问题，不应用"之前"，而应用"前面"；或者将前面的"的"去掉。这是留学生学习了"在……之前"结构之后产生的偏误，将时间类框式介词"在……之前"用到了方所类"在……前面（边）"之处，泛化了"在……+方位词"的含义。句［16］也是套用了框式介词"比……来得"，但是后置词位置出现了偏误。

（二）偏误的来源

由上述调查结果，我们总结出英语背景留学生在使用框式介词"在……+方位词"的偏误主要来源有：母语负迁移，词义理解模糊以及目的语泛化等。除了上述调查问卷中出现的偏误情况,我们还从HSK动态作文语料库中选取部分偏误进行分析,进一步了解并说明出现这三种偏误类型的情况。

1. 母语负迁移

汉语介词和英语介词在使用方面有很大的不同,英语句子的表达往往借助于介词,而汉语常常存在省略介词或者不用介词的现象,所以出现英语大量用介词而汉语无需用介词的情况,这是导致学生出现此类偏误的主要原因。

在英语里,前置介词跟方位后置词不能搭配,而现代汉语的前置介词却可以跟方位词、连词、名词、助词等构成各种固定格式,形成框式介词。很多情况下,甚至是强制搭配后置方位词。

下面是从HSK动态作文语料库中找出的一位澳大利亚籍学生的偏误例句:

[1] * 我们在生活的这地球上有很多声音,在这声音里有很多的噪音,我们需要从这噪音里解放出来。

框式介词"在……上"的后置词"上"的方位意义很明显,英语一般用on来表达。"在生活的这地球上"的表达不正确,这是受英语定语从句的影响产生的偏误。在这个句子中,"在"可以不用,直接去掉反而更符合汉语的表达方式。虽然后面的"在……里"语法使用正确,没有出现偏误,但不用前置词"在"更为妥当。

2. 目的语规则的过度泛化

汉语作为第二语言的大部分学习者是成年人,他们的抽象思维能力比较强,在学习第二语言的过程中,经常根据自己的理解去类推运用已学到的语言规则。**过度泛化**(Overgeneralize)就是在这种第二语言学习过程的应用中经常出现的一种偏误,是学习者把所学的有限的、不充分的目的语规则,用推理的方式,套用在目的语上的语言现象。因此,也称为"过度概括"。这种情况一般出现在学习者的中级或高级阶段。以下句子为美国学生使用框式介词"在……上"的类推情况:

［2］* <u>在</u>现代社会<u>上</u>世界的媒体特别的注意每个国家的教育情况。

"在……上"和"在……中/下/里"都有抽象的含义，因此，并非在任何情况下都要使用后置词。上面的句子中，"在现代社会"已经包含了其方位意义，所以在表达固定地点或固定范围时，不需要使用方所类框式介词。因此这个句子的偏误，是对后置词的抽象意义理解到位，但泛化了其用法。

与此类似的，还有后置词"里"的泛化使用问题。下面也是美国学生的句子：

［3］* 因此，很多老年人<u>在</u>回忆以往的日子<u>里</u>，仍会回想到青年时期父母曾经指导的话。

这句话应该用介词"在"和名词"时"组成的临时结构"在……时"。

3. 对词义用法的不了解

产生这种偏误的原因是"英语表达方所的介词数量很多，因为表达不同的方所关系要用不同的介词。汉语表达方所的介词没有几个，不同的方所主要靠不同的方位词来表达"（沈家煊，1999），"汉语介词（主要是'在''从''朝''到'）常常跟方位词配合使用，表示处所或方向，而英语表示处所的介词本身包含方位的意思。"[①] 所以造成留学生在使用"在……上/中/下"等结构中省略了"上/中/下/里"等方位词。例如HSK动态作文语料库中美国籍学生的句子：

［4］* <u>在</u>我的生活他也能够给我力量。

［5］* <u>在</u>我长大的过程宗教也很重要。

［6］* 我觉得<u>在</u>每天的平常生活有无数的机会认识人。

这三句话都遗漏了后置词"中"。与此偏误类型相类似的句子还有很多，明显是对框式介词"在……中"的词义用法不了解，导致最终忽略了后置词。

英汉语言不同的表达习惯也增加了介词学习的复杂性。例如英语说in

---

① 沈家煊《英汉介词对比》，载《外语教学与研究》1984年第2期。

the sun，in the moon，汉语则说"在阳光下"、①"在月光下"；英语说：The sun rises in the east and sets in the west.汉语则说："太阳从东方升起，从西方落下"。如果留学生学习框式介词时理解不够透彻清晰，就会导致不知道"上"、"中"、"下"所具有的引申义，结果直接影响到了句子的表达效果。以下同样为HSK动态作文语料库中美国籍学生的偏误句子：

［7］* 可是在管理吸烟的政策，不能太过份。

句子中遗漏了后置词"上"，"上"的意义是抽象的，不是英语中的介词on，因此，学生没有框式介词"在……上"的概念，很容易忽略此句中不是表示具体方位义的方位词——"上"。

二、教学方面的问题（基于教材调查）

要了解框式介词教学的情况，当然离不开对教材的解读，我们从以下对外汉语的教材入手，进行调查分析：初级汉语水平的口语特色教材《汉语会话301句》（上下）、②阅读特色教材《汉语阅读速成（入门篇）》③和《汉语阅读速成（基础篇）》。④

对留学生来说，从初学语言到熟练掌握，是一个不断**输入**（Input）和**输出**（Output）的过程。输入过程就是**听**（Listening）和**读**（Reading），而输出过程就是**说**（Speaking）和**写**（Writing）。教材《汉语会话301句》就是一个针对输出过程——口语专门编写的教材，也是为初学汉语的外国人编写的速成教材，颇具特色。其中共有40课，内容包括"问候"、"相识"等交际功能项目近30个，生词800个左右以及相应的汉语基本语法。每课又分为句子、会话、替换与扩展、生词、语法、练习等六部分。为了培养初学者运用汉语进行交际的能力，教材将现代汉语中最常用、最基本的部分通过生活中常见的语境展现出来，让学生通过学习教材，达到能与中国人进行简单交

---

① 英语的under the sun是"普天之下"的意思。
② 康玉华、来思平《汉语会话301句》，北京语言大学出版社，2005年。
③ 朱子仪、郑蕊《汉语阅读速成（入门篇）》，北京语言大学出版社，2011年。
④ 郑蕊《汉语阅读速成（基础篇）》，北京语言大学出版社，2011年。

际的目的，同时也为进一步学习打下良好的基础。下面是教材的40课中，有关介词及其对应的框式结构的分布情况：

课数	介词	例句
第7课	在	她在大学工作。
第10课	往、离	往前走，就是邮局。邮局离这儿远不远？
第15课	给	他给我做衣服。
第17课	跟	我跟你一起去。
第18/31课	从	从东京来的飞机到了吗？
第20课	为	为我们的友谊干杯！
第23课	让	对不起，让你久等了。
第28/32课	比	今天比昨天冷。
第30/37课	除了……以外	除了广州、上海以外，我们还要去香港。
第34课	把	你把嘴张开。
第35课	被	王兰被车撞伤了。
第36课	向	我来向你告别。
第38课	按照	按照这个价目表收费。
第39课	替	我替你去取。

表6-4 《汉语会话301句》介词分布情况表

综上所示，《汉语会话301句》中，总共有15个介词教学项目。完整的框式介词只有一个，可以扩展为框式介词的介词有八个。在生词表中，英语注释比较完整、详细；在句子翻译上，也突出了英汉介词的对应性或不对应性。相对于介词教学而言，这部初级汉语口语教材的内容比较清晰明确。但对于专门的框式介词教学来说，还需要教师在备课过程中进行补充和扩展。例如，在这部教材的教学生词中，严格意义上的框式介词只有一个，那就是"除了……以外"。它不仅仅是生词，还是一个句式。由于这部教材针对初级水平，而且是较为速成的汉语口语教材，展现的内容确实应该具有基础性、常用性。我们不能苛求初级水平的汉语学习者熟练掌握框式介词并自觉加以运用，然而在真正与中国人交谈的过程中，却又不乏大量的框式介词在被使用。所以，在对学生进行言语输入时，作为主体的教材可以适当地对介词框架内容进行补充。

我们再看另一部初级水平教材《汉语阅读速成》"入门篇"和"基础篇"介词及其框式介词的收录情况。如表所示：

课数	介词	英文注释	框式结构
入门篇第1课	随着	along with	/
入门篇第2课	按	according to	按/按照……来说
入门篇第7课	冲	facing, towards	/
入门篇第10课	就	with regard to, concerning, on	就……而言
基础篇第2课	根据	according to, in the light of	根据……来说
基础篇第2课	连	even	连……也/都
基础篇第12课	随着	with	/

表6-5 《汉语阅读速成》介词分布情况表

这部教材课文中出现的介词包括了《汉语会话301句》中的所有介词。例如，介词"随着"在入门篇和基础篇出现了两次，意义相同，我们一般会用"随着……而"；但"而"是连词，可有可无，用一个名词短语足以说清楚句子意思，如"随着经济的发展"，"随着人们生活的改善"等。介词"按"与框式介词"按/按照……来说"表达意义相同。介词"冲"，课文中原句是："突然一只很高很大的狗从一个大门里跑出来，冲我叫。"与介词"对"、"向"意思相近，没有框式结构。介词"就"，与介词"对"、"对于"用法相当，可以扩展为框式介词"就……而言"。同样，后置词"而言"也可以省略。介词"根据"，课文原句为"只能根据日光的移动来判断时间。"介词"根据"，用到了框式介词"根据……来说"，前置词和后置词都出现；但后置词"来说"是动词，也可以省去，并不影响句子表达的意义和语法的准确性。介词"连"有"甚至"的意思，表示强调，多与"也"、"都"等呼应，组成框式结构"连……也/都"，后面常常跟动词。① 例如"学校教室破旧，上下课连个钟表都没有。"

我们通过对两部教材的对比和分析，发现两部教材对汉语语法教学难点之一的介词，基本能够做到对其讲解清晰，循序渐进，但这个结果只是对单一的普通介词而言；至于框式介词，介绍的内容并不多。究其原因，对高级

---

① 也有学者认为"连"是连词。

以下水平的留学生来说，不可能一开始就把"框式介词"这个概念输入到他们的知识体系中，所以对于框式介词的教学，初期阶段确实是一个有待解决的难题。

我们基于以上的调查，将当前框式介词教学方面存在的问题归纳如下：

第一，教学目标对框式介词的要求不够具体、明确。这是不同阶段，不同汉语水平的留学生的实际情况所决定的，因此，不可能一步到位，只能从初级到高级一步一步推进，相互衔接。

第二，课程设置对系统的框式介词教学的忽略。首先在教学语法的本体研究中，目前对框式介词的界定还没有一个确切的定论，还没有明确地出现在原本的基础介词教学内容之上，有意添加有关框式介词的相关内容的宏观理论和探索性的实证研究，所以其本身的体系尚还有待完善。

第三，教材编写时对"框式介词"这一类教学内容的关注度不够。框式介词属于比较高级的语法概念，因此绝大部分的初、中级教材很难有它们的影子出现；即使出现了，也把它们归到"句式"这类的讲解中。在日常真实的交流中，即使留学生学习了像"除……以外"这样的高频框式介词，也会因不理解或不熟练而有意回避使用。

第四，教师在教学过程中对框式介词的教学实践不足。由于局限于以上教学目标、课程设置和教材这几方面的原因，教师只能在教学过程中将框式介词所涉及的内容简而化之，有时甚至利用"替换"等方式简单地将整个句子进行对译，其后果就是学生的汉语水平停滞不前，进入学习瓶颈期，很难达到更高的境界。

三、学生自身的因素（基于调查问卷）

我们在前面已经提到，留学生在写作过程中，通常为了保证句子的正确性而有意回避或不使用框式介词，因此在HSK动态作文语料库中，关于框式介词的偏误较少。我们根据留学生自身情况，设计问卷重新进行了调查（见附录），调查对象为60个英语背景的中高级水平留学生，分别来自英国、美国、澳大利亚、印度、德国等国家。他们都能够流利自如地使用英语,汉语水平大致在HSK考试5-6级,处于中高级水平。下面是对调查结果的总结。

调查问卷内容分为四个部分:第一部分是10道英译汉题目,主要为考察方所框式介词"在……上/下/前/后/里/外"和时间类框式介词"在……之前/之后"的使用情况。其中的错误比率如图所示:

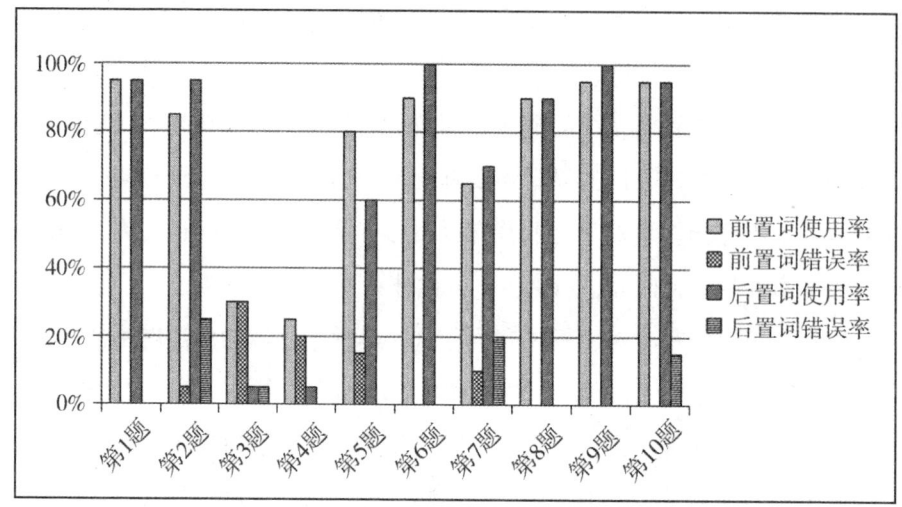

图6-1　调查问卷(第一部分翻译题)前后置词使用比率柱状图

在这10道题中,框式介词的使用率普遍较高,错误率较低。这是由于他们从初级阶段开始就对介词"在"和方位词进行学习,再加上教材和教学过程中的不断输入,以及经常性使用的不断输出,为该类框式介词的使用打下较为扎实的基础。

第二部分为10道判断题。1至3题为"在……上/中"的考察,第一题是正确的句子,测试留学生对"在手上"和"在手中"意义的理解和掌握情况,错误率为50%。可见,汉语用介词"在"和方位词表达方所及其引申用法对留学生的学习构成困难,留学生对后置词的意义虚化还停留在比较模糊的概念当中。4至5题是对框式介词"比……来得"理解情况的调查;6至7题对"像……一样"的掌握情况进行调查;8至10题根据"跟……似的"中前置词"跟"与后置词"似的"的省略情况,对留学生对该框式介词的理解能力进行调查。结果如表所示：

答题错误率＼前后置词＼框式介词	前后置词都有	缺少后置词	缺少前置词
在……上/中	50%	5%	35%
比……来得+adj.	70%	15%	
像……一样	45%	70%	
跟……似的	50%	20%	45%

表6-6　调查问卷（第二部分判断题）调查情况表

由表可见，即使是中高级水平的留学生，对框式介词的理解也很模糊，缺少后置词的第2、5、7、9题，留学生作出的判断，错误率较低。可见我们在教学过程中，对汉语介词（通常是前置词）的教学比较扎实，而后置词教学内容和实践相对较少。虽然"框式介词"这个概念很新，但是在实际表达中，前后置词不可或缺的情况也不在少数。例如，在第6至7题当中，"像……一样"的前后置词缺一不可，而留学生在第7题省略后置词"一样"的判断错误率却高达70%。这显然是对整个介词框架掌握不全面的结果。

第三部分为选词填空，主要调查留学生对框式介词的前后置词在句子中位置和所代表的成分的掌握情况。情况如表所示：

错误率＼前后置词＼框式介词	前后置词都有	前置词的选择
就……而论	45%	40%
从……起	0%	15%
到……为止	20%	20%
依照……来看	10%	25%
为……而	5%	20%
为了……起见	0%	15%
为……所	25%	50%
叫……给	60%	60%

表6-7　调查问卷（第三部分选词填空）调查情况表

我们从表中可以看出，留学生对大部分框式介词在句子中所代表的的成分有比较清楚的了解，除了"就……而论"、"为……所"、"叫……给"这三个较难的框式介词以外，其它的错误率并不高。

下面再来看"就……而论"、"为……所"、"叫……给"的错误情况："就……而论"在句子中通常是作为前提条件提出的，有一个定向所指的内容，如例句："就年纪而论，他的身体好极了。"在这里，"年纪"就是定向所指的内容，是句子表达意义的先决条件。根据调查显示，60个人当中有33人可以将前后置词的位置都填对，其余27人中，只有3人将前置词写对，6人将后置词写对，18人将前后置词的位置都填错。错误原因是将"就"和"而论"分离开来，尤其是将"就"放入后半句中作副词，整个句子就变成了："而论年纪，他的身体就好极了。"可见他们对介词"就"的学习并不完善，从而导致对"就……而论"整体理解的不准确。而"为……所"的使用错误率较高，错误的句子如以下两种：

［1］* 所幽默的老师为学生喜爱。

［2］* 为幽默的老师所学生喜爱。

正确的句子应为"幽默的老师为学生所喜爱。"后置词"所"原为助词，和后面的动词结合，成为名词性结构，在这里成为介词框架中的后置词，因此被学生理解为纯粹的"所"字结构，进而想当然地变成例［1］中"所幽默的老师"这种错误。而例［2］中"所学生喜爱"这种错误明显是受到英语语法的影响，即将后置词"所"理解为英语介词by。其实，"为……所"整个介词框架所表示的才是英语介词by的含义，具有被动义。

"叫……给"是错误率最高的一类框式介词，表示被动，它在英语中也是对应介词by。但是前置词"叫"和后置词"给"都不能隐藏，一般都是同时出现。留学生所犯的错误有如下三种：

［3］* 他给骗子叫骗了。

［4］* 他叫骗子骗给了。

［5］* 叫他骗子给骗了。

正确句子应为:"他叫骗子给骗了。"例[3]将介词放在一边,"给"成为动词,"叫"被随便安插在句子中,可见学生对"被"字句的理解并没有上升到高级阶段水平,回避使用更高水平的常用表达"叫/让……给+动词"。例[4]前置词使用正确,后置词显然在留学生头脑中尚无概念。学生把前置词"叫"当成动词使用,这实际上也是一种对介词的回避方式——由于概念上的生疏,总是不断地使用动词代替介词。例[5]中的后置词位置正确,证明在留学生的认知理解当中,"给"是有介词含义的,却没有整体框式介词的印象,因此无法把握前置词的位置,对于前置词"叫",也只能当做动词来处理了。

第四部分为用合适的词填空,空缺的词分别为框式介词的前、后置词,这部分主要是对留学生使用框式介词的使用意识进行调查。结果如下:

使用率＼前后置词＼框式介词	前置词	前置词
①对……来说	90%	80%
②与/跟……有/相关	45%	70%
③依/按照……来看	95%	35%
④除了……以外	95%	85%
⑤用/通过……来	95%	40%
⑥对于……而言	65%	60%
⑦像……一样/似的	75%	55%
⑧从……起	50%	35%
⑨到……为止	80%	55%

表6-8 调查问卷(第四部分框式介词填空题)框式介词使用率情况表

根据表6-8,我们看到留学生对不同种类的框式介词前后置词的使用率有很大的不同,有的是前置词使用率高于后置词(除了②以外都是),前置词的使用率与后置词相比,具有压倒性优势,而有的是后置词的使用率高于前置词(如②);有的前后置词使用率相差很大(大于25%,如③⑤⑨),有的则很小(小于10%,如①④⑥);有的前后置词使用率都较高(均在

80%以上，如①④），有的都较低（均在70%以下，如⑥⑧）。

（一）偏误类型

1. 整体缺省

从调查问卷（第四部分）中，我们来看框式介词整体缺省的情况。下表为出现缺省和误用情况的人数占总人数的百分比，由此可得到前、后置词使用偏误率：

题号	前置词偏误率		后置词偏误率	
	前置词缺省率	前置词误用率	后置词缺省率	后置词误用率
1	5%	5%	10%	5%
2	30%	5%	25%	0%
3	5%	0%	45%	0%
4	0%	0%	5%	5%
5	0%	5%	40%	0%
6	10%	15%	30%	0%
7	20%	0%	35%	0%
8	5%	5%	35%	0%
9	20%	10%	45%	0%

表6-9 调查问卷（第四部分）框式介词中前后置词偏误率情况表

下面是调查问卷（第四部分）中框式介词整体都缺省的两个例子，前置词缺省分别为6人和12人，占10%至20%；后置词缺省分别为18人和27人，占30%至45%。例如：

［1］<u>对于</u>政府<u>来说</u>，治理大气污染是他们的责任。

［2］保护环境，<u>从</u>我们自己做<u>起</u>。

"对于……来说"和"从……起"在句中，前后置词都缺省主要受谓语动词和介词短语出现位置的影响。这不仅和现代汉语介词本身的特殊性相关，也和其他词类（例如连词、动词、名词、助词）的学习掌握程度相关。

2. 前置词偏误

前置词缺省的情况相对较少，是由于普通的介词通常用作前置词，使得留学生在前置词使用上较少出现偏误；但也有一些例外，调查问卷（第四部分）中，下面两个句子偏误率较高，前置词缺省和误用加起来分别为21人和18人，偏误率是35%/30%。留学生的填空情况多为下面这种：

［1］* 孩子的健康成长家庭、学校、社会相关/有关（系）。

［2］* 为止现在，他已经学习了两年汉语。

例［1］的前置词应填"与/跟"，后置词应填"相关/有关"。其中，"与/跟……相关/有关"的后置词"有关"可以扩展为"有关系"，是"动词+名词"的组合，使得留学生对前面的主语部分形成了一个较为整体的概念，对介词（前置词）的位置定位模糊，或者弃而不用，以为这样就能表达出句子的正确意思，因此将重心放在了后面的由动宾短语组成的后置词上，正好形成句子所谓的"主谓宾"结构，想当然地省略了前置词。例［2］的前置词空格应填"到"，后置词空格应填"为止"。用"到……为止"来表达时间，留学生出现将后置词前移的偏误，这是受到英语介词so far意义的影响，把后置词"为止"填到前置词的位置，成为表示时间的介词，单独运用，而前置词"到"却被忽略了。

3. 后置词偏误

相比前置词，后置词出现缺省情况更多。由表6-9可以看出，在下面三个例子中，后置词的缺省及误用分别为27人、24人和27人，偏误率是45%/40%/45%。正确句子应为：

［1］按照标准来说，你还差得远呢。

［2］老板用笔记本电脑来记录会议内容。

［3］保护环境，从我们自己做起。

后置词的缺省有两个原因：一是在这三个句子中，前后置词并不一定同时出现，根据框式介词的隐现规律，后置词可以隐藏，却不影响句子的正确性。因此，对介词的框架没有系统学习的留学生，为了表达简单明了不出错误，大多采取了省略后置词的方式。二是前置词可以单独用作动词，或者有动词义，是动词逐渐虚化为介词的结果，留学生往往很容易误用作动词。

前置词与后置词的偏误比率相差较大的两题中，前置词偏误率占5%/5%，后置词偏误率占60%/65%，分别相差55%和60%。例如：

[4]＊老板用笔记本电脑为了记录会议内容。

[5]按照标准，你还差得远呢。

例[4]显然是英语语法的特点，留学生将它对接到了汉语句子中。受英语介词for的影响，理解成"为了"是比较典型的母语负迁移。还有一部分留学生将"能"、"是"等具有动词词性的词作为后置词来使用。例[5]是由于"来说"的动词性较强，不是固化后置词，由于学生在教学中缺乏完整的输入过程，因此40%以上的留学生为了将句子写正确而回避使用。

（二）回避情况

由于介词是虚词，在句法功能当中起介引作用，并且不能单独使用，因此留学生习得起来比较困难，他们宁愿用比较实在的汉语动词来代替意义虚化的汉语介词，以减少句子的错误，从而更明确的表达句子意义。他们采取如下四种回避方式，分别占55%、60%、25%、45%：

[1]＊孩子的健康成长是家庭、社会、学校的关系。

[2]＊当拿到工资时我就以为做梦了。

例[1]直接用主谓判断句结构来表明意思而不用框式介词"与/跟……相关"，这明显不是地道汉语的表达方式。例[2]虽然有like一词作为英语提示，但留学生对"像……一样"词义并不了解，因而用动词"以为"来代替，后面再加上动态助词"了"，句子显得不伦不类。可以看出，框式介词的使用才是更高级汉语水平的体现，在写作过程中使用框式介词更能准确形象地表达。

[3]老板使用笔记本电脑记录会议内容。

[4]直到现在，他已经学习了两年汉语。

例[3]的语法完全正确，学生完全摆脱了框式介词"用……来"，可见动词"用/使用"在该句中是核心部分，后置词"来"的意义相对虚化，在可以不用的情况下经常会被留学生省去。例［4］回避了框式介词"到……为止"，英语介词until可以对应"到……为止"，也可对应动词"直到"。在这里，英汉之间是一对多的关系，留学生选用了"直到"，也就是"一直到"的意思，稍显口语化，比较随意，并不是严谨的书面表达方式。

综上所述，留学生对框式介词的认知和使用主要存在以下三种问题：

第一，由于熟练程度不高，通过留学生自己去自觉运用框式介词的方法效率较低，尤其是对中级以下水平的留学生（HSK4级及以下水平）来说，效果较差；

第二，留学生运用框式介词时，往往会将目的语泛化，尤其是在对词义不了解的情况下，就会轻易套用其他框式介词；

第三，留学生受到英语语法的影响，他们或直接使用汉语动词，或在对介词词义用法不了解的情况下，为了确保句子的正确性，以及由于英汉介词本身具有一对多的特点等，回避了框式介词的使用。

第四节 针对英语背景的留学生框式介词的教学策略

一、注重框式介词的教学研究

介词作为教学的重点和难点之一，必须在教学过程中突出展现、讲解、分析、练习，以达到相应的教学目标。从语言教学的角度来说，应该加强对汉语框式介词的本体研究。研究汉语框式介词不仅要进行历时语言学研究，梳理其发展脉络，还要进行共时语言学研究，以及与不同语言的对比研究。

其次，框式介词的结构复杂性决定了其本身知识的复杂性。学生必须通过接触大量的语料来汲取其中的知识点，因而是一个相当注重细节研究的教学内容。在汉语介词教学的具体操作中,不仅要进行框式介词的本体研究以及对比研究、偏误研究,还要注重对介词种类进行归纳总结。实践证明:首先要将框式介词的前后置词分解进行对比研究,然后才能从整体的角度来深入分析。这是一个由"化整为零"再到"化零为整"的过程。

此外,应该加强对框式介词的偏误分析。根据本课题的研究需要,调查问卷的对象是HSK在5—6级水平、具有英语背景的留学生,在答题过程中以英语的思维来进行,可以挖掘出相对有规律可循的问题,因此可以提供给我们宝贵的经验来进行有针对性的教学;同时,不同语种学生的偏误问题可能类似,也可能完全不同,会给我们的教学带来很多启发性的思考,可以不断完善。所以,针对不同母语背景的留学生加强偏误分析,不断总结其中的偏误类型和原因,才能完善教学内容。就本课题研究而言,需要教师在备课过程中做好英汉对比工作。英语介词为前置词,所以在讲解汉语的框式介词时,遵循汉语的语法特征和规律,应着重对后置词进行介绍,再将汉语前置介词与英语介词放在一起,既做到充分的知识点输入,也做到语言的足量输出;可以按留学生的认知规律,对汉语框式介词进行分阶段教学,顺应学生的习得规律,设计行之有效的教学。只有这样,才能够做到从学生自身角度出发,促使学生汉语思维模式的快速形成。

二、汉语框式介词的分阶段教学

我们通过调查不同水平、各阶段学生使用的教材,发现介词学习是一个逐渐养成的过程。例如,一般都从最常用的"在"开始,然后逐步加入方位词,构成方所类框式介词的教学系统。然而,由于汉语介词数量不够丰富,导致学习后期对介词以及更多的框式介词没有系统的教学。有鉴于此,我们现在需要做的就是将框式介词进行级别分类,循序渐进地对学生进行输入,使他们能够达到对框式介词熟练掌握的程度,并使运用它们成为一种习惯,最终能说出地道的汉语句子,形成汉语思维模式。

在教学设计上注重框式介词的针对性练习。袁慧在《外国留学生介词习得过程中偏误与教学设计》①中提出了一些应对偏误的教学方法，第一是强制记忆，第二是典型情景法，第三是分阶段教学，第四是多角度全面讲解，第五是采用对比教学法。这对框式介词教学同样具有借鉴意义。在此基础上，还可以游戏、比赛、演讲等各种趣味形式来进行教学，不断地刺激留学生的大脑，将这种抽象的虚词变成"活"的语言表达。以前置词"在"的教学为例，吴继峰《英美学生使用汉语介词"在"的相关偏误分析》②提出了一些有效方法：第一，提醒学生注意英汉介词的不同之处，如汉语的介词不包含方位义，但英语的介词包含处所、方位等意义；第二，引导学生注意方位词"上"、"中"、"下"等的引申义，以及使用的条件和规则；第三，加强易混淆介词的对比分析，如"在"和"对"、"从"等，对比它们在意义上的差别以及使用条件和规则；第四，分层次、梯度教学，加强介词习得顺序研究，根据难易度以及使用频度等因素做出适当的教学安排，循序渐进；第五，加强对外汉语教材和工具书中对框式介词相关知识的解释。据此，进行因材施教、分阶段教学，制定出教学计划并精心设计教学步骤。

三、设计教学步骤

根据学生对框式介词使用的偏误进行教学设计这项工作，目前开展得较少。袁慧（2009）据崔希亮（2005）统计的留学生使用介词的频率设计了"从"的教学。基本步骤如下：1.情景法引出语法点；2.公式法进行句法讲解；3.归纳法总结"从"的句法、语义、语用特点；4.利用教学工具，例如地图，让学生练习造句；5.对比法讲解与近义词"自"的异同；6.演绎法进行练习，如改错、填空、看图说话等等。

此外，因为学生水平不同，进行讲解的内容也不一样。我们可以通过分别调查具有代表性的初、中、高级水平的不同教材，找出其中实用的经典部

---

① 袁慧《外国留学生介词习得过程中的偏误与教学设计》，载《高等函授学报》（哲学社会科学版）2009年第12期。
② 吴继峰《英美学生使用汉语介词"在"的相关偏误分析》，载《云南师范大学学报》2012年第6期。

分和可以适当补充的内容,来实施具体的教学步骤;也可以调查HSK动态作文语料库或设计问卷,来调查留学生的偏误,分析其在实际运用中的偏误,从中找到框式介词教学的出发点和落脚点,从而进行教学环节的有效设计。

我们还是以框式介词"在……+方位词"的教学为例,设计具体的课堂教学步骤:第一,情景教学,运用图片中物体和人物的方位,直观展示汉语中的方位词,让学生对方位词有初步的理解;第二,引入前置词"在",加入大量的例句进行沉浸式练习;第三,设定游戏环节,让学生表演,并说出自己和他人所在的方位,以此让学生互相对话、进行积极的交流互动;第四,进一步启发教学,让学生思考"前"、"后"除了表示物体的位置,还可以表示其他内容,借此引入时间类框式介词,如"在(时间)之前/后",趁热打铁地进行补充教学,但不要求所有学生都能掌握;第五,总结课堂教学内容,布置作业,让学生画出学校周边的环境,并用"在……+方位词"描述出来。

【附录】 框式介词使用调查问卷

欢迎您参加本次问卷调查,请您认真填写以下信息,谢谢大家的帮助!另外,我们将对您的信息进行保密。

一、基本信息

1. 国籍:_____ 2.班级:_____ 3.学习汉语有多长时间:_____

4. HSK水平:_____ 5.母语:_____ 6.其他语言:_____

二、调查内容

(一)请将下面的句子翻译成汉语。

1. He is sitting on the table.
   _____。

2. I saw my friends waiting for me downstairs.
   _____。

3. As a prerequisite to ensure the basic benefits for the staff, and to secure the most benefits.
   _____。

4. The meeting takes place against a background of continuing political violence.
   _____。

5. Under this condition, I don't want to do anything.
   _____。

6. Supermarket is in front of the school.
   _____。

7. Your name comes before mine.
   _____。

8. It will be a good memory in my heart.

   _____。

9. The garden is out of the House.

   _____。

10. The Blackboard is at the back of classroom.

    _____。

（二）请判断下面句子的语法是否正确，对的请打"√"，错的请打"×"。

1. 地图在他手中。

2. 地图在他手。

3. 地图他手上。

4. 改变自己，总是比改变别人来得难。

5. 改变自己，总是比改变别人难。

6. 秋天到了，红色的叶子像火花一样飘落下来。

7. 秋天到了，红色的叶子像火花飘落下来。

8. "双11"期间，人们的购物热情跟过春节似的。

9. "双11"期间，人们的购物热情跟过春节。

10. "双11"期间，人们的购物热情过春节似的。

（三）请选择正确的位置，将下面的词填上。

例如：

我（ A ）九点（ B ）到（　　）学校门口（　　）等你（　　）。

I will wait for you at the school gate before nine.

　A. 在　　　　　　B. 之前

1. （　　）年纪（　　），（　　）他的身体（　　）好极了。

   In terms of age, his body is really good.

   　A. 就　　　　　　B. 而论

2. （　　）现在（　　），我（　　）决定（　　）一周（　　）至少（　　）看一本书。

From now on, I decided to read at least one book every week.

A. 从　　　　B. 起

3. （　　）目前（　　），这个公司（　　）已经（　　）销售（　　）九千部手机了。

The company has been selling nine thousand phones so far.

A. 到　　　　B. 为止

4. （　　）这张（　　）照片（　　），（　　）他们两个（　　）肯定（　　）是兄弟。

According to the picture, the two of them must be brothers.

A. 依照　　　　B. 来看

5. 妈妈（　　）我能（　　）吃到（　　）丰盛的午餐（　　）忙了（　　）一上午。

This morning, mother was busy for me to have a big lunch

A. 为　　　　B. 而

6. （　　）安全（　　），（　　）我们（　　）最好（　　）把窗户（　　）关上吧！

For safety, we had better close the windows!

A. 为了　　　　B. 起见

7. （　　）幽默的（　　）老师（　　）学生（　　）喜爱（　　）。

Humorous teacher is loved by students.

A. 为　　　　B. 所

8. （　　）下了火车（　　）以后，（　　）他（　　）骗子（　　）骗（　　）了。

He was cheated by a liar after he got off the train.

A. 让/叫　　　　B. 给

（四）请用合适的词填在空白的地方。

1. 这篇课文_____我_____太难理解了。

   The text is too difficult for me to understand.

2. 孩子的健康成长_____家庭、学校、社会_____。

   Children's healthy growth is related to family, school and society.

3. _____标准_____，你还差得远呢。

   According to the standards, you still have lots more to work on.

4. _____校长_____，大家都来了。

   We are all here except for the principal.

5. 老板_____笔记本电脑_____记录会议内容。

   Boss uses a note book to record the contents of the meeting.

6. _____政府_____，治理大气污染是他们的责任。

   For the government, to control air pollution is their responsibility.

7. 我以为这个月不会有工资，没想到却有，当拿到工资时我就_____做梦_____。

   I thought there would be no salary this month, so it just like a dream when I got the salary.

8. 保护环境，_____我们自己做_____。

   Start the protecting work of environment from ourselves.

9. _____现在_____，他已经学习了两年汉语。

   He has been learning Chinese for two years so far.

第七章
认知角度下介词"从"的偏误研究

第一节 引 言

介词作为虚词的一种,数量少,语义、功能却相当丰富,对第二语言学习者来说,不易掌握却易产生偏误,是个很大的挑战,"从"即是此类介词。基于语料库的研究证明:不管是以汉语为母语者还是第二语言学习者,在日常生活和学习过程中,使用介词"从"的频率均非常高。同时,欧美学生在"从"的使用频率上又远远超过汉语母语者的使用率,正确率较低,偏误率明显高于其他介词。以往关于介词"从"的研究,一方面相对较少,另一方面研究方向多集中于句法、语义层面,对于介词"从"的偏误及其产生的原因探讨更少,影响了对外汉语教学的质量。

本章在厘清介词"从"的特征和规律的基础上,运用认知语言学中介语理论和偏误分析理论,以"HSK动态作文语料库"为依据,首次尝试从理论探讨和实践验证两方面,对101国第二语言学习者习得汉语介词"从"的偏误语料进行穷尽性调查和统计分析,然后运用意象图式理论,从认知语言学的角度,对介词"从"的意象图式、介词"从"的偏误情况进行探因,研究相应的教学对策。

第二节 认知角度下介词"从"的意象图式

我们对世界的理解有一些稳固的模式,如**意象图式模式**(Image schema model)、**隐喻模式**(Metaphorical model)等。其中,所有的意象图式都和空间结构有关,空间观念就是人类认知整个世界的基础和最基本概念。所有意象图式都涉及空间结构,凡是涉及到形状、移动、空间关系的知识都以此模式储存(赵艳芳,2001)。① 在各种范畴中,空间范畴是最基本的,时间范畴、关系范畴、状态范畴、情感范畴都是基本范畴的隐喻。**隐喻**(Metaphor)指根据某一具体事物的认知模式,转移其结构和内部关系,从而认识和构造对其它事物的新的认知方式,这是人类认知最为基本的方式之一。Lakoff(1990)把这种转移称为"**源目标模式结构的映射**"(Source-to-target mapping)。② 介词"从"就是从表达空间范畴通过隐喻、泛化等手段,拓展为表达时间范畴或其它抽象范畴。

语言学习的过程,是不断与客观世界中各种概念、体验互动的过程。第二语言学习者在习得非母语的这一过程中,总是由简入繁,由浅入深,在头脑中最先建立起一定的最简单的认知上的图式,由此习得最基本的空间范畴概念。因此,第二语言学习者,首先必须了解所有概念均来源于空间范畴;其次,全方位掌握一个概念的用法必然要先知道它的原始空间义。在此基础上,才可全面了解它还可以表达其它哪些范畴的概念。而意象图式在人们与客观世界互动中,不止涉及空间范畴,还涉及其它各类范畴。当然,空间范畴畴永远是最为直观、简单、鲜活的认知视角。在语言的具体运用中,如果学生不了解每个概念的最基本的意象图式、抽象范畴的意象图式及其来源背后

---

① 赵艳芳《认知语言学概论》,上海外语教育出版社,2001年,P73。
② Lakoff.G, women, Fire and Dangerous Things: What Categoties Reveal about the Mind, The University of Chicago press.1987, Paperback edition 1990, P276.

的知识，不了解它们之间的引申关系，就很难全面掌握概念，自然会出现偏误。因此，崔希亮（2005）提出："如果我们把每一个介词的意象图式都理清楚了，在教学的时候就可以走一些捷径了"。

意象图式（Image schema）是认知语言学广泛使用的一个概念。*Johnson* 首先对意象图式进行了较为清晰地界定：意象图式是在人们与外界互相感知和作用的过程中，不断反复出现的赋予我们经验一致性结构的动态性模式，即人类在与客观外界进行互动性体验过程中反复出现的常规性样式，是一个在我们感觉经验中反复出现的框架模式。王寅（2007）认为：人们在与客观外界进行互动性体验的过程中获得意象图式，它比表象、心象或意象更为抽象和概括。① 而处于抽象层面上的"意象图式"就能够以类推的方式来构建我们的身体经验，还可以通过隐喻来建构我们的非身体经验（*Lakoff*, 1987）。②

本章将使用如下几个概念：**射体**（Trajector，简称TR），即主体或在任何关系结构中最凸显的成分；**路径**（Path），指从一个阶段到另一个阶段主体的移动经过了一个路径；**界标**（Landmark，简称LM），指关系中的另一个实体。

根据对《现代汉语八百词》、《实用现代汉语语法》及其它文献的考察，各家对现代汉语中介词"从"的词义的认识基本一致，"起点义"、"经由义"及"依据义"的分类无异议，对"起点义"中表空间、时间、范围及状态变化这四个小类的划分也相同，仅仅对"来源义"是属于"起点义"还是单独成类略有分歧。《现代汉语八百词》认为"来源义"归属于"起点义"下，而《实用现代汉语语法》认为"来源义"应自成一类。本章主要采用《现代汉语八百词》中的释义。我们通过对上述文献以及语料的考察，归纳介词"从"语义所涉及的范畴有：空间范畴、时间范畴及抽象范畴。其中，"起点义"和"经由义"为"空间范畴"；"来源义"、"表范

---

① 王寅《认知语言学》，上海外语教育出版社，2007年，P175。
② Lakoff.G. Women, Fire and Dangerous Things: What Categories Reveal about the Mind, The University of Chicago press.1987, P453.

围"、"表状态变化"及"依据义"为"抽象范畴";介词"从"的语义可分为:"起点类"、"经由类"及"影响类"。"起点类"强调主体或动作"起点义"的语义功能;"经由类"强调主体或动作经过场所的语义功能;"影响类"强调主体或动作带来影响的语义功能。即:介词"从"的语义,经历了由"点"到"线"、由"线"到"面"、由重视"起点"到重视"过程"、最终重视"影响"的历史发展过程。

介词"从"所涉及的范畴及语义功能的序列如下:

空间范畴 > 抽象范畴 > 时间范畴

起点类 > 影响类 > 经由类

"空间范畴"是介词"从"主要的表达范畴,"抽象范畴"次之。介词"从"向"抽象范畴"发展的倾向越来越强,多数均直接或间接由"空间范畴"发展而来。"时间范畴"则由隐喻发展而来;同时,介词"从"的"影响类"语义功能已经超越"经由类",成为仅次于"起点类"的重要功能。此外,介词"从"向"影响类"表达的倾向也越来越强,由最初强调主体或动作的"起点",在强调主体或动作经过场所的"经由"的作用下,发展为强调主体或动作造成的结果、影响的"影响类"语义功能。在这里,"经由类"语义功能起到了过渡作用。在"影响类"语义功能中,一部分既重视"起点"又重视"影响"。这是直接或间接由"起点类"发展而来的,因而都归为"影响类";还有一些是"起点类"和"经由类"共同作用下发展而来,后文将有详细解释。介词"从"的语义功能的引申脉络如图所示:

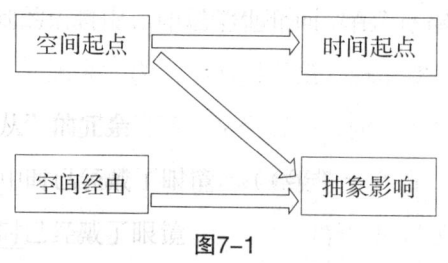

图7-1

根据介词"从"可表达的范畴以及语义,本章将介词"从"的意象图式分为下面两类:

一、基本意象图式

意象图式有基本和复杂之分。基本的意象图式主要包括：容器、路径、连接、力量、运动、平衡、对称、上下、前后、部分-整体、中央-边缘等，它们可结合构成更为复杂的意象图式（王寅，2007）。①

根据介词"从"的语义可知：介词"从"最基本的语义是"起点义"，最基本的特征是"起点"、"位移"特征。这都与运动、路径有关，因而路径图式是介词"从"最基本的意象图式。其中包含三要素——**射体**（TR）、**路径**（Path）、**界标**（LM）。三者不同的组合关系会产生不同的语义。在运动过程中，必然会有开始、进行和结束三个阶段。当运动还未开始时，可以静态地关注"起始"这个状态。当运动开始，关注的是射体"起点"、"路径"本身。当运动结束时，更关注运动带来的结果、影响，例如射体来源于何处，因为运动产生了何种"结果"、"影响"等。

"从"的本义是跟随（某人）或与某人一起（做某事或处于同一状态），可以是动态的追随，也可以是静态的处于同一状态的一致，并且都在一定的空间中进行或发生。介词"从"描述的是位移运动事件，运动时强调"起点"和"经由"，运动结束必然产生一定结果或影响，即某种状态。也就是说，介词"从"首先最重视的是运动过程中产生的语义，同时对静态描述也十分重视。

（一）基本意象图式A

介词"从"的基本义是表起点，其后的宾语，最初是表示具体处所的起点，可以将具体处所视为一个"点"。意象图式如图所示：

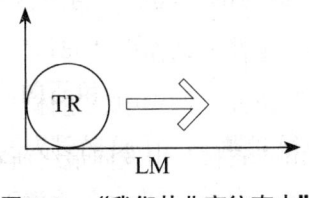

图7-2 "我们从北京往南去"

---

① 王寅《认知语言学》，上海外语教育出版社，2007年，P177。

图7-2是介词"从"的中心图式,例句经历了从一个阶段到另一个阶段主体移动的**路径**(Path)。射体TR即为例句中的"移动主体",是结构中最凸显的成分,界标LM是主体运动的参照,强调的是"北京"这个"点"的"起点义"。至于它去到的终点,并不十分强调。这个"起点"亦即主体所在位置,"起点"和主体所在处合一,动作发展的方向是远离主体所在位置,朝相反方向运动。这就是介词"从"的最基本的意象图式——"起点类"意象图式。

(二)基本意象图式B

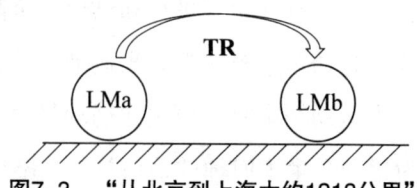

图7-3 "从北京到上海大约1213公里"

图7-3是A的延伸,LMa为例句中的"北京",LMb为"上海",对主体或动作移动、位移的"起点"和"终点"同样重视。例句中"从北京到上海",对起点"北京"和终点"上海"都有强调。

(三)基本意象图式C

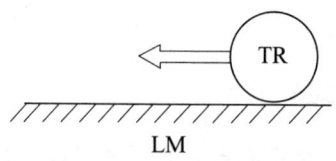

图7-4 "我刚从农村回来"

图7-4也是A的延伸,此时的"起点"与主体不在同一位置,"起点"和主体所在处于分离状态,主体或动作由"起点"向主体所在位置靠近,实际也是变相的从一个"点"出发。例句中,主体"我"最终所在位置与"农村"非同一地点,"我"由"农村"出发向最终所在位置靠近。

（四）基本意象图式D

介词"从"另一个基本义是表"经由"，介词"从"后面的宾语也是处所，但可以是"点"，但更多的是"线"或"面"。

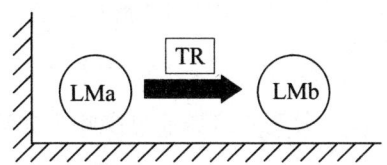

图7-5　"小船从桥下经过"；"我们可以从小路走"；
"列车从隧道里穿过"；"队伍刚从操场经过"；"应急物品要从空中运输"

我们发现：介词"从"后的处所宾语"桥下"还是个"点"，但"小路"、"隧道"已经是"线"，而"操场"、"空中"已然是"面"了，不论是"小船从桥下经过"，"列车从隧道里穿过"还是"应急物品要从空中运输"，当我们说这几句话时，脑中浮现的场景是动态的，主体或者动作在沿着一条"线"在运动，因而强调的是主体经过的空间，偏重介词"从"的"经由义"，关注的是主体的经过的场所，因而用粗线条的TR凸显主体或动作经过的路径。

（五）基本意象图式E

介词"从"后宾语不仅限于"点"，可以接空间范围更大的宾语。

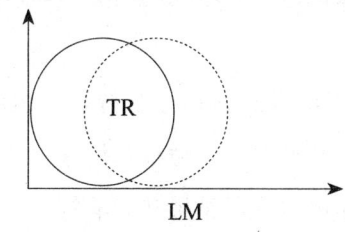

图7-6　"从左起第四个人就是他"

图7-6既是"起点类"的延伸，同时也强调运动事件后的结果，可称"静态起点类"意象图式。例句将"从左起第四个人"看作一个整体，对"起点"未产生运动在静止状态的这一事件的结果得出结论或评价，关注的是"起点"本身。即：在"基本意象图式"中，强调主体从一个"点"出发

远离主体所在位置；或者从一个"点"到达另外一个"点"；或者从一个"点"出发靠近主体所在位置；或者关注"起点"本身的状态及结果。这类意象图式偏重介词"从"的"起点义"，关注的是主体的起点处。

二、隐喻意象图式

王寅（2007）认为：意象图式可以通过隐喻、转喻机制的扩展和转换，形成更多的范畴和概念，特别是抽象的范畴和概念。[①] 当一个概念被映射到另一个概念，特别是从具体域向抽象域映射时，意象图式在其间发挥着关键作用，这就为我们能理解抽象概念提供了依据。人类的理解和推理正是凭借着这样的意象图式进行的，各种各样的意象图式交织起来就构成了我们丰富的经验网络和概念结构。这也正是我们能理解意义的基础。

连接名词性结构修饰谓语动词作状语，是介词最主要的语法功能。投射到我们的生活经验中，介词可以连接两个实体，表达两者之间的关系。它们通常都以空间关系意义为原型，通过隐喻发展出非空间关系意义。Lakoff（1987）认为，意象图式在从空间域投射到抽象域时，保持其基本逻辑不变，隐喻也并非任意的，而是以日常身体经验中内在的结构为动因。[②]

从上述所列基于空间范畴的基本意象图式，再运用不同的隐喻，就可获得不同的非中心的、抽象的语义。不同的语义，通过基本意象图式与隐喻共同作用而不断形成。

例如，"我们从这里出发"，是一个位移、运动的过程，表现出介词"从"的基本特征是"位移性"。"位移"概念包含大量信息：位移经历的阶段、涵盖的范围、产生的变化、结果和影响等。"位移"的概念化建立在下面四个相关隐喻上：

---

① 王寅《认知语言学》，上海外语教育出版社，2007年，P177。
② Lakoff.G. *Women, Fire and Dangerous Things: What Categories Reveal about the Mind*, The University of Chicago press.1987.

$$\left[\begin{array}{l}\text{"位移是旅程"}\\ \text{"位移是容器"}\\ \text{"位移是变化"}\\ \text{"事件结果、变化和影响来自于位移"}\end{array}\right.$$

通过隐喻，可以由基本意象图式延伸出不同的意象图式。例如空间范畴的"基本意象图式"可以通过隐喻"时间是旅程"映射到时间范畴。

（一）"位移是旅程"

"基本意象图式"图7-2通过隐喻"时间是旅程"可以表达时间范畴的起点义。例如：

［1］从今以后将停止销售此类商品。

［2］从明天起改为夏季作息时间。

［3］从商会大家给我提了意见，我就经常注意改正。

"时间是旅程"与"位移是旅程"一样，必然有起点，可以指具体的时间起点。例如"今"、"明天"，也可以指事件发生的时间的起点，例如"商会大家给我提了意见"这个事件发生的时间点就成为了"起点"。

"基本意象图式"图7-3通过隐喻"时间是旅程"可以表达时间范畴的语义。例如：

［4］他从早到晚只做这一件事。

［5］从古到今都秉承爱国主义的原则。

［6］从开始上小学到现在我都坚持写日记。

因为"时间是旅程"，所以在时间运行的过程中必然会有起点和终点，"早"、"古"和"开始上小学"是时间起点，而"晚"、"今"、"现在"是终点，这是空间到时间的映射。

"基本意象图式"图7-2通过隐喻"位移是旅程"还可以表达范围起点。例如：

［7］从李自成攻克洛阳讲起。

［8］我们要从努力学习做起。

"李自成攻克洛阳"、"努力学习"不是"点"而是表范围的"面",可视为容器,"起点"可以是一个具体的"点",也可以是事件、范围。

(二)"位移是容器"

"容器"即包含一个范围,有边界。"基本意象图式"图7-3通过隐喻可以表达范围。例如:

［1］他们从头到尾地对这个人打量了一番。

［2］从小孩到大人都参加了植树活动。

［3］我们从改良品种谈到加强田野管理。

"范围"有边界如同"位移"有起点、终点一样,"位移"的起点和终点之间包含着一个"范围"。"从头到尾"是指视觉上的范围;"从小孩到大人"指类别上的范围;"从改良品种到加强田野管理"指行为动作上的范围。

(三)"位移是变化"

"基本意象图式"图7-3通过隐喻"位移是变化"可以表达变化。例如:

［1］经历了从无到有的过程。

［2］对他经历了从不了解到比较了解的过程。

［3］产量从五十吨降低到三十吨。

"从无到有"、"从不了解到比较了解"是对事件掌握程度的变化;"从五十吨降低到三十吨"是数量上的变化。

(四)"事件结果、变化和影响来源于位移"

"基本意象图式"图7-2通过隐喻"事件结果、变化和影响来源于位移"可以表达事件的"来源义",强调"位移"结束时的结果,射体来源于何处。例如:

［1］知识从实践中来。

［2］从本质上看问题。

［3］解决问题应从实际情况出发。

例句中强调的是"知识"来源于"实践","看问题"、"解决问题"的办法是从"本质上"、"实际情况"中来。

"基本意象图式"图7-2和图7-6通过隐喻"事件结果、变化和影响来源于位移"可以表达"依据义",强调"位移"带来的变化、影响。例如：

［4］从工作上考虑,你的提议是正确的。

"你的提议是正确的"这个结论是由于"从工作上考虑"而得出的。

第三节 HSK语料库中介词"从"的偏误调查研究

我们在调查统计过程中,共设计了七个考察目标,其内容分别为："使用偏误率"、"错误使用量"、"缺漏使用量"、"冗余使用量"、"错误使用率"、"缺漏使用率"、"冗余使用率"。"使用偏误率"指通过对HSK动态作文语料库检索,发现各国学生错误使用介词"从"的句子总量占该国学生作文中使用介词"从"的句子总量的百分比；"错误使用量"、"缺漏使用量"、"冗余使用量"分别指从HSK动态作文语料库中检索出的使用"从"词"错误"项下各国学生"错词"、"漏词"、"多词"的总量；[①] "错误使用率"、"缺漏使用率"、"冗余使用率"分别指从HSK动态作文语料库中检索出的各国学生使用介词"从"时,"错词"、"漏词"、"多词"的总量占该国学生使用介词"从"时全部"错误"总量的百分比。

---

① 这里"词"的概念,以HSK动态作文语料库中标示的"词"概念为准。

一、调查研究方法

（一）利用字符串检索；（二）按"词"查询所有"从"字句；（三）运用认知理论、句法知识、偏误理论、中介语理论，根据意象图式类型，对介词"从"的偏误进行语义功能、结构功能、句法成分等方面的分类列举和分析。

二、调查结果

（一）"从"字使用情况

按"字"查询1992至2005年101个国家30个作文题目11569篇，共计424万字，所有使用"从"字的句子，共有8624条记录，"从"字使用频率为74.54（0.7454次/篇），属高频使用字。其中，正确使用者8039条，占93.2%；错误使用者585条，占6.8%。这说明：几乎每篇外国学生的作文都要使用一次"从"，研究"从"的使用具有普遍意义。

（二）"从"词使用情况

按"词"查询所有"从"字句，共有4466条记录，介词"从"使用频率（介词"从"的出现数/作文篇数）为38.6（0.386次/篇），低于"从"字使用频率35.94个百分点。其中，正确使用者3488条，占86.1；错误使用者622条，占13.9%。以上数据说明：研究介词"从"的偏误使用情况及纠错方法，对于深入强化对外汉语教学具有较强的理论和现实意义。

（三）31国学生习得介词"从"时出现偏误最多

通过HSK动态作文语料库，对101国学生习得介词"从"的偏误进行了全面调查，发现31国学生是习得介词"从"出现偏误的主体，其中又以日、韩等12国为甚。如表所示：

第七章 认知角度下介词"从"的偏误研究

国别	作文数量（篇）	使用总量（句）	使用频率（句/篇）	偏误总量（句）	使用偏误率（%）	错误使用量（句）	错误使用率（%）	缺漏使用量（句）	缺漏使用率（%）	冗余使用量（句）	冗余使用率（%）
韩国	4171	1133	0.27	211	18.6	43	20.4	128	60.7	40	19.0
日本	3211	1227	0.38	214	17.4	50	23.4	108	50.5	56	26.2
新加坡	843	435	0.52	39	9.0	16	41.0	9	23.1	14	35.9
印度尼西亚	739	381	0.52	49	12.9	18	36.7	5	10.2	26	53.1
马来西亚	422	204	0.48	10	4.9	4	40	4	40	2	20
泰国	374	155	0.41	16	10.3	9	56.3	2	12.5	5	31.3
中国	232	124	0.53	11	8.9	6	54.6	1	9.09	4	36.4
越南	227	117	0.52	21	18.0	8	38.1	0	0	13	61.9
缅甸	202	81	0.40	7	8.6	0	0	6	85.7	1	14.3
澳大利亚	123	84	0.68	5	6.0	1	20	0	0	4	80
美国	118	62	0.53	7	11.3	0	0	0	0	7	100
英国	108	52	0.48	4	7.7	2	50	0	0	2	50
俄罗斯	82	39	0.48	4	10.3	2	50	1	25	1	25
加拿大	80	58	0.73	5	8.6	2	40	2	40	1	20
法国	67	24	0.36	2	8.3	1	50	1	50	0	0
菲律宾	64	20	0.31	2	10	1	50	0	0	1	50
蒙古国	59	20	0.34	2	10	1	50	0	0	1	50
德国	43	25	0.58	1	4	1	100	0	0	0	0
瑞士	20	6	0.30	2	33.3	1	50	0	0	1	50
意大利	19	17	0.89	1	5.9	1	100	0	0	0	0
乌克兰	18	16	0.89	1	6.3	1	100	0	0	0	0
比利时	13	6	0.46	1	16.7	1	100	0	0	0	0
保加利亚	9	4	0.44	1	25	1	100	0	0	0	0
印度	9	7	0.78	1	14.3	0	0	0	0	1	100
朝鲜	8	5	0.63	1	20	1	100	0	0	0	0
老挝	6	4	0.67	1	25	0	0	1	100	0	0
秘鲁	4	2	0.50	1	50	0	0	0	0	1	100
马达加斯加	3	1	0.33	1	100	1	100	0	0	0	0
土耳其	3	2	0.67	1	50	0	0	1	100	0	0
玻利维亚	2	1	0.50	1	100	0	0	0	0	1	100
芬兰	1	1	1.00	1	100	0	0	0	0	1	100
合计	11280	4313	0.38	622	14.4	174	28.0	271	43.6	177	28.5

表7-1 第二言语学习者习得汉语介词"从"的国别使用情况与偏误分析

由表可见，31个国家的留学生，在30个作文题目下的11280篇作文中，4313次使用了介词"从"，使用介词"从"的作文篇数占到了101国作文总数（11569篇）的97.5%；介词"从"的使用频率为0.38次/篇）；每个作文题目平均使用"从"词79.9次；使用介词"从"的总量占到了"从"全部使用总量的96.6%。其余70个国家的289篇作文，仅使用介词"从"153句，占全部介词"从"使用总量的3.43%。

（四）各国留学生使用介词"从"的情况

1. 日、韩留学生使用介词"从"最多

这两个国家留学生作文数分别为3211篇和4171篇，其中介词"从"的使用量分别为1227次、1133次，"从"词使用率（使用总次数占作文总数的的百分比）分别为38.21%和27.16%。

2. 新加坡等六国留学生使用介词"从"较多且使用率较高

新加坡、印尼、马来西亚、泰国、中国（海外华人）、越南使用"从"词量依次为435次、381次、204次、155次、124次、117次，均在100次以上，平均使用率依次为51.60%、51.56%、48.34%、41.44%、53.45%、51.54%，均高于日韩，说明母语为非汉语、与我国关系密切、华人最多的东南亚国家，介词"从"的使用率较高。

3. 缅甸等12国留学生使用介词"从"较少，使用率高低不均

澳大利亚、缅甸、美国、加拿大、英国、俄罗斯、德国、法国、菲律宾、蒙古国、意大利、乌克兰等12国，使用介词"从"平均在84次至16次之间，依次为84次、81次、62次、58次、52次、39次、25次、24次、20次、20次、17次、16次，使用率平均在89.47%至31.25%之间飘移，分别为68.29%、40.10%、52.54%、72.50%、48.15%、47.56%、58.14%、35.82%、31.25%、33.90%、89.47%、88.89%。说明母语为非汉语、与我国关系密切、华人较少的欧美国家、南亚国家，使用介词"从"较少，使用率高低不均。

4. 印度等11国使用"从"词最少且使用率较低

这与11国留学生数量最少、作文数最少、母语语法与汉语不对应有关。

(五) 各国留学生使用介词"从"的偏误情况

在101个国家的留学生中, 31个国家留学生在作文中使用了介词"从"并出现了偏误, 介词"从"使用量占101国全部使用量的97.5%, 是使用介词"从"的主要国家; 偏误使用622句, 偏误率为14.42%。其中, 错误使用记录174句; 冗余使用记录177句; 缺词使用记录为271条。去除其中偏误量、作文数、使用量均在个位数的如马达加斯加、玻利维亚等11国, 以及作文数为2位数、偏误量为1至2个的8个国家, 总计19个国家, 把剩余12个国家作为本章重点研究对象, 我们称之为习得汉语介词"从"的主要国家。其中, 又以日、韩为最主要研究对象。其使用介词"从"的偏误量与偏误率如表所示:

国别	作文数	介词"从"使用次数	介词"从"使用率	介词"从"偏误量	介词"从"偏误率
韩国	4171	1133	27.16	211	18.62
越南	227	117	51.54	21	17.95
日本	3211	1227	38.21	214	17.44
印度尼西亚	739	381	51.56	49	12.86
美国	118	62	52.54	7	11.29
泰国	374	155	41.44	16	10.32
俄罗斯	82	39	47.56	4	10.26
新加坡	843	435	51.6	39	8.97
中国	232	124	53.45	11	8.87
缅甸	202	81	40.1	7	8.64
加拿大	80	58	72.5	5	8.62
英国	108	52	48.15	4	7.69
澳大利亚	123	84	68.29	5	5.95
马来西亚	422	204	48.34	10	4.9
合计	10932	4152	37.98%	603	14.52%

表7-2 十二国第二语言学习者介词"从"偏误量与偏误率分析

（说明：1.介词"从"的使用率，是指某国学生使用介词"从"的总句数占该国全部作文数的百分比；2.介词"从"的偏误率，是指某国学生使用介词"从"出现的偏误句总数量占该国学生使用介词"从"的全部句数的百分比。）

由表可见，韩、越、日偏误率位列第一、二、三，是第一序列。其中日、韩两国又是作文量、使用量及偏误量最多的国家，应予以特别关注。印尼、美国、泰国、俄罗斯位列第二序列，新加坡、缅甸、加拿大、英国位列第三序列，澳大利亚和马来西亚偏误率最低。

（六）介词"从"偏误类型为3大类7小类

综合各家观点，统计分析31个国家留学生习得汉语介词"从"出现的偏误，运用相关理论分析，归纳总结出第二语言学习者习得介词"从"偏误类型为：3大类、6小类和13个次小类。

第四节　介词"从"偏误的类型分析与意象图式探因

根据意象图式类型，运用偏误理论、中介语理论，对介词"从"的偏误进行语义功能、结构功能、句法成分等方面的统计分析，介词"从"的偏误类型如表所示：

大类	小类	次小类
"从"缺漏 42.3%	"从"字框架中"从"缺漏	"从…来看"
		"从…开始"
		"从…到"
		"从…上/中/里/以后"
	非"从"字框架中"从"缺漏	单纯性缺漏

大类	小类	次小类
"从"误用 29%	该用其他词而误用"从"	"从"与"在"
		"从"与"由"
		"从"与"离"
		"从"与"跟"
		"从"与其他词
	该用"从"而误用其他词	"分为"、"关于"、"当"、"通过"等
"从"冗余 28.7%	误认为时间词前都要加"从"	"小时候"等
	无需介词时加了"从"	冗余

表7-3 介词"从"的偏误类型表

由上表和相关统计表明：第二语言学习者在使用介词"从"时产生的偏误，主要集中在介词"从"字框架的偏误方面。在介词"从"的三大偏误类型中，"从"缺漏占42.3%，占比最多。其中又以"从"字框架中"从……来看"类的偏误最多，共118句，占"从"字框架类偏误的55%，也是本章重点研究的内容。其它类偏误率从高到低依次是：非"从"字框架中"从"的缺漏；"从……开始"、"从……到"等缺漏。"从……中"、"从……上"、"从……以后"和"从……里"这四类框架偏误数较少，归为一类。

在"从"的误用中，偏误率从高到低依次是：该用"在"而误用"从"；该用其它词而误用"从"；该用"由"而误用"从"；该用"跟"而误用"从"；该用"从"而误用其他介词；该用"离"而误用"从"。

一、缺漏类偏误分析

主要体现在"从"字框架的缺漏及非"从"字框架的缺漏。"从"字框架的概念，采用胡彩敏（2008）中的说法，即："把与介词'从'相关

的框架称为'从'字框架,同时把介词框架后面部分统称为'关联成分'(Relative)。"[①] 具体再细分为:

1. "从"+X+方位(上、中、下、内、里、前、边、(之)间、以后、以来、起等);

2. "从"+X+名词性词语(时候、方面、角度等);

3. "从"+X+连词(而来/而论/而言等);

4. "从"+X1+(到、往、至、向等)+X2;

5. "从"+X+准助词(看来、来看、来讲、来说、讲、看、说等)。

(一)"从"字框架中"从"的缺漏

1. "从……来看"框架中"从"的缺漏

考察发现,在"从"字框架中,"从……来看"类的偏误最多,共118句,占"从"字框架类偏误的55%。尤其是日本学生。这类偏误基本上都属于"依据"范畴类,属于"事件结果、变化和影响来自于位移"这类隐喻意象图式。我们将"从……来看"、"从……看"、"从……来说"、"从……考虑"、"从…来考虑"等框架的类似语义表达,都归为此类。

这类偏误又集中于"从"后是名词而非动词短语的句式上。例如:

[1]*___现代社会的情况来看,提供者应该付消费者的任何要求。[②]

[2]*___长远来看,否则将会有不好的后果。

名词成分多是表达"思想上"等抽象领域的名词,例如"立场"、"观点"、"想法"、"看法"、"思想"等,或是具体名词,例如"故事"、"结构"、"条件"、"规定"、"问题"、"论点"等。学生往往在这个框架中缺漏"从"。

进一步,此类偏误又可细分为如下两种:

第一种:因为前者所以得出后者,是"因果关系"。例如:

[3]*___法律上来说,这样的事是分明犯罪了。

---

① 胡彩敏《介词"从"和"从"字结构研究》,上海师范大学硕士学位论文,2008年。
② "**缺漏类**"主要是指缺介词"从",偏误统一用"___"来表示。

〔4〕* 我说的两个例子，他们都是___对病人愿望好方面考虑到，他们的行动不一样的。

第二种：两者之间是"解释关系"，后者解释前者。例如：

〔5〕* ___老年人来看，乡村应该给他们多点安慰。

〔6〕* 而且___目前的农村家庭来看，大多数不是那么有钱的。

2. "从……开始"框架中"从"的缺漏

此类偏误多集中在表时间方面的"时候"、"现在"、"那天"等以及地点。特别值得注意的是，在以下例句中，字面上是"父母"这样的表示人物的名词，实际可以看作是地点或时间，适用于"位移是旅程"的隐喻意象图式，可以表达时间起点。例如：

〔1〕* 总而言之，孩子的教育不是___学校或培训班开始而是___父母开始。

〔2〕* 人生之中，最好的老师就是我的父母，父母___我们无知无觉的小时候开始教育我。

〔3〕* 我们___现在开始不用化肥和农药，这不是为了我们也不是为了现在，而是为了我们的后代和未来，现在开始也来得及。

"从我们无知无觉的小时候开始"表明把"小时候"当作人生旅程的起点；"从现在开始"是相对于未来的起点。

3. "从……到"框架中"从"的缺漏

此类框架缺漏中，学生在空间方面的偏误很少，容易在时间、范围、抽象名词、动词短语等方面产生缺漏。例如：

〔1〕* 他每天___早晨七点到很晚工作。

〔2〕* ___一般的日常话题到难解的政治问题都说清楚。

这类框架最基本的意象图式为"位移是旅程"意象图式，可以表达时间范畴的起点和终点。还可以通过隐喻"位移是变化"表达数量范畴的变化。例如：

〔3〕* 做这个措施后___原来百分之七十的吸烟者下降到百分之五十多。

4. "从……上/中/里/以后"框架中"从"的缺漏

这类偏误数目不多，但学生在这个框架学习中容易在以下方面产生偏误，尤其是在抽象名词上产生缺漏。如："从困难和挫折里"、"从父母那里"、"从报纸上"、"从经验上"、"从政策源头上"，"从烦恼的事情中"、"从很忙的生活中"，"从学校毕业以后"等。例如：

［1］* 或者＿＿这些困难和挫折里发现别的意义也是很好的办法。

［2］* 我也认为父母是孩子的第一任老师。＿＿我自己的经验上，我妈妈就是我的第一个老师。

※ "从……上"框架

可以通过"事件的结果、变化或影响来自于位移"的隐喻表达来源义。例如：

［3］* 做好父母是说起来容易的事，你可以想什么就说什么。但是做起来很难的，看看世界上孩子们受到多少伤害，可以＿＿每天的报纸上看到的。

※ "从……中"框架

可以通过"事件的结果、变化或影响来自于位移"的隐喻表达来源义。例如：

［4］* 如果＿＿很忙的生活中抽出时间，父母和子女谈谈各种各样的事，肯定更会理解双方的想法。

※ "从……里"框架

可以通过"事件的结果、变化或影响来自于位移"的隐喻表达来源义。例如：

［5］* 这就是＿＿挫折里知道教训，把挫折变成动力，从而成为生活的强者。

只有"从挫折里知道教训"才会"把挫折变成动力，从而成为生活的强者"。

※ "从…以后"框架

通过"位移是旅程"表达时间的起点。例如：

[6]＊ 我是___安卡拉大学毕业以后到中国来学习古代汉语的。

※ "从…角度/方面"

可以通过"事件的结果、变化或影响来自于位移"这个隐喻表达事件的结果、变化或影响来源于一定方式的位移。例如：

[7]＊ ___这样的角度来往下面提示解决方法。

[8]＊ 我认为出现这个问题有许多原因，可从以下___几个方面分析一下。

"往下面提示解决方法"是要通过"这样的角度"这样的方式进行的；"出现这个问题有许多原因"是要通过分析"几个方面"的方式才能得出的。

（二）非"从"字框架中的"从"缺漏

非"从"字框架是指介词"从"介引宾语成分时不包含上述任何关联成分的结构类型，可以介引体词性成分、谓词性成分，可以介引单音节也可以介引多音节成分。此类框架缺漏，即单纯性介词"从"的缺漏很多，除空间范畴、时间范畴的缺漏以外，还有诸如"招聘启事"、"自身"、"社会制度"、"原因"、"视角"等抽象范畴的偏误。例如：

[1]＊ 本人___贵社招聘启事获悉，一直对贵社在弘扬我国传统文化和带头领先旅游业的所做的突出成绩满怀景仰之情。

[2]＊ 他们看见这个人就想方设法地问："你是___哪儿来的？

我们通过考察发现，非"从"字框架类介词"从"的缺漏多数是空间范畴的，属于基本意象图式。例如：

[3]＊ 1年半以前，我自己___当时上的大学退学了。

[4]＊ 去年___北京语言学院毕业，专业是现代汉语文学。

"大学"和"北京语言学院"都是空间起点。

二、误用类偏误分析

"从"的误用,指留学生该使用介词"从",却用了其它词;该使用其他介词,却误用了"从"。也可称之为"从"的混用。

(一)该用其他词而误用"从"

本该用其它词却误用了介词"从"。此类偏误较多,主要有:"从"与"在"、"由"、"离"、"跟"、"对"等词的误用。

1. 该用"在"而误用"从"

"从"与"在"的误用,主要在于"从"在意象图式上"位移"的特征,而"在"多数描述静态的状态。偏误常常出现在时间范畴方面,如"在第一天"、"在过去"等词语中常出现。也有些偏误出现于"在我看来"、"在此之前"等固定词语的使用中。还有一些偏误出现"在……上"的框架中。例如:

〔1〕* 从此之前,我从来没碰到过真正理解中国人的大学老师。(在)

〔2〕* 这个担心从第一天就发生了。(在)

要描述"第一天"那个点发生的事件,必须用"在",若要用"从",只能是"从第一天起"。

2. 该用"由"而误用"从"

此类偏误多数是非框架类偏误,如:"由"与"引发"或"决定"的搭配,学生误用"从"。还有一些是框架类偏误,例如"由……开始"等。例如:

〔1〕* 因每个人的思想和观念是从个人的成长环境来决定的。(由)

〔2〕* 因为我认为这个"代沟"问题就是从两代之间的对话不足产生的。所以他们之间的对话多起来的话可以解决这个问题。(由)

"由两代之间的对话不足"是"'代沟'问题"的原因,而"从"只能表来源,须改成"从两代之间的对话不足中产生的"。

"由"可以跟名词组合,指出责任归属或某事由某人去做,而介词

"从"没有这个语义功能。

3. 该用"离"而误用"从"

介词"从"和"离"的后边都可以带上表示处所的词语,作句子的状语。但"从+处所词语"一般表示动作行为发生的空间起点或经过的处所,所以一般用于动词谓语句中,而"离+处所词语"则只表示距离,一般用于由形容词"远"、"近"或动词"有"充当谓语的句子,不用于表示具体动作行为的动词充当谓语的句子。例如:

[1]* 我回答:"青森",他不相信我,因为青森从那儿很远。(离)

[2]* 正好我的在沈阳的中国朋友想来深圳看我,我们商量决定:去从深圳比较近的桂林吧!(离)

例句是要说明"深圳"和"桂林","家"和"公园"之间的距离很远,谓语由形容词"近"充当,应用"离"而不是"从"。

4. 该用"跟"而误用"从"

这类偏误中,"跟"后面可以直接带宾语和动词,介词"从"不能直接带人,必须将人加上处所词语变成表处所的词语才可以成为介词"从"的宾语。例如:

[1]* 因为孩子与父母生活在一起,孩子在家里从父母学习很多东西,如对待别人的礼貌和道德、日常生活中的常识、甚至是对自己妻子、丈夫的态度等。

介词"从"在与"跟"混用时,多数是空间范畴的,适用于基本意象图式。例如:

[2]* 从他们学会的东西是挺多的。(跟)

[3]* 反过来说,父母正确地教育孩子,孩子也孝敬父母,从父母学会很多事情。(跟)

以上偏误,只须将介词"从"后面的宾语改成空间处所即可,将"从他们"改成"从他们那里",将"从父母"改成"从父母那里"。这里,表达空间上的来源可以用介词"从",否则须将"从"改成"跟"。

5. 该用其他词而误用"从"

介词"从"不能引介比较对象,汉语中要表示两种人或事物、性状的异同时,可以用"与"来引介比较的对象。介词"从"也不可以介引方式,汉语中可以用"以"来介引方式。这类偏误较少,主要有:该用"对"、"与"、"自"、"向"、"因"、"刚"等,却误用"从"。例如:

〔1〕* 如果<u>从</u>人民的思想、风俗习惯离得太远,法律也要改。(与)

〔2〕* 还有我们能<u>从</u>别的方式来获得我们的身体健康。举个例子说,每天早起早睡、每天做点运动、节制饮食、多吃水果和蔬菜。(以)

〔3〕* 我认为,这篇"三个和尚没水喝"短文,给我们不少的启发,人就是<u>从</u>古以来没有什么变化的。(自)

(二)该用介词"从"而误用其他词

这类偏误中,介词"从"与"与"、"自"、"向"、"因"、"刚"、"用"、"以"等词产生混用。此类偏误多出现于"从……来看"类框架。例如:

〔1〕* <u>在于</u>吸烟者来看,这危害是他们自己挑选的,不过对于被害的非吸烟者来说,此情况却是剥夺自己的权力。(从)

〔2〕* 从法律上来看,这位丈夫犯了罪,<u>作为</u>一个人的道德上来看,妻子十分痛苦,要求丈夫帮助安乐死。(从)

〔3〕* <u>关于</u>公众利益的观点来考虑,也需要新的办法。(从)

可见学生对"从……来看"框架的掌握并不是很熟练,相关讨论参见前述有关"从……来看"框架中"从"的缺漏分析。

三、冗余类偏误分析

介词"从"的冗余使用,或称之为重复使用,指句义内容的意思已经表达清楚,不需再用"从",却又错误地使用了"从",显出多余重复。这类偏误量较多，也比较复杂。初步分析主要有如下两类：

（一）误认为时间词前都要加"从"

经常将本身表示时间段的词语误认为时间点，把时间段当作时间起点。修正方法是直接去掉"从"，或者在时间词后加上"起"，构成"从……起"的框架，这就可以将时间段词语变成时间点，表达起点义，从而符合介词"从"的语义表达要求。例如：

[1] * 我<u>从</u>小时候，他常常说："最重要的是应该比别人努力一倍，而且对自己做的事情要负责任。（去掉"从"）

[2] * 因为，一般来说，<u>从</u>小时候孩子跟母亲在一起的时候最长。（去掉"从"）

（二）无需介词时却加了"从"

这类偏误经常将介词"从"误加在人物名词前。例如：

[1] * 大概十几年以前，<u>从</u>附近居民提出，出发时的警告音的问题。

[2] * 那是<u>从</u>母亲打来的电话，她告诉我他处于危险的状态。

从句法上说，"从"的宾语不能是表示人的词语，而必须是表示处所的词语。此外，"从"也不可以直接修饰名词作定语。例句并不表示处所的意义，所以无需介词"从"，应去掉。

第五节　纠正介词"从"偏误的教学对策

一、偏误类型与意象图式对照

在认知中，不同的场景实际上反映的是不同的意象图式在语言表达和语言理解层面上的语义映像。因此，可以用认知图式来阐释语言的结构和语义问题。偏误类型与意象图式之间的关系具体对应如表所示：

意象图式	介词"从"的缺漏				介词"从"的误用					介词"从"的冗余
	"从"字框架			非"从"字框架	该用其他词而误用介词"从"				该用介词"从"而误用其他词	
	从…来看	从…开始	从…到	从…上/中/里/以后	在	由	离	跟	其他	
旅程	+	+			+		+	+		+
容器										
变化		+							+	
影响	+		+	+	+		+			+

表7-4　偏误类型与意象图式对照表

（说明："+"代表此类偏误可以用该类意象图式解释）

二、教学对策

（一）强化介词"从"的导入教学

教师可以在课堂上运用较为生动的图示讲解方式，比如利用图片形式导入。通过教师对虚词的形象化讲解，学生的头脑中会留下深刻的印象，促使学生更准确地使用介词"从"，同时助益对外汉语语法教学。

（二）帮助学习者逐步建立起各类意象图式概念

首先，确定介词"从"可以表达空间范畴、抽象范畴和时间范畴的概念。从语义方面讲，还可以表达起点类、影响类和经由类语义；其次，通过例句帮助学生建立起介词"从"的基本意象图式概念，展示五种基本意象图式；再次，通过例句帮助学生建立起介词"从"隐喻意象图式概念，向学生展示四种隐喻意象图式。

（三）重视利用表格和图式进行对照教学

表格与图式教学形象、直观、生动、高效，理应是各类教学的好方法。对于第二语言学习者，编制并利用好介词"从"以及其他介词偏误类型与意象图式关系表，使学生一目了然地明白介词常见偏误与意象图式的关系，讲解会更生动、更直观，学生更易掌握，教学效果一定会更好。

第八章
印尼学生介词"在"、"从"的使用和偏误分析

第一节 引 言

汉语和印尼语使用介词的复杂关系与差异,导致了印尼学生使用汉语介词(无论是书面表达还是口头表达)的种种偏误。其中,"在"和"从"是印尼学生汉语介词使用量最多和偏误率最高的两个介词。

汉语介词"在"和"从"也是印尼留学生在学习汉语的过程中最早接触到的两个表示时间、空间的介词,但在日常口语表达中,我们还会经常听到有印尼留学生说:"我们见面在教室"、"我从印尼"等错句。在高级汉语水平的印尼学生写的文章中,也会发现一些偏误,如:"我决定在这个学校毕业"、"跟朋友去游泳在西郊宾馆"、"从爸爸这句话我对中国也产生了一种好奇心"等等。

直到今日,有众多学者对汉语介词的习得进行过研究,他们取得了不少成果,但针对印尼学生汉语介词的习得与教学问题的研究却寥寥无几。我们只找到了一篇针对初中级汉语水平印尼留学生习得"在"字简单句情况考察与研究(储成丽,2007)[①]的硕士论文。本章主要是对汉语介词"在"、

[①] 储成丽《印尼留学生"在"字简单句习得情况考察与研究》,暨南大学硕士学位论文,2007年。

"从"和印尼语相对应的介词进行语义功能和句法功能两个平面上的对比（其中句法功能方面包括：短语结构中的介词搭配、介词的框架以及句子中的功能和分布）；然后以母语负迁移和目的语迁移造成的偏误为切入点，针对汉语高级水平的印尼学生使用介词"在"和"从"的情况展开调查，分析其偏误类型并找出其偏误原因；最后将根据偏误分析的结果，预测教学重点和难点，并根据难点提出一些针对印尼学生的汉语介词，以及讲授介词"在"、"从"的教学策略。

第二节　汉语和印尼语介词系统差异

按区域分类法，**印度尼西亚语**（Bahasa Indonesia）属于**马来-波利尼西亚语系**（Malayo-Polynesian languages），印度尼西亚语族。马来—波利尼西亚语系又被称为**奥斯特洛尼西亚语系**（Austronesian languages），印尼语使用**拉丁字母**（Latin alphabets）。① 在拉丁语中，Austro指"南方"，Nesia来自Nesos，指"岛屿"，Austronesia意为"（亚洲）南部的岛屿"，因此，又被称为"**南岛语系**"。② 而汉语属于**汉藏语系**（Sino-Tibetan languages）。

从类型学的角度看，印尼语属于**粘着型语言**（Agglutinative language）或**屈折语**（Inflectional language），而汉语则属于**分析型语言**（Analytical language）或"**孤立语**"（Isolating language）。但在印尼语中，**语序**（Word order）和**虚词**（Function word）的使用还是极其重要的语法手段，仍占有非常重要的地位，明显表现出分析的特征。汉语和印尼语的语序基本上相同，一般为主语在前、谓语在后，宾语在谓语之后；只是修饰成分的位置不同，汉语的定语和状语位于中心语之前，而印尼语的定语和状语位于中心语之后。例如：

---

① 印度尼西亚共和国的官方印尼语称为巴哈（Bahasa），在印尼语里就是"语言"的意思。
② 详见孔远志《印度尼西亚语发展史》，北京大学出版社，1989年，P11。

[1]_a buku yang ada di atas kamus（在词典上面的书）
　　　书本　的　有　在　上　词典
[1]_b kamus yang ada di atas buku（在书上面的词典）
　　　词典　的　有　在　上　书
[2]　surat ayah（没有介词，所以有歧义）
　　　信　父亲
[2]_a surat untuk ayah（给父亲的信）
　　　信　给　父亲
[2]_b surat dari ayah（来自父亲的信）
　　　信　从　父亲
[3]_a ayah ibu或ayah dan ibu（爸爸妈妈）（并列关系）
[3]_b ibu dari ayah（爸爸的妈妈）（偏正关系）
[3]_c ayah dari ibu（妈妈的爸爸）（偏正关系）

从以上的例句可以看到，语序变了，句子的意思也就变了。没有虚词的话，词与词之间的关系不太清楚；而有了虚词之后，词与词之间的关系就一目了然，而不同的虚词表示的关系又有所区别。这证明，语序和虚词都是汉语和印尼语中表示语法意义的重要的手段。

第三节　印尼学生使用介词"在"、"从"的情况及其偏误调查

据《高等学校外国留学生汉语言专业教学大纲》和《汉语水平等级标准与语法等级大纲》所收介词情况看，两个大纲都认同的，属于一级或甲级的介词共有19个，它们是：把、被、比、朝、从、当、对、给、跟、和、叫、经过、离、让、通过、往、为（wéi）、为（wèi）、为了、除了、向、在。

第八章 印尼学生介词"在"、"从"的使用和偏误分析

以下是印尼学生在"HSK动态作文语料库"中,使用这19个汉语的一级介词的偏误情况统计:

	介词①	使用量(次)	偏误率(%)
1	在	2109	3.27
2	对	937	9.61
3	和	747	3.88
4	从	381	12.86
5	让	380	1.32
6	把	366	1.09
7	给	359	2.23
8	当	281	6.41
9	跟	237	2.95
10	为②	215	11.63
11	为了	191	4.71
12	被	181	2.21
13	比	123	3.25
14	叫	71	2.82
15	向	67	8.96
16	离	25	4
17	往	12	16.17
18	朝	2	50
总汇		6684	4.98

表8-1 "HSK动态作文语料库"中印尼学生的一级介词使用情况表

从以上的调查结果,可以看到:"在"是印尼学生使用最多的介词,共2109次。同时,"从"不光是使用量最多,也是偏误率最高的,使用量共381次,偏误率占12.86%。以下是印尼学生对这两个介词的使用情况及其偏误分析。

---

① 包含兼类词,如"在"既是介词,又是副词,还是动词。

② 含wéi和wèi。

一、印尼学生使用介词"在"、"从"的情况调查

本文使用的偏误语料来源于"HSK动态作文语料库"中获得B级证书（10级）和C级证书（9级）的印尼学生写的作文材料。我们收集的作文共有366篇，其中88篇是B级的，278篇作文是C级的。

介词	使用次数（次）		偏误量（次）		偏误率（%）	
	B级	C级	B级	C级	B级	C级
在	285	795	25	101	8.77	12.70
	1080		126		11.67	
从	66	161	17	36	25.76	22.36
	227		53		23.35	

表8-2 印尼学生写作文中使用介词"在"和"从"的情况汇总

在收集到的语料中，带有介词"在"的句子共有1080个用例，其中B级学生的有285个，C级学生的有795个，即平均每篇作文中出现了2.95个介词"在"。带有介词"从"的句子共有232个用例，其中B级学生的有63个，C级学生的有169个。

（一）介词"在"的使用情况的分析

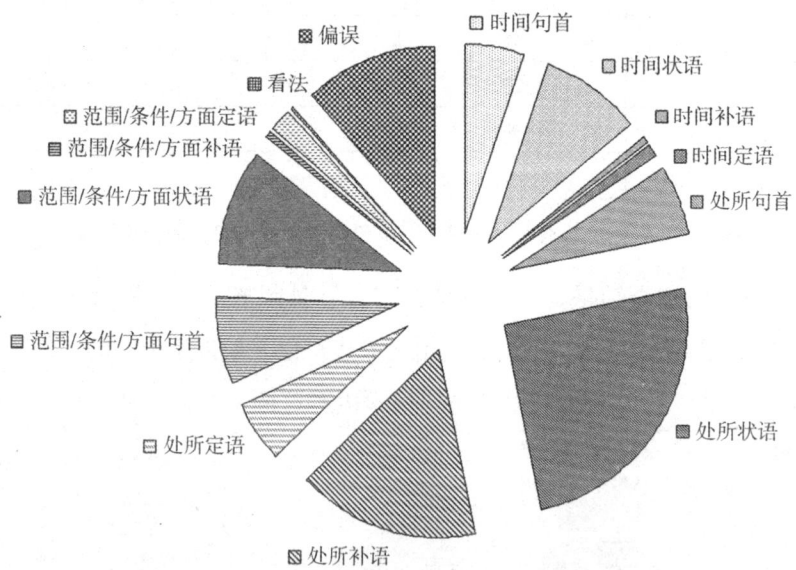

图8-1 印尼学生介词"在"使用的情况分布图

	时间				处所				范围/条件/方面				看法	偏误
	句首	状语	补语	定语	句首	状语	补语	定语	句首	状语	补语	定语		
B级	8.77	10.53	0.7	0	5.96	28.07	12.63	6.32	4.91	11.23	0.7	1.05	0.35	8.77
C级	4.03	8.18	0.5	1.76	6.16	23.27	17.48	5.03	8.30	9.69	0.38	2.14	0.38	12.7
全部	5.28	8.80	0.56	1.3	6.11	24.54	16.20	5.37	7.41	10.09	0.46	1.85	0.37	11.67

表8-3 印尼学生各种用法的"在"使用比率(%)分布表

据以上的表格，我们发现印尼学生使用介词"在"呈现以下的特点：

1. 从语义功能来看，表示处所的使用频率最高，占52.22%。其次是表示范围条件和时间的用法，分别占19.81%和15.93%。使用频率最低的是表示行为的主体或指出某种看法的人的功能，只占0.46%。

2. 从句法功能来看，在句子中介词"在"短语充当的句法成分使用频率最高的是在谓语前作状语的功能，其比率占43.43%。其次是在句首作全句子的状语和在动词后作补语的功能，使用比率分别占19.17%和17.22%。使用频率最低的是在名词前作定语的用法，其比率只占8.52%。

3. 从语义功能和句法功能两个角度来看，最常用的功能是表示处所在谓语前作状语的用法，占24.54%。其次是表示处所在谓语后作补语的用法，使用比率占16.2%。

4. B级和C级的使用频率稍微有点差别，常用功能的频率是一致的，三种最常用的功能分别是：表示处所作状语的，表示处所作补语的及表示范围、条件作状语的功能。B级印尼学生的作文里，没有出现介词"在"短语表示时间作定语的；而在C级学生的作文里，介词"在"表示范围、条件作补语的和指出某种看法的人这两种功能出现最少。

（二）介词"从"的使用情况的调查

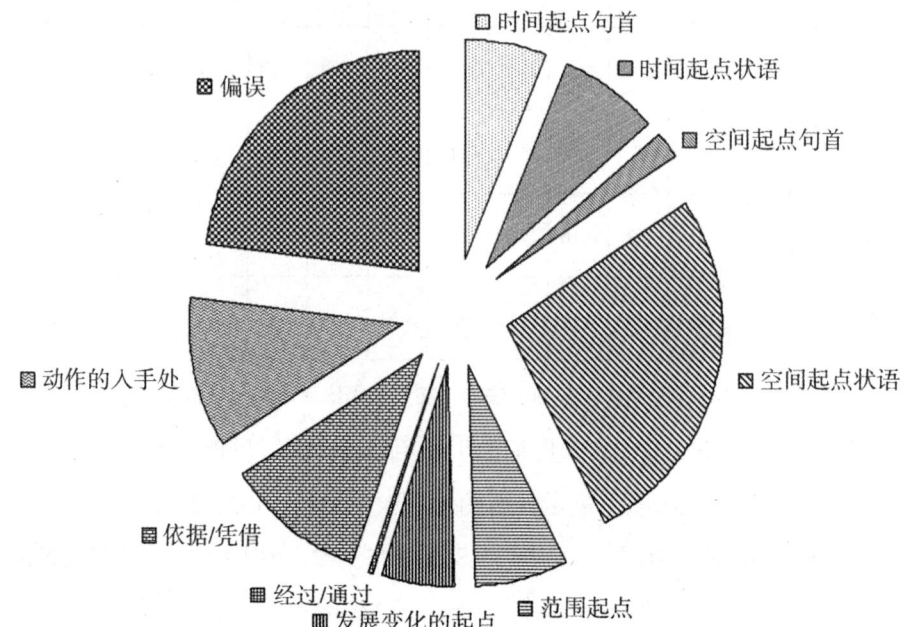

图8-2 印尼学生介词"从"使用的情况分布图

	时间		空间		范围	发展变化	经过/通过	依据/凭借	动作的入手处	偏误
	句首	状语	句首	状语						
B级	9.09	4.55	3.03	25.76	7.58	1.52	0	7.58	15.15	25.76
C级	4.97	8.7	1.24	27.33	6.83	6.83	0.62	11.8	9.32	22.36
全部	6.17	7.49	1.76	26.87	7.05	5.29	0.44	10.57	11.01	23.35

表8-4 印尼学生各种用法的"从"使用比率（%）分布表

印尼学生使用介词"从"有以下的几个特点：

1. 从语义功能来看，表示空间起点的使用频率最高，占28.63%。其次是表示时间起点、动作的入手处和表示依据的用法，分别占13.66%、11.01%和10.57%。使用频率最低的是表示经过的路线或场所的功能，只占0.44%的比率。

2. B级和C级的使用频率稍微有点差别。B级学生三种最常用的功能分别是表示空间起点、表示动作的入手处和表示时间的功能，其比率分别为28.79%、15.15%和13.64%。在B级印尼学生的作文里没有出现表示经过的路线或处所的介词"从"短语;而在C级学生的作文里出现最多的语义功能是表示空间起点、时间起点和表示依据的三种功能,分别占28.57%、13.66%和11.8%的比率;最少的是介词"从"表示经过的路线或处所的功能,只占0.62%的比率。

二、偏误类型的分析

根据我们搜集到的语料,高级汉语水平的印尼学生在写作中,介词"在"、"从"的偏误主要有:介词混用、介词遗漏、介词冗余、框式介词的呼应语有误、词语搭配问题、介词结构出现的位置不当以及句法功能误用这七种类型。本章归纳的偏误不包括句中其它成分的错误,如:体貌标记错误、句子主语残缺、谓语残缺等偏误。介词混用、介词遗漏和介词冗余属于语义功能方面的偏误;框式介词的呼应语有误和词语搭配问题等属于介词短语结构方面的偏误;介词短语作状语的位置不当和句法功能误用属于句法成分方面的偏误。本章分别从语义功能、介词短语结构和句法成分三方面进行分析。

偏误分析中的"*"是偏误例句的标志,"′"是正确的说法的标志,"#"是印尼语中相应的说法的标志。

(一)语义功能方面的偏误分析

1. 介词遗漏

※ "在……以后"、"在……以前"中"在"的遗漏

[1]* 遇到挫折时我能分析挫折的原因而<u>以后</u>达到更好的成功。(C级)

[1]′ 遇到挫折时我能分析产生挫折的原因而<u>在</u>以后取得成功。

印尼语中,汉语里的表示时间的"在……以后"和"在……以前"经常被翻译成sesudah/setelah…和sebelum…,"以前"被翻译成时间词dulu,而"以后"可以被翻译成时间词kelak,作状语时前面不需要再加介词。

※ 处所词语前"在"的遗漏

〔2〕* 由于我们是跟着旅行团去的，所以只可哈尔滨游玩四天。（C级）

〔2〕′ 由于我们是跟着旅行团去的，所以只可<u>在</u>哈尔滨游玩四天。

※ 表示范围的"在"的遗漏

〔3〕* 如果老一辈的人始终以自己勤俭自制的心<u>各方面</u>制约孩子（年青人），我想也太守旧一些吧。（C级）

〔3〕′ 如果老一辈的人始终以自己勤俭自制的心<u>在各方面</u>制约孩子（年青人），我想也太守旧一些吧。

※ 空间起点前"从"的遗漏

〔4〕* 由于我个性比较静，而且勤于读书，每天<u>学校</u>回来马上打开书包，把家庭作业做完才玩。（C级）

〔4〕′ 由于我个性比较静，而且勤于读书，每天<u>从学校</u>回来马上打开书包，把家庭作业做完才玩。

※ 表示凭借的"从"的遗漏

〔5〕* 很多孩子可以看得出是他父母的"克隆"，因此在很多方面，<u>孩子的直接反应</u>就可以看得出他的父母是个怎么样的人。（C级）

〔5〕′ 很多孩子可以看得出是他父母的"克隆"，因此在很多方面，<u>从孩子的直接反应</u>就可以看得出他的父母是个怎么样的人。

2. 介词冗余

在我们所观察到的语料中，印尼学生介词"在"、"从"冗余的偏误占9.5%的比例。

※ 表示时间"从"的冗余

〔1〕* 他<u>从初中</u>时已经戴了眼镜。（C级）

〔1〕′ 他初中时已经戴了眼镜。

※ 行为主体中"从"的冗余

〔2〕* 我认识一些流行歌曲是<u>从我两个小孩介绍的</u>，虽然当我小孩播

放某些歌曲时，我觉得很好听，听完了，什么印象也没有，甚至那首歌曲的题目是什么也不知道。（C级）

［2］′ 我认识一些流行歌曲是我的两个孩子介绍的，……

※ **宾语中"在"的冗余**

［3］* 我们要解决代沟问题，首先我们要知己知彼，我们这一代人多是五十岁左右的人，我们所受到的教育是五六十年代的教育，那时中国刚解放不久，勤俭建国的思想老早已深入**在**我们心中，作为海外游子的我们刻苦耐劳，起早摸黑，才能换来今天的日子。（B级）

［3］′ 我们要解决代沟问题，首先我们要知己知彼，我们这一代人多是五十岁左右的人，我们所受到的教育是五六十年代的教育，那时中国刚解放不久，勤俭建国的思想老早已深入我们心中，作为海外游子的我们刻苦耐劳，起早摸黑，才能换来今天的日子。

［4］* 双方建立**在**具有共同的语言、共同的心声、共同的举动，才能双方协调，心平气和，欢聚一堂。（C级）

［4］′ 双方建立具有共同的语言、共同的心声、共同的举动，才能双方协调，心平气和，欢聚一堂。

※ **表示看法时"在"的冗余**

［5］* 所以**在**我的想法，要解决"代沟"的基本方法是纠正教育方策，要明白自己是东方民族，把崇拜西方文化的观念改变过来，这样在行为方式、生活态度以及价值观念能有所改变。（C级）

［5］# Jadi **pada** hemat saya， ingin mengatasi …
　　　　所以　在　想法 我　想要　　解决

3. 介词混用

（1）"从"与"在"的混用

［1］* **从**很好的家庭成长的孩子，一般性格比较好，因为他天天所看到的影色就是这样好。（C级）

［1］′ **在**很好的家庭成长的孩子，一般性格比较好，因为他天天所看

到的影色就是这样好。

※ 表示动作的入手处的"从"误用成表示范围的"在"

〔2〕* 他们大致上都同意：要解决这个难题，就必须要<u>在</u>沟通<u>方面</u>着手。（C级）

〔2〕′ 他们大致上都同意：要解决这个难题，就必须要<u>从</u>沟通<u>方面</u>着手。

※ 表示时间起点的"从"误用成表示时间的"在"

〔3〕* 他<u>在</u>去年一月份经历了两年与肺癌的战争，到最后还是病症胜于他，他就去世了。（C级）

〔3〕′ 他<u>从</u>去年一月份<u>开始</u>经历了两年与肺癌的战争，到最后还是病症胜于他，他就去世了。

（2）"从"与"由"的混用

〔1〕* 这个问题可以<u>由</u>经济方面<u>来解决</u>，比方说把价钱抬高，部份利润可以充分利用到再开发新农场，因此生产量可以从而增加。（B级）

〔1〕′ 这个问题可以<u>从</u>经济方面<u>来解决</u>，比方说把价钱抬高，部份利润可以充分利用到再开发新农场，因此生产量可以增加。

※ 常用语中的误用：

〔2〕* <u>从</u>此可见，父母是孩子的第一任老师。（C级）

〔2〕′ <u>由</u>此可见，父母是孩子的第一任老师。

从语体色彩来看，"从"属于通用体，而"由"多用于书面语。

（3）"从"与"因"、"因为"的混用

〔3〕* <u>从</u>爸爸这句话我对中国也产生了一种好奇、神奇的思想。（B级）

〔3〕′ <u>因为</u>爸爸这句话我对中国也产生了一种好奇心。

〔3〕# Dari ucapan ayah ini, timbullah rasa penasaranku.
　　　　因为　话语　爸爸　这　发生　感觉　好奇　我的

（4）"从……来说"与"对……来说"的混用

〔1〕* <u>对</u>经济观点<u>来说</u>，这是一个导致人们从中有利可图，也促使更

多人走向犯罪的路途。（C级）

［1］′ <u>从</u>经济观点<u>来说</u>，这是一个导致人们从中有利可图的原因，也促使更多人走向犯罪的道路。

（5）"在"与"对"、"对于"的混用

［1］* 道德观念方面，<u>对于</u>男女方面很放荡，不正经。（C级）

［1］′ 道德观念方面，年轻一代<u>在</u>男女关系方面很放荡，不正经。

（6）"在"与"当"的混用

［1］* 1963年，<u>当我高中二年级时</u>，父亲因得了肝癌逝世了。（C级）

［1］′ 1963年，<u>在我高中二年级时</u>，父亲因得了肝癌逝世了。

（7）"在"与"于"的混用

［1］* 在我14岁时，父亲操劳过度，也得了肺病，病逝<u>于</u>家。（C级）

［1］′ 在我14岁时，父亲操劳过度，也得了肺病，病逝<u>在</u>家里。

（8）"在"与"为了"的混用

［1］* 随着世界的经济科技的进展，人们<u>在</u>物质上的追求，进行了你死我活的搏斗。（C级）

［1］′ 随着世界的经济和科技的发展，人们<u>为了</u>物质上的追求，进行了你死我活的搏斗。

（二）介词短语结构方面的偏误分析

1. 框式介词呼应词语的问题

（1）缺少方位词

［1］* 我们应该<u>从上面的故事</u>吸取教训。（C级）

［1］′ 我们应该<u>从上面的故事中</u>吸取教训。

※ 印尼语中的表达方式不需要方位词"中"

［1］# Kita seharusnya belajar **dari** cerita tersebut.

   我们 应该 学习 从 故事 那个

介词"在"也是如此，与其宾语组合成介宾结构在句中作状语或补语，表示活动的处所、时间、范围。表示处所时，如果介词"在"后面的宾语不是表地点的处所名词，而是表示普通事物的名词时，都要在这些名词后面加上方位词，如"上"、"下"、"中"、"里"、旁边"等。例如：

［2］* 我的童年虽然<u>在</u>普普通通日子度过，但我还感到非常快乐渡过。（C级）

［2］′ 我的童年虽然<u>在</u>普普通通日子<u>里</u>度过，但我还感到非常快乐。

［3］* 留<u>在</u>我印象最深的是亚运会前后，因我的家离亚运村不太远。（C级）

［3］′ 留<u>在</u>我印象<u>中</u>最深的是亚运会前后，因我的家离亚运村不太远。

［4］* 这些<u>在</u>学校只能学到理论上的东西，在实践上父母的影响对孩子来说还是最大的。（B级）

［4］′ 这些<u>在</u>学校<u>里</u>只能学到理论上的东西，在实践上父母的影响对孩子来说还是最大的。

［5］* 记得去年的寒假，我回国时，由于已学大约两年的汉语，我的姐姐要我<u>在</u>她的婚礼当司仪。（C级）

［5］′ 记得去年的寒假，我回国时，由于已学了大约两年的汉语，我的姐姐要我<u>在</u>她的婚礼<u>上</u>当司仪。

［6］* 相反，如果一个孩子他父母没有文化，素质很低，那么成长<u>在</u>这样的家庭的孩子大部分素质也低，没有文化。（C级）

［6］′ 相反，如果一个孩子他父母没有文化，素质很低，那么成长<u>在</u>这样的家庭<u>里</u>的孩子大部分素质也低，没有文化。

印尼语介词di和dalam本身包含空间方位的意思，而汉语介词"在"只能表示空间关系，却不能表达具体空间位置。当"在"后的宾语是普通名词（词组）时，不能表示动作发生的处所，所以要与方位词组合成方位短语。

汉语中的"在……里"或"在……中"经常被翻译成印尼语介词dalam（里）；"在……上"经常只被翻译成介词di（在）。例如：

[7]# Yang paling berkesan **dalam** ingatanku adalah…
　　　的　最　有印象　在……里我的回忆　是

[8]# Hal-hal yang dapat dipelajari **di** sekolah hanyalah teori…
　　　东西　的　能　学习（被动式）在学校　只是　理论

[9]# Kakakku ingin aku menjadi pemimpin upacara **di** pernikahannya.
　　　我姐姐　要我　当　　司仪　　　在　她的　婚礼

[10]# Anak yang tumbuh **dalam** keluarga seperti itu kebanyakan tidak
　　　孩子　的　成长　在……里　家庭　好像　那　大部分
berbudaya.
没有文化

※ 表示条件时，呼应词"下"的遗漏

[11]* 由于我们的毅力，就是<u>在</u>可能性很小的情况，努力争取达到成功，也是人生中最大的快乐。（B级）

[11]′ 由于我们的毅力，就是<u>在</u>可能性很小的情况<u>下</u>，努力争取达到成功，也是人生中最大的快乐。

※ 表示方面时，呼应语"上"的遗漏

[12]* 我觉得人不应该怕挫折，应该能够从失败中吸取教训，使人<u>在</u><u>以后的生活道路</u>变成强者。（C级）

[12]′ 我觉得人不应该怕挫折，应该能够从失败中吸取教训，使人<u>在</u><u>以后的生活道路上</u>变成强者。

[13]* 老人从小就惯娇他们不好的作风，例如<u>在</u>食物的选择，正在发育成长的孩子都应该吃富有营养的食物，牛奶及多种维打命，使孩子成长为强壮和有智慧的接班人（C级）

[13]′ 老人从小就娇惯他们，例如<u>在</u>食物的选择<u>上</u>，正在发育成长的孩子都应该吃富有营养的食物，牛奶及多种维打命，使孩子成长为强壮和有智慧的接班人。

※ 呼应语"后"的遗漏

［14］* 挫折或者失败是存在的、真实的现象，它是成功的标志，是每个人**在**做事情则产生的一种必然结果。（C级）

［14］′挫折或者失败是存在的、真实的现象，它是成功的标志，是每个人**在**做事情**后**则产生的一种必然结果。

（2）缺少"起"、"时"、"看"等呼应词

※ 呼应语"看"的遗漏

［1］* **从**这个事情，是不是我算不怕困难的人呢？（B级）

［1］′**从**这个事情**看**，我是不是算不怕困难的人呢？

※ 呼应语"起"或"开始"的遗漏

［2］* **从**那天我开始准备怎么样当一个好的司仪。（C级）

［3］* 当父母的应该明白这一点，**从**孩子一出生就应该注重孩子的教育了，并不能认为孩子只有在学校才受到教育的。（B级）

"从"不像印尼语dari/sejak那样有移动、向前之意，"从"只能引出时间点，想要表现出时间移动，表示以某一时间为起点开始，要在表示时间的词语后面加上动词"起"或"开始"。例如：

［2］′**从**那天**起**我开始准备怎么样当一个好的司仪。

［3］′当父母的应该明白这一点，**从**一出生**开始**就应该注重孩子的教育了，并不能认为孩子只有在学校才能受到教育。

［3］# <u>Sejak hari itu</u>, aku mulai mempersiapkan diri menjadi pemimpin upacara.

     从 天 那 我 开始 准备   自己 当   司仪

※ 呼应语"时"或"的时候"的遗漏

［4］* **在**孩子还是在母亲的肚子里，有的父母会给胎儿胎教，就像我父母一样。（C级）

［4］′**在**孩子还是在母亲的肚子里**时**，有的父母会给胎儿胎教，就像我父母一样。

[5]* 做父母的应该注意一下自己的行为，特别是**在**孩子面前。（C级）

[5]′ 做父母的应该注意一下自己的行为，特别是**在**孩子面前**的时候**。

汉语的"在……时/的时候"在印尼语里被翻译成saat、sewaktu、pada waktu或pada saat。例如：

[5]# Sebagai orang tua kita harus berhati-hati dalam bertindak, terutama
　　　 作为 父母 我们 必须 小心 在 采取行动 特别 时候
saat berada **di** hadapan anak.
存在 在 前面 孩子

（3）呼应词语混用（"上"、"下"、"中"、"里"的混用）

※"中"和"下"的混用

[1]* 话又说回来，我的童年是**在**敬爱的亲母的温暖怀抱**下**长大成人。（C级）

[1]′ 话又说回来，我是**在**敬爱的亲母的温暖怀抱**中**长大成人的。

※"上"和"里"的混用

[2]* 虽然在物质和教育上没有缺少过，但**在**家庭温暖亲情**里**却非常缺乏。（C级）

[2]′ 虽然在物质和教育上没有缺少过，但**在**家庭 温暖亲情**上**却非常缺乏。

※"中"和"里"的混用

[3]* 更重要的是孩子的性格，也是**在**家里的环境**里**固定下来的。（C级）

[3]′ 更重要的是孩子的性格，也是**在**家里的环境中固定下来的。

※"中"和"上"的混用

[4]* 三个和尚没水喝的故事使我想到：我们生活**在社会上**，应该互相帮助，不能自私，才能搞好工作。（C级）

[4]′ 三个和尚没水喝的故事使我想到：我们生活**在社会中**，应该互

相帮助，不能自私，这样才能搞好工作。

（4）呼应词语冗余

这种偏误是受汉语语法负迁移的影响，学生已经知道有介词"在"、"从"的宾语后面要加方位词的语法规则，于是就发生了这种方位词滥用的情况。

※ 呼应语"的时候"的冗余

［1］* 当我升上高中的时候，我刚好<u>从</u>家里出来<u>的时候</u>，竟然恰好见到他。（C级）

［1］′ 当我升上高中的时候，我刚好<u>从</u>家里出来，竟然恰好见到他。

※ 呼应语"里"的冗余

［2］* <u>在</u>这信息的时代<u>里</u>和追求物质享受的社会<u>里</u>，要解决这"代沟"的问题是件很困难的。（C级）

［2］′ <u>在</u>这信息的时代和追求物质享受的社会<u>里</u>，要解决这"代沟"的问题是件很困难的事。

※ 呼应语"上"的冗余

［3］* 无论<u>在</u>社会<u>上</u>的那个角落，如果我们已掌握好阅读之能力，对我们都有很大的帮助，无论在职业上、交际上，生活中，都能帮助我们决解难题。（C级）

［3］′ 无论<u>在</u>社会的哪个角落，如果我们已掌握好阅读的能力，对我们都有很大的帮助，无论在职业上、交际上，还是生活中，都能帮助我们解决难题。

※ 呼应语"来说"的冗余

［4］* 阅读<u>在</u>今天的社会<u>来说</u>的确是越来越重要了，尤其是我们生长在一个没有华人学校的印尼社会里，为什么呢？（C级）

［4］′ 阅读<u>在</u>今天的社会的确是越来越重要了，尤其是我们生长在一个没有华人学校的印尼社会里，为什么呢？

2. 词语搭配问题

（1）介词宾语残缺

这种遗漏一般受到了印尼语的影响，是母语负迁移导致的。例如：

[1]* 从孩提时代开始，婴儿就<u>从母亲</u>听到了各种不同性质的歌曲。（C级）

[2]* 当然不但<u>从父母</u>才能学到东西，<u>从学校的老师、朋友</u>等也可以学到宝贵的东西。（C级）

印尼语中的介词dari后可直接引介表示人的词语（名词、人称代词、称谓词）。例如：

[1]# <u>Sejak</u> bayi, anak dapat mendengar bermacam-macam lagu yang
　　　　从　婴儿　孩子　能　听到　各种　　音乐　的
berasal <u>dari</u> ibunya.
来自　从　他妈妈

[2]# Tentu tidak hanya belajar <u>dari</u> orang tua, <u>dari</u> guru-guru dan
　　　肯定　不　只是　学习　从　父母　从　老师们　和
teman-teman di sekolah pun juga dapat belajar hal-hal yang berguna.
朋友们　　在　学校　也　能　学习　事情　的　有用

[1]′ 从孩提时代开始，婴儿就<u>从母亲那里</u>听到了各种不同性质的歌曲。

[2]′ 当然不但<u>从父母那里</u>才能学到东西，<u>从学校的老师、朋友等那里</u>也可以学到宝贵的东西。

（2）介词宾语的词语使用不当

[1]* <u>从其以后</u>，我对自己说，我该好好读书，不再让我的父母失望。（B级）

[1]′ <u>从那以后</u>，我对自己说，我该好好读书，不再让我的父母失望。

[2]* <u>从今以后</u>，我一直努力用功，几乎每年考第一，过后还当了班干部。（B级）

[2]′ 从那以后，我对自己说，我该好好读书，不再让我的父母失望。

※ "那里"和"这里"的混用

[3]* 第三天我们去公园,<u>在这里</u>也挺好玩儿的。(C级)

[3]′ 第三天我们去了公园,<u>在那里</u>也挺好玩儿的。

(3) 介词宾语冗余

指的是介词"在"、"从"的宾语,多了一些不需要的成分。

※ 宾语中动词的冗余

[1]* 不要<u>在进行阅读**的时候**</u>也做另外的事。(C级)

[1]′ 不要<u>在阅读**的时候**</u>做另外的事。

※ "附近"的冗余

[2]* 有了积蓄,就<u>在附近离外婆家不远处</u>,租下了五年的房子。(C级)

[2]′ 有了积蓄,就<u>在离外婆家不远处</u>,租了五年的房子。

※ 宾语中程度副词的冗余

[3]* 我认为一份好报纸,能给我们很多的信息,<u>从很大的世界大事到生活中细节</u>。(C级)

[3]′ 我认为一份好报纸,能给我们很多的信息,<u>从世界大事到生活中的细节</u>。

(4) 介词宾语的语序错误

[1]* 作为孩子的第一任老师,父母<u>在生活日常中</u>给予一个好榜样。(C级)

[1]# Dalam kehidupan sehari-hari

　　　里　生活　日常

[1]′ 作为孩子的第一任老师,父母<u>在日常生活中</u>应给予一个好榜样。

(三) 句法成分方面的偏误分析

1. 结构错位

※ "从"短语位于动词后的错位

［1］* 我是个印尼华人，从小就在印尼长大，至于对中国的了解，一直**听从**父母那儿。（B级）

［2］* 我父亲**工作从早上六点钟**到下午六点钟，每天都是这样，一天也没有放松过。（C级）

因为印尼语主语与谓语动词结合紧密，所以介词短语在作状语修饰动词或全句时，只能位于句首或句尾，而不能位于主语与谓语动词之间。例如：

［1］′ 我是个印尼华人，从小就在印尼长大，至于对中国的了解，一直是**从父母那儿听来的**。

［2］′ 我父亲**从早上六点钟**到下午六点钟**工作**，每天都是这样，一天也没有放松过。

※ "在"短语作定语时的错位

［3］* 随着中国**的地位在**世界上越来越强大，全世界急需有汉语能力的人才（B级）

［3］′ 随着中国**在世界上的地位**越来越高，全世界急需有汉语能力的人才。

［4］* 在我们的生活中，吸烟的人**在我们周边**是日趋增加。

［4］′ 在我们的生活中，**在我们周围**吸烟的人日趋增加。

这个句子的错误，是因为受到了母语印尼语负迁移的影响，印尼语中的定语位于其中心语之后，跟汉语的语序恰好相反。例如：

［3］# Seiring dengan kedudukan China **di Dunia** yang semakin kuat…
　　　随着　　跟　　地位　　中国　在世界　的　越　强

［4］# Dalam kehidupan kita, perokok **di sekitar kita semakin** bertambah.
　　　在　生活　我们　　吸烟者 在 周围 我们　越　　增加

※ "在一起"的错位

［5］* 我与他们的小孩也时常**玩在**一起，那时候没有像现在有很多的娱乐场所，我们能够玩的地方只是大片的田野和小河，山坡，大大小小的树。（C级）

［5］′ 我与他们的小孩也时常<u>在一起</u>玩，那时候没有像现在有很多的娱乐场所，我们能够玩的地方只是大片的田野和小河，山坡，大大小小的树。

※ 介词短语与其他状语之间的语序错误

［6］* 她们都觉得通过吸烟可以使人轻松一点，特别是那些职业女性，**常<u>在</u>事业上**受到压力，都通过吸烟放松自己。（C级）

［6］′ 她们都觉得吸烟可以使人轻松一点，特别是那些职业女性，<u>在事业上</u>**常**受到压力，都通过吸烟放松自己。

2. 句法功能误用

（1）介词短语误用作存现句主语

［1］* <u>在</u>我家里有三个孩子，两个女儿加上一个小儿子。（C级）

［1］′ 我家里有三个孩子，两个女儿加上一个小儿子。

［2］* <u>在</u>我家附近有家专出租武侠小说的书店。（C级）

［2］′ 我家附近有家专出租武侠小说的书店。

这些句法功能的偏误也是受到了印尼语负迁移的影响。在印尼语中，可以说：

［2］# **Di** dekat rumah ada sebuah toko yang menyewakan novel.
　　　　在　附近　家　有　一个　店　的　出租　小说

但句子里的 **di** dekat rumah 不是主语，而是移到句首的状语，印尼语中的主语也不能受介词的修饰。

（2）介词短语误用作谓语

［1］* 我父母念书时，曾经受过一九四几年代的中国教育，所以虽然我从小<u>在</u>本地的印尼学校，我还受到一些中国教育。（C级）

［1］′ 我父母念书时，曾经受过上世纪四十年代的中国教育，所以虽然我从小<u>在</u>本地的印尼学校学习，我还受到一些中国教育。

（3）"从"介词短语误用作定语

［1］* 来中国几年了，认识了不少外国人，<u>从各个国家</u>的朋友都有。（C级）

[1]′ 来中国几年了，认识了不少外国人，<u>各个国家的朋友都有</u>。

[1]# teman **dari** berbagai negara

　　朋友　从　各种　国家

（4）"从"介词短语误用作主语

[1]* <u>从这个故事</u>也使我想起我们的祖先，他们从来始先活进化到文明的世界，都是人与人之间脱离不了关系的，总从不能象鲁xx那样，过着孤独的生活，脱离人群（C级）

[1]′ <u>这个故事</u>也使我想起我们的祖先，他们从来始先活进化到文明的世界，都是人与人之间脱离不了关系的，总从不能象鲁xx那样，过着孤独的生活，脱离人群。

以下是印尼学生使用"在"和"从"的偏误类型的统计结果：

偏误类型			在B		在C		从B		从C		全部	
			数量	比率（%）	数量	比率（%）	数量	比率（%）	数量	比率（%）	数量	比率（%）
语义功能方面的偏误		介词遗漏	2	8	7	6.93	0	0	2	5.56	11	6.15
		介词冗余	5	20	9	8.91	0	0	3	8.33	17	9.5
		介词混用	2	8	17	16.83	3	17.65	6	16.67	28	15.64
介词短语结构方面的偏误	框式介词的呼应词语有误	缺少方位词	6	24	19	18.81	3	17.65	2	5.56	30	16.76
		缺少"起、时"等	0	0	3	2.97	3	17.65	4	11.11	10	5.59
		呼应词语混用	1	4	7	6.93	0	0	0	0	8	4.47
		呼应词语冗余	2	8	5	4.95	0	0	1	2.78	8	4.47
	词语搭配问题	介词宾语残缺	1	4	5	4.95	0	0	9	25	15	8.38
		介词宾语冗余	0	0	3	2.97	0	0	1	2.78	4	2.23
		介词宾语的词语使用不当	1	4	5	4.95	2	11.76	0	0	8	4.47
		介词宾语　顺序有误	0	0	1	0.99	0	0	0	0	1	0.56

偏误类型			在B 数量	在B 比率(%)	在C 数量	在C 比率(%)	从B 数量	从B 比率(%)	从C 数量	从C 比率(%)	全部 数量	全部 比率(%)
句法成分方面的偏误		结构错位	3	12	12	11.88	1	5.88	1	2.78	17	9.50
	句法功能误用	介词短语误用作存现句主语	2	8	6	5.94	0	0	0	0	8	4.47
		介词短语误用作谓语	0	0	2	1.98	0	0	0	0	2	1.12
		"从"介词短语误用作定语	0	0	0	0	1	5.88	4	11.11	5	2.79
		"从"介词短语误用作主语	0	0	0	0	3	17.65	3	8.33	6	3.35
其他			0	0	0	0	1	5.88	0	0	1	0.56
总量			25		101		17		36		179	

表8-5 "HSK动态作文语料库"中印尼学生介词"在"、"从"的偏误分析表

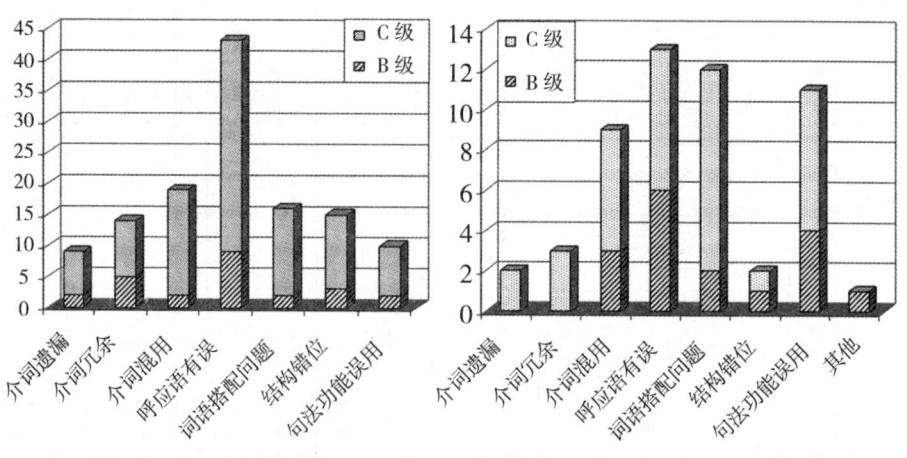

图8-3 介词"从"的偏误类型   图8-4 "在"和"从"的偏误率

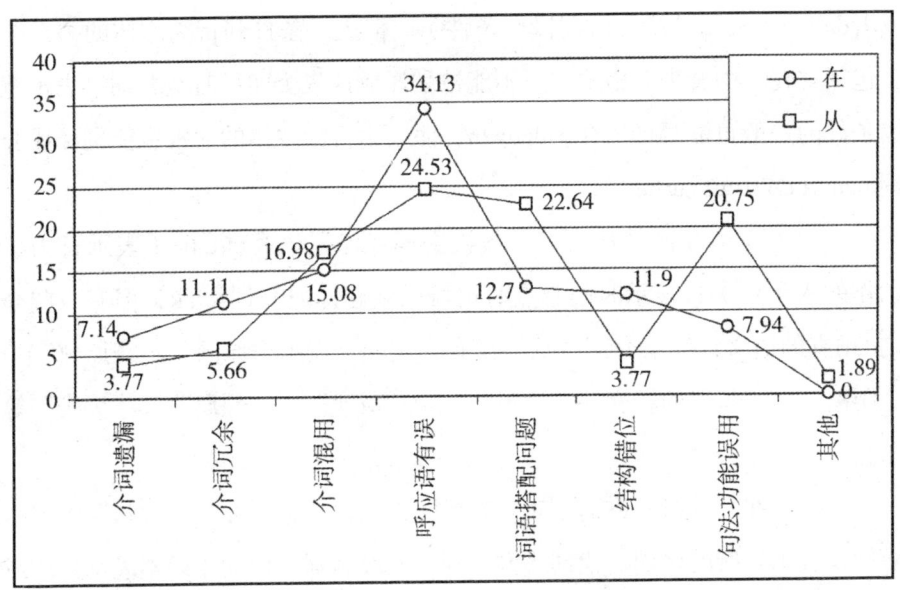

图8-5 "在"和"从"的偏误率

从统计结果可以看到,偏误类型最多的是框式介词的呼应词语有误,占31.28%,其中介词"在"的占34.13%,介词"从"的占24.53%。这说明对印尼学生来说,汉语的框式介词确实是个难点。

第四节 预测印尼学生学习汉语介词"在"、"从"的教学重点和难点

一、介词"在"、"从"教学的重点

为了预测学习和教学重点,我们归纳汉语介词里有而印尼语没有的语义功能和句法功能,从而预测汉语介词"在、从"的教学重点为:

(一)表示时间、空间和范围的"在"大多数是被翻译成印尼语的时空介词,要么是di(表示处所),要么是pada(表示时间、处所,行为主体)

或者dalam（表示处所、时间段、条件）。但表示条件和行为主体的"在"（包括"在……看来"格式），不能被翻译成这三个印尼时空介词，表示范围条件的一般也能翻译成介词dengan，而表示行为主体的通常也能翻译成介词menurut或bagi或urtuk。

（二）汉语介词"从"大多数被翻译成印尼语介词dari（表示行为、动作的入手处），表示时间起点时也可以被翻译成介词sejak，但有一些介词dari有的语义，汉语介词"从"没有，例如：表示"原因"、"原料"、"距离"、"状况的转变"、"免除"、"对比"、"领属"、"关于"等语义。

（三）在介词搭配方面，表示处所时，汉语介词"在"、"从"的宾语必须是表示处所的名词、代词或方位词，一般名词和代词（即不表示处所或方位的）必须加上表示处所的名词、代词或方位词（如：这里、那里、里、上、内等），才能做"在"、"从"的宾语。构成"**在/从+表示处所的名词/代词/方位词/**"或"**在/从+名词+方位词**"的格式。

印尼语中相应的介词对宾语没有这种限制，介词后面的方位词具有描写、说明较具体的处所和方向的作用，格式为："**介词+名词/代词/方位词**"或"**介词+名词+方位词**"。虽然介词di也不能引介人称代词、抽象名词、数词、含有比喻义的处所等，但pada和dalam能代替这些功能。

（四）在句子中的功能和短语的位置上，汉语的时空介词一般位于谓语动词前作状语，而印尼语中的时空介词一般位于谓语动词后。

（五）由介词di、dari构成的短语能充当谓语成分，而汉语介词"在"和"从"短语不能作谓语；但由于"在"是个兼类词，它做动词时，也能充当谓语成分。

（六）由介词"在"、di、pada、dalam、dari、sejak构成的短语都能够充当定语成分，唯有由介词"从"构成的短语不能充当定语。汉语和印尼语的定语顺序不一样，印尼语的定语成分除数量词外，都位于中心语之后，而汉语中定语的语序恰好相反，汉语的定语都位于中心语之前。

二、介词"在"、"从"教学的难点

以上,我们分析了高级汉语水平的印尼学生作文里介词"在"、"从"的偏误现象。高级阶段印尼留学生受到母语影响的因素仍然存在,加上汉语介词本身的复杂性更增加了印尼学生习得汉语介词的难度。我们根据之前分析的偏误,大致可以预测介词"在"、"从"的教学难点,从而在以后的教学中注意这些方面的讲解和训练,以此增强学生的运用能力。

(一)通过介词"在"、"从"偏误统计总表,可以看出偏误类型最多的是介词短语结构方面的偏误,占了46.92%的比例。其中,框式介词呼应词有误的问题,不论是介词"在"还是介词"从",这类偏误所占的比例都极高,占31.28%比例。而介词搭配问题的错误占了15.64%的比例。框式介词缺少方位词、缺少"起"、"时"等的呼应词语以及表示处所的代词,这种偏误的原因是因为受到印尼语的影响;而介词呼应词语的"混用"和"冗余"这两类偏误的原因是因为汉语本身的复杂性和学生的过渡泛化。这说明对高级汉语水平的印尼学生来说,介词短语的结构,特别是框式介词和带普通名词做宾语的介词仍然是个难点。

印尼语中与"在"、"从"相对应的di、pada、dalam、dari、sejak对宾语的要求没有"在"和"从"那么严格,必须是表示处所的名词、代词或方位词,汉语一般名词和代词(即不表示处所或方位的)必须加上表示处所的名词、代词或方位词才能做"在"、"从"的宾语。印尼语介词后面的方位词具有描写、说明较具体的处所和方向的作用。由于印尼学生把印尼语介词的用法用于汉语上,就会出现呼应词语或方位词或处所代词的遗漏偏误。例如:

[1]* 我们应该**从**上面的故事吸取教训。(C级)(方位词"中"的遗漏)

[1]# Kita seharusnya belajar **dari** cerita tersebut.
　　　　我们　应该　学习　　从　故事　那个

[2]* 我的姐姐要我**在**她的婚礼当司仪。(C级)(方位词"上"的遗漏)

[3]* 从那天我开始准备怎么样当一个好的司仪。（C级）（呼应词语"起"的遗漏）

[3]# Kakakku ingin aku menjadi pemimpin upacara **di** pernikahannya.
　　我姐姐　　要　我　当　　　司仪　　在　她的婚礼

[4]* 当然不但**从父母**才能学到东西，**从学校的老师、朋友**等也可以学到宝贵的东西。（C级）（表示地方的代词的遗漏）

[4]# Tentu tidak hanya belajar **dari** orang tua, **dari** guru-guru dan
　　肯定　不　只是　学习　从　父母　从　老师们　和
teman-teman pun dapat belajar hal-hal yang berguna.
朋友们　　　也　能　学习　事情　的　有用

汉语本身的复杂性和学生的过渡泛化会导致印尼学生汉语介词呼应词语的混用和冗余的偏误。例如：

[5]* 虽然在物质和教育上没有缺少过，但**在家庭温暖亲情里**却非常缺乏。（C级）（方位词"里"和"上"的混用）

[6]* 我们生活**在社会上**，应该互相帮助，不能自私，才能搞好工作。（C级）（方位词"上"和"中"的混用）

[7]* 阅读**在今天的社会来说**的确是越来越重要了，尤其是我们生长在一个没有华人学校的印尼社会里，为什么呢？（C级）（呼应词语"来说"的冗余）

（二）语义功能的偏误占31.28%。其中偏误率最多的是介词的混用，占15.64%。这些偏误有的是因为汉语介词本身的复杂性和汉语中的近义介词现象的存在。

印尼学生对汉语各近义介词的语义功能的特征了解得不够导致的偏误，有的是因为受印尼语的影响。例如学生学了书面语或等级更高的词语，往往马上就要用它，但结果是反而用得不正确。如："在"和"从"、"于"、"当"、"对"的混用以及"从"和"由"、"对"的混用。例如：

[1]* 他们大致上都同意：要解决这个难题，就必须要**在**沟通**方面**着手。（C级）（"在"和"从"的混用）

[2]* 1963年，**当**我高中二年级**时**，父亲因得了肝癌逝世了。（C级）（"在"和"当"的混用）

[3]* 在我十四岁时，父亲操劳过度，也得了肺病，病逝**于**家。（C级）（"在"和"于"的混用）

[4]* 这个问题可以**由**经济方面**来**解决，比方说把价钱抬高，部分利润可以充分利用到再开发新农场，因此生产量可以从而增加。（B级）（"从"和"由"的混用）

[5]* **对**经济观点**来说**，这是一个导致人们从中有利可图，也促使更多人走向犯罪的路途。（C级）（"从……来说"和"对……来说"的混用）

汉语介词和印尼语相对应的介词有对称性和非对称性的语义功能，印尼学生经常把印尼语介词有的语义而汉语介词里没有的意义用在汉语的介词上。如：介词"从"和"因为"的混用，"从"用来表示原因。例如：

[6]* **从**爸爸这句话我对中国也产生了一种好奇、神奇的思想。（B级）（"从"与"因为"的混用）

[6]# **Dari** ucapan ayah ini,   timbullah rasa penasaranku terhadap China.
　　　　从　话语　爸爸　这　发生　感觉　好奇　我的　对　中国

介词冗余和遗漏的偏误较低，只占9.5%和6.15%的比例。有的是因为印尼语负迁移，如汉语的框架介词跟印尼语单身介词相对应时，学生往往会把前面的介词漏掉。例如：

[7]* 遇到挫折时我能分析挫折的原因而**以后**达到更好的成功。（C级）（介词"在"的遗漏）

汉语里的表示时间的"在……以后"、"在……以前"经常被翻译成印尼语sesudah、setelah…、sebelum…，"以前"被翻译成时间词dulu，而"以后"可以被翻译成时间词kelak，作状语时前面不需要再加介词。

提出自己的想法时，印尼学生多用了介词"在"。例如：

〔8〕* 所以**在我的想法**，要解决"代沟"的基本方法是纠正教育方策，要明白自己是东方民族，把崇拜西方文化的观念改变过来，这样在行为方式、生活态度以及价值观念能有所改变。（C级）（介词"在"的冗余）

这种偏误也是因为受到了印尼语负迁移的影响，印尼语中提出自己的看法时，可以用介词pada修饰hemat saya（我的想法）的表达方式。例如：

〔1〕# Jadi **pada** hemat saya, ingin mengatasi⋯
　　　所以　在　　想法　　我　想要　解决

（三）句法成分方面的偏误，虽然偏误率没有其他类型高，仅占21.23%，但仍然很重要。主要偏误类型是介词"在"作定语的顺序问题、介词"从"位于动词后的偏误、介词"在"短语误用为存现句中的主语以及介词"从"短语误用为定语和主语等。这些偏误的原因大部分是因为受到印尼语负迁移的影响。例如：

〔1〕* 随着中国**的地位在**世界**上**越来越强大，全世界急需有汉语能力的人才。（B级）（介词"在"作定语的错位）

〔1〕# Seiring dengan kedudukan China **di** Dunia yang semakin kuat,⋯
　　　随着　　跟　　地位　　中国　在　世界的　越　强

〔2〕* 我是个印尼华人，从小就在印尼长大，至于对中国的了解，一直**听从**父母那儿。（B级）（介宾结构的错位）

〔2〕# Saya adalah orang Tionghua Indonesia, sejak kecil hidup di Indonesia,
　　　我　是　人　中华　印尼　　从　小　生活在　印尼
mengenai pengetahuan tentang China, selalu **mendengar dari** orangtua.
　关于　　知识　　有关　　中国 一直　　听到　　从　父母

〔3〕* **在**我家附近有家专出租武侠小说的书店。（C级）（介词"在"短语误用为存现句中的主语）

〔3〕# **Di** dekat rumah ada sebuah toko yang menyewakan novel.
　　　在 附近　家　有　一个　店　的　出租　小说

〔4〕* 来中国几年了，认识了不少外国人，<u>从各个国家</u>的朋友都有。（C级）（介词"从"短语误用为定语）

〔4〕# teman **dari** berbagai negara
　　　朋友　从　各种　国家

印尼语的时间、处所状语一般位于谓语后面，也有学生把汉语的介宾短语置于谓语动词的后面。汉语多项状语的顺序问题，也导致学生介宾结构与其它状语（副词）的顺序偏误。例如：

〔5〕* 她们都觉得通过吸烟可以使人轻松一点，特别是那些职业女性，<u>常在</u>事业上受到压力，都通过吸烟放松自己。（C级）（状语错序）

对高级汉语水平的印尼学生来说，不是所有的汉语和印尼语介词的意义功能的差异都是难点。实际上，我们预测的一些偏误在语料库里并没有发现，如"从"、"离"与"用"的混用以及由"从"构成的介词短语误用作谓语或作主语补语，如：*我是从印尼。然而，我们在中介语语料本文中却发现了印尼学生在介词"在"和"从"的基本用法上，也会出现偏误，如在处所词语前漏掉了"在"，表示来源和凭借时也漏掉了"从"，还有在一些动词（如：深入、建立等）后面的宾语多用了"在"。印尼语中跟这些句子相对应的都需要加"在"和"从"，动词"深入"、"建立"等后面的宾语也不能受到di、pada的修饰。因此，我们认为这些偏误是偶然性的偏误或学生对汉语介词的搭配方面不熟练造成的。

以上事实也说明，高级汉语水平的印尼学生，在一定的程度已经掌握了汉语介词"在"、"从"的基本功能，但在使用过程中，由于各种原因（如：考试时过于紧张等因素）还会反复出错。

第五节　对印尼学生学习汉语介词"在"、"从"的教学建议

一、强调框式介词的教学

介词框架中方位词的有无，有的是强制性的，有的是非强制性的，要给学生讲清楚什么时候方位词必须用，什么时候可有可无，什么时候不能用。最好把介词框架强制性地看成一个整体进行教学。如表所示：

介词框架	语法功能
"在……的时候" "在……时"	表示某事情发生的时间。
"在……看来"	用来引出持有某种看法的人，中间是指人的名词或代词，在句中作插说成分，多用于书面语。
"从……起"	表示开始的时间或动作的起点。有时候，"从……起"还跟"到"、"至"组合使用。
"从……到……"	表示时间、处所从起点到终点，也可表示人物、数量等的范围。若其后面带形容词、形容词短语或数量词短语，表示发展变化的起点和终点。
"从……向……"	表示动作从某点出发向某一方向的移动或变化，还可以表示事物排列的线性序列。
"从……往……"	指出动作的起点，并且说明动作的方向。
"从……而……"	表示起讫点，但着重说明变化、发展的趋向。
"从……来看"	表示动作行为的依据或凭借或表示论述的角度、着眼点或所依据的事理。

表8-6　汉语常用"在"类、"从"类介词框架

除此之外，还要解释各框式介词的用法，特别是解释不同方位词（"上"、"下"、"中"、"里"等）在介词宾语后面表示的意义的功能和差异。比如向学生解释：

※ "在……上",中间的对应关系是:

指物体的名词或语素(如:在树上、在墙上)	→	表示顶部、上方或表面
指处所的名词(如:在街上)	→	表示处所
比较抽象的名词性词语(如:在这个问题上)	→	表示活动的领域或范围,行为的方面、条件或性质等

※ "在……下",中间的对应关系是:

一般名词或语素(如:在桌子下)	→	表示位置低的处所
名词性的偏正短语(如:在这种情况下)	→	表示行为的条件

※ "在……中",中间的对应关系是:

物体的名词或语素(如:在水中、在教室中)	→	表示在一定的处所内
人体部位的名词(如:在心中)	→	有时意思比较实,有时意思比较虚
时间词语(如:在这一年中)	→	表示在一定的时间内
人或事物的名词(如:在论文中)	→	表示在一定的范围内
形容词或名词性短语(如:在低落的情绪中)	→	表示人或事物所处的情况或状态
动词或名词性短语(如:在谈判中)	→	表示过程或持续状态

※ "在……里",中间的对应关系是:

物体的名词或语素(如:在房间里、在碗里)	→	表示一定的界限内
人体部位的名词(如:在手里、在嘴里)	→	有时意思比较实,有时意思比较虚
机构的名词(如:在所里)	→	表示机构所在的处所,也表示机构本身
时间词语(如:在夜里)	→	表示一定的时间内
代词"这"、"那"、"哪"(如:在这里)	→	表示一定的处所内
可计数的人或事物的名词(如:在兼职里)	→	表示不是单一的人或事物
名词(如:在他的文章里)	→	表示在一定的范围内

这样，学生会更加清楚这些框式介词的用法和它们区别，避免错误发生。

二、强调并提醒学生汉语介词"在"、"从"对后面宾语的搭配要求，并跟印尼语相应的介词结构顺序进行对比

汉语介词"在"、"从"后面的宾语必须是表示处所或方位的名词、代词或方位词，一般名词和代词必须加上表示处所的名词（附近、周围等）、代词（这里/这儿、那里/那儿）或方位词（上、中、里、内等），才能做"在"、"从"的宾语。

汉语	印尼语
"在/从"+表示处所的词语（学校/附近/上面等）	介词+名词/代词/方位词
"在/从"+非处所名词/代词+上/下/中/附近/旁边/这里/那里等	Di/dari+方位词+名词

表8-7 汉语常用"在"类、"从"类介词框架

三、要针对易混淆的汉语介词反复对比讲解

例如，反复对比讲解介词"在"与"从"、"当"、"于"等的差异，介词"从"与"由"或与其他"从"类介词（自、自从、打等）的差异，以避免产生介词混用偏误。

四、在句法方面要强调介词短语在句子中能充当什么，不能充当什么

例如，介词"从"短语只能充当状语成分，不能位于动词后面作补语，不能放在名词前作定语以及不能做句子的主语和宾语；在汉语的存现句中，介词"在"短语不能当其主语，或者说存现句要求处所名词充当主语，但它不能受到介词的修饰。同时强调汉语和印尼语的定语顺序正好相反，汉语介词短语作定语时仍然要放在中心语名词之前。

第九章
俄语空间前置词与汉语介词对比研究

第一节 引 言

汉语是一种相对比较孤立的语言，其**形态变化**（Change of form）往往不够丰富。为了更好地表达汉语的词义，往往会借助虚词和语序来对语言进行有效的组织。虚词可以分出很多形式和种类，其中介词是其中比较常用的一种。尽管介词作为**封闭的类**（Closed class），形式并不多样，不过在实际交际运用中，却十分重要，是汉语遣词造句不能缺失的部分。值得一提的是，由于汉语介词词义十分抽象，且汉语介词在用法上也非常灵活，从而使得广大留学生在学习汉语时感觉到有很大的难度。如果没有建立在汉外对比基础上的直观解说，汉外介词的差异也会给汉语言学习者带来了很大的麻烦和不便。因此，对外国留学生学习汉语语法来说，介词一直是学习的难点，也是学习的重点。

与之对应，和汉语介词有着异曲同工之妙的俄语**前置词**（Предлог），同样在俄语语言中占有十分重要的地位，二者在很多方面也具有差异性。20世纪80年代后期，王培硕（1988）曾经提出，俄语运用的前置词实际上是沿用了拉丁语语种的术语，其前置的意思实际上是：置于前方，通常直译为"前置词"。① 钟国华（1986）② 提出：俄国的前置词作为一种句式中的辅助词，换言之是一种虚词，通常应用于句子中作为代名词、名词的后续，和其他相应的词组具有着从属关系。根据钱世民（1989）的《俄语前置词》③以及苏联科学院的《俄语语法》④ 统计，现代俄语中前置词共有204个。俄语前置词是俄语中重要的虚词，许多都具有多义性，只有依靠上下文才能确定前置词的意义。

汉语中的介词和俄语中的前置词较大的差别就是，俄语的前置词仅作为特殊词汇使用，不能在句式中随意篡改，同时也不能单独使用，需要与名词、数词等连用。换言之，也就是俄语的两种事物间的关系辅助词，有着从属相关关系；而汉语却有着独特的方位词范畴，与介词结合成复合的框式结构，表达俄语前置词的相应意义。根据崔希亮（2005）⑤ 对汉语介词习得的研究，对母语为**印欧语系**（Indo-European languages）的外国留学生来说，俄语的汉语学习者是其中最经常使用汉语介词的，尤其是在面对一些较为复杂的问题或处境时，就会利用汉语介词进行表述，以体现出个人情感上的转变。因此，将两种语言进行对比研究，具有实际意义。

第二节　俄语空间前置词概说

俄语**前置词**（Предлог）是俄语系统中最常见的虚词，一般用于名词甚至是代名词的前缀中。俄语的前置词通常不变化，也不会出现任何关系词

---

① 王培硕《俄语前置词与汉语介词对比》，载《中国俄语教学》1988年第6期。
② 钟国华《俄语基础语法》，电子工业出版社，1986年，P79。
③ 钱世民《俄语前置词》，宇航出版社，1989年。
④ 苏联科学院俄语研究所编，胡孟浩主译《俄语语法》，上海外语教育出版社。
⑤ 崔希亮《欧美学生汉语介词习得的特点及偏误分析》，载《世界汉语教学》2005第3期。

的生成。在词组或句子中，先有一个实词再有另一个实词，以保证句式表达完整，是一种从属关系。① 按照20世纪80年代开始兴起的俄国语言统计学来看，现代俄语共计有204个前置词，当中常用的有22个。例如：в，на，внутри，из，с，от，около，к，у，возле，через，сквозь，перед，впереди，за，позади，между，среди，по，вдоль，мимо。②

俄语前置词构成的前置词短语结构可以表示时间、地点、行为方法、行为工具、原因、目的、原料来源、思维活动及言语、领属、限定、数量和程度、替代、客体等多种关系。即可以按照语义功能，将俄语前置词分为空间前置词、时间前置词、原因前置词、目的前置词、程度前置词、对象前置词等等。基于前置词的定义，从不同的表征意义出发，我们可以将俄语前置词大致归纳为六大类，它们分别是：

1. 空间——指向地方：на，в（在，里，上）

2. 时间——指示时间范畴：в，с（в понедельник 在周一，с понедельника 从星期一）

3. 因果——指向原因：от（обессилить от голода 饿坏）

4. 目标——指向目标：на（на благо Родины 为祖国）

5. 行动方式——表征行动的方式：в，с（с восторгом 高兴的）

6. 附加——指出有关行动所针对的对象：с（разговаривать с другом 跟朋友谈话）

如果从介词同名词、代词、动词等其它词类的源流关系来看，俄语前置词通常可以分为以下两组：

1. 无派生型（不是由其它词类生成的）：в，на，от，с（它们正好是本文的研究对象）

2. 派生型（由其它词类生成的）：внутри，из，около，к，у，возле，через，сквозь，перед，впереди，за，позади，между，среди，по，вдоль，

---

① 黄颖《新编俄语语法》，外语科学与研究出版社，2008年，P266。
② 冀刚《俄语前置词用法词典》，上海译文出版社，1992年，P418。

мимо。

此外，也可以根据其形态构成分为**简单前置词**（由一个词形构成的前置词）、**复合前置词**（由两个前置词或由带前置词的名词间接格构成的前置词）和**合成前置词**（由副词、动词或带前置词的名词间接格加一个原始前置词构成的前置词）。

人们的生活离不开时间、空间的转移带来的改变，所以空间和时间的联系十分密切，这也是人们认知世界的基本点，从而也是产生其他内容的关键点。汉语和俄语两种语言中表征空间关系前置词，具有各种各样的实际意义和传递意义的方式。从更为宏观的立场上分析的话，大致能够归为三种：

1. 方向（与"向"对应）（направление действия）

2. 起点（与"从"或"离"对应）（исход действия）

3. 处所（与"在"对应）（мес то действия）

根据后面所接名词的"格"的不同，俄语空间关系前置词与汉语介词的关联意义具体可以分属出这些类别：

1.当前置词起到引导后方动作进行的作用时，那么其代表着趋动方向，即承接第四格。例如："в+4"（向……里面），"на+4"（向……上面），"за+4"（向事物的界限或外面进行）。

2.前置词短语通常用于静止情景或者是行为出现的区间，那么可以被承接在第六格当中。例如："в+6"（在……里面），"на+6"（在……上面）。

3.用于表述静止状况以及所处环境，可以接在第二格中。例如："к+3"（向……来/去），"внутри+2"（在……内部），"около+2"（在……旁边、附近），"у+2"（在……旁边、在……那里），"возле+2"（在……之侧），"вокруг+2"（在……四周），"среди+2"（在……之间）；也有表事物的起点的，例如："из+2"（从……里面），"с+2"（从……上面）；"от+2"既可以表示静态（离某地点多远），又可以表示起点（"从……旁离开"）。

第九章 俄语空间前置词与汉语介词对比研究

4.与表达运动相关的词汇连接时，通常前置词摆放在第三格区间。

例如："к+3"（向……来/去）

5.后接第五格时，该介词可以表示静态方位。例如："перед+5"（在……前面），"между+5"（在……两者中间）；还能够表示句子中某一种行为发生的地点，或者两种情况都有之，如："за+5"（在……后面/外面/对面［或：跟在……的后面］）。

汉语介词与俄语介词相互重叠，意思相对应。例如"从"刚好对接上俄语中的через、по。但有些时候，某些介词的意义却天差地别，并不作为同义对接词来使用。尽管基本可以通过某些介词来贯穿中俄两国某些语段上的用法，但在使用时也需要通过外部因素进行具体考量。

序号	所接名词的格	表征意义	俄语	汉语
1	第四格	介引动作的施行方向	в+4 на+4 за+4 через+4	向……里面 向……上面 向事物的界限或外面进行 过……
2	第六格	表示静止状态或者行动出现的区间	в+6 на+6	在……里面 在……上面
3	第二格	表示静态 表示事物的起点	внутри+2 около+2 у+2 возле+2 вокруг+2 среди+2 из+2 с+2 от+2	在……内部 在……旁边、附近 在……旁边 在…那里 在……之侧 在……四周 在……之间 从……里面 从……上面
4	第三格	通常与表示运动的动词连用，表示方向	к+3 по+3	向……来/去 对……
5	第五格	表示静态方位	перед+5 между+5	在……前面 在……两者中间

表9-1 名词的格与俄语空间关系前置词、汉语介词的关联意义类别

通过上述对照分析，人们能够更为直观地发现，俄语中运用的某些前置词与汉语介词有所交融。

第三节　汉语和俄语空间关系表述特征的异同对比

介词表示的是概括的关系意义：既是限定关系（时间、处所、原因、条件、目的等），又是客体关系，还是必要信息的补充关系。根据现代汉语空间关系的表达方式，我们归纳出现代汉语空间关系主要是通过以下方式来实现的：

（1）单双音节方位词。例如：里、外、上、下、前边、后边等；

（2）指代词。例如：这里、那里、那儿、这儿等；

（3）处所名词。例如：图书馆、医院、吉林大学、长白山等；

（4）方位结构。例如：桌子上、门外、教室里、黑板前等；

（5）介词+方位结构。例如：在桌子上、从门外、在教室里、到黑板前等；

（6）介词+处所名词。例如：在图书馆、在医院、到吉林大学、在长白山等；

（7）动词+趋向补语。例如：过来、爬上去、跳下去、走进来等。

归纳上面七种汉语表示空间关系的手段，其中（1）、（2）、（3）为词汇手段，（4）、（5）、（6）、（7）为句法手段。语法学家对俄语空间表达方式的研究探明，现代俄语空间关系主要是通过以下方式来实现的：

（1）名词的间接格。例如：идти по левой тропинкой（走在田间小路上）。

（2）空间意义副词。例如：здесь（在这里）、вокруг（在周围）、

вперёд（向前、往前）、там（在那里）、отсюда（从这里）。

（3）前置词+名词的格。例如：на заводе（在工厂里）、в магазине（在商店里）、по воздуху（在空中）、на столе（在桌子上）。

（4）主从复合句（带地点复合句）。例如：Он приехал оттуда, откуда вы приехали в прошлом году（他是从你去年来的那个地方来的）。

从前文提及的几种表示方式看，（1）代表的是词法手段，用于间接，Идти полевой тропинкой 中的 тропинкой，作为第五格的名词，用于传递空间关系；（2）是副词，通常是表达地点特征的，属于词汇方式，如 Ждите меня здесь（请在这儿等我）；（3）前置词+名词的格；（4）作为主从关系而设立。（3）、（4）均为句式中的句法模式。在这几类的表现方式中，"前置词+名词的格"最为普及，是目前最常用的俄语表现手段。如：Птица летит по воздуху（鸟在空中飞）、Книга лежит на столе（书在桌子上放着），这些语法均属于常见形式，都是借助"前置词+名词"的方式来进行表述的。

从俄语的表现方式上，可以对比出俄语前置词与汉语介词系统在应用中表现出的不同之处。基于汉语没有形态上的变化，在汉语空间关系的表述上，需要借助词汇的搭配生成来进行对应，所以汉语更多的需要语句变通。意思是说俄语只要依从固有的句式关系，用"前置词+名词"的方式，就可以对句子进行具体的表达，而汉语的介词在句子中所处的位置一旦被忽略，特别是汉语中介词的缺失，会使句子欠缺主从关系，更容易导致句子的不完整。

第四节 汉语介词与俄语前置词特征对比

在汉语中，介词大多用在名词、代词或者词组前面，并一起修饰或者补充说明动词，表示时间、处所、方面、对象、原因等。因此，我们可以说，汉语介词起俄语前置词的语法作用。俄语前置词和汉语介词有许多共同之处：它们属于虚词，不能单独使用，要与其后面的词一起组成前置词词组或介词结构才能在句子中充当句子成分；词汇意义比较抽象，主要是体现语法意义，表达词与词之间的各种语法关系。总之，它们的语法作用基本是相同的。因此，在表达同一思想的汉俄语词组和句子中，它们常相对应。但在俄语的前置词和汉语的介词之间，也存在很多不可忽视的差异。

一、俄语前置词和汉语介词在数量上存在差异

俄语前置词和汉语介词在共时体系中，都属于相对封闭的词类，是可以逐个列举的。苏联科学院在1980年出版的《俄语语法》中，对现代俄语的前置词作了详细分析，详尽列举了现代俄语的前置词，共有204个。书中把所有前置词分为原始前置词和派生前置词。派生前置词又分为副词前置词、名词前置词、动词前置词等。汉语介词的数量远不及俄语前置词那么多，参照一些著作的统计，现代汉语的介词约在30个至70个之间。由于俄语前置词和汉语介词都有一部分处于未定型的过渡状态，所以不同著作的统计会略有出入。但是俄语前置词的数量大大超过汉语介词是肯定的。相比之下，汉语介词属于比较稳定的封闭词类；而俄语中的非原始前置词构词能力特别强，因此，数量上一直呈增多的态势。

二、俄语前置词和汉语介词在句法功能上存在差异

俄语前置词和汉语介词都是虚词，本身不能独立做句子成分，俄语只能与后面的名词构成前置词短语才能做句子成分，汉语的介词与名词构成名词短语才能充当句子成分。按照传统语法，句子有主语、谓语、宾语、定语、状语和补语。俄语前置词短语可以充当五种句子成分，例如：

（一）作主语（表示概数）

例如：［1］Детям досталось **по пять конфет**. 孩子们分到了5块糖果。

［2］Прилетело **около шестнадцати птиц**. 大约飞来16只鸟。

（二）作谓语

例如：［1］Весна приходит **к нам**. 春天来了。

　　　［2］Анна пробивается **в актриссы**. 安娜努力想当演员。

（三）作状语

俄语表示空间关系的前置词短语作状语，一般是表示处所或方向的，也就是俄语中的处所状语。处所状语表示行为发生的地点和运动的方向，回答的是где？（在哪里），куда？（去哪里）和откуда？（从哪里）等问题。根据前置词短语做状语在句子中的位置不同，可以分为句首状语和句末状语。

※ 句首状语表示动作、行为的处所或方向

例如：［1］**На столе** есть много тарелок. 在桌子上有很多盘子。

　　　［2］**Из музея** вышло много людей. 从博物馆里出来很多人。

※ 句末状语同样表示行为动作存在或发生的处所或者方向

例如：［1］Я сейчас **в Шанхае**. 我现在在上海。

　　　［2］Он только что вышел **из туалета**. 他刚从卫生间里出来。

我们看到，俄语空间前置词短语在作状语时，可以在句首也可以在句末，都表示行为存在的处所或动作的方向，由于俄语语序的变化一般不会改变句子的意义，所以在句首和句末主要的区别就是，前置词在句首一般具有强调动作存在的处所或行为发生方向的意义。

（四）作补语

俄语"前置词+名词的格"在句子中可以作补语，一般是间接补语，通常用"前置词+第四格"的形式表示；也可以用前置词的其它格表示，说明动词、谓语副词。例如：

［1］Сосед подошёл **к двери**. 邻居走到门前。

［2］Они успешно прибыли **в Шанхай**. 他们顺利来到上海。

以上两例中，к двери（到门前）、в Шанхай（到上海）是对动词进行补充，说明动作达到的处所和行为的方向。

（五）作定语

"前置词+名词的格"在句子中作定语，一般都是作非一致定语。非一致定语在语法形式上与被说明的词语不一致，"前置词+名词的格"是俄语中非一致定语的表达手段之一。例如：

［1］Картин **на стенке** стало меньше. 墙上的画越来越少了。

［2］По дороге **в больницу** едет много пожарных машин. 通往医院的路上有很多消防车。

以上几个例句中，на стенке（墙上）、в больницу（往医院）是作前面名词或词组的定语，对前面的名词（如Картин）或词组（如По дороге）有一个限制的作用。在作非一致定语时，一定要紧跟修饰的词后面。

第五节　俄语常用空间前置词类型分析

20世纪80年代，中国曾经出版过关于俄语语法实践方面的书籍，借用苏联语言学家普尔金娜与扎哈瓦-涅克拉索娃的经典理论，总结了俄语空间关系的前置词类别，主要分为в、на、от和из等四类。下面分别加以讨论。

一、关于俄语前置词в类

俄语前置词в和на这两个前置词均被划分为同一类别，既能表示地点也能表示方位。换言之，既可以用где（在哪里？）提问，也能够以另一种形式进行提问куда（向哪里？）

第九章 俄语空间前置词与汉语介词对比研究

俄语前置词	汉语介词	俄文实例	中文实例
в	在……里面	Платок лежит **в** кармане.	手帕在口袋里。
		Летом они жили **в** деревне.	夏天他们住在农村。
на	在……上面	Дом стоит **на** берегу реки.	房子在河岸上。
		Он учится **на** этом факультете.	他在这个系学习。
при	在……跟前	**При** доме имелся огород.	（在）房屋前面有一块菜地。
внутри	在……内部	Его дом находится **внутри** города.	他家住在城里。
около	在……旁边、附近	Она живёт **около** института.	她住在学院旁边。
у	在……旁边、在某人那里	Стол стоит **у** окна.	桌子在窗户旁边。
возле	在……之侧	Наша школа находится **возле** речки.	我们学校在小溪流之侧。
вокруг	在……四周	Стулья стоят **вокруг** стола.	凳子就在桌子的四周。
среди	在……中间	Памятник находится **среди** площади.	纪念碑在广场中间。
перед	在……前面	**Перед** домом растут цветы.	房前长着花儿。
между	在两者中间	Дорога шла **между** рекой и горами.	路在山与河之间。
за	在……后面	Огород находится **за** столом.	菜园在房子后面。

表9-2 俄语前置词в同其它前置词的应用实例对比

表9-2总结了关于空间关系的各种表述方式。以俄语介词进行分析的话，对译成中文就是"在+名词+方位词"结构。但同时，如果是对动作进行表述时，俄语则需要参照句式中的动词进行前置词和宾语的搭配，并作为**语义参数**（Semantic parameters）存在。① 比方说учиться（学习）可以直接解析为"在这个系学习"，在句式中不需要再加入方位名词，更不用附属地点。而жить（住）这个动词已经将位置传递出来，所以再加入"城"字是不合理的，如"住在城"这样的汉语表述明显有误，为了表达正确就需要加入"里"了。

---

① 这里的"**参数**"（Parameter）是指动词的分类范畴和主题类别，题元的角色配位和分类类别等。"**语义参数**"（Semantic parameters）是从语言自身结构出发对词义变化进行考察，通过把握语义参数的规律性变化来探讨动词语义的变化。详见［俄］E.B.帕杜切娃《词汇语义的动态模式》，蔡晖译，北京大学出版社，2011年，P10—12。

二、关于俄语前置词на类

俄语前置词на和к、в这几个词的相同之处在于,三者均可以用于表示方位,其中к单作为运行轨迹,不需要直观表达具体的场所。例如:

俄语前置词	汉语介词	俄文实例	中文实例
в	向……里	Он вошёл **в** комнату.	他走进了房间。
на	向……上	Я повесил картину **на** стену.	我把画挂在墙上。
		Он вышел **на** улицу.	他上街去了。
за	向……外	Они уехали **за** город.	他们去了城外。
под	向…… 下	Он положил письмо **под** книгу.	他把信放在书下面。
к	向……	Дети бегут **к** реке.	孩子们向河边跑去。
		Ученик подошёл **к** доске.	学生走近黑板。

表9-3 俄语前置词на同其它前置词的应用实例对比

通过上述例子,我们对俄语的语境及汉语对译的内容有了较为直观的认识。其中当句子动词为вошёл(走进)、вышел(走出去)、уехали(去)、подошёл(走近)这几组动词形式时,对应的中文句子中往往不出现汉语介词。而Я повесил картину на стену(我把画挂在墙上),这种句式应该和前文提及到的过程结果场景进行对接,"在"在句式中作为表示动作意义的前置词而存在。

尤其值得提及的是,我们经过比对例句后发现,俄语在表示某些方向的前置词使用上,和汉语有着较大的差异,例如в、на、за、под、к虽然都表达方向,但是它们表达的意思各不相同,表达上、下、前、后,各有分工。所以在对译时,具体的方向需要根据句式意思进行明确。而部分句子与汉语介词的运用形式并不一致,需要通过其他词汇方式进行补充或解释。例如:方位词на搭配第六格,义为"在……上面",而句子Он учится **на** этом факультете所对译的是"他在这个系学习",其中并没有出现方位词,俄语"上面"这一义素已作为默认值为大家所接受。这也充分说明,汉语需要使用方位词辅助介词的表达,而这也正好证明俄语前置词和其前置空间的关系是固有的。

三、关于俄语前置词 от 和 из 类

在现代俄语系统中，俄语前置词 из、с、от 有"从"和"离"的意思。不过，из 和 в 所表示的意思并不一样，一个是"从某一事物的中间而来"，с 与 на 则意味着"从事物或处所的表面而来"，而 от 表示离开，与 к 相对应。

俄语前置词	汉语介词	俄文实例	中文实例
из	从……里，位移起点	Студент приехал из Ленинграда.	这位大学生从列宁格勒来。
с	从……上面，位移起点	Я взял книгу со стола.	我从桌上拿了一本书。
от	从……离开，位移起点	Лодка плывёт от берега к пароходу.	小船从岸边向轮船划去。
от	离……多远，距离起点	От Ленинграда до Москвы 650 километров.	从列宁格勒到莫斯科有650公里。

表9-4 俄语前置词 от 和 из 同其它前置词的应用实例对比

我们从表格中看出，前面的三类其实都是位移的起点，而最后一类才表达远近距离。末句的含义为"列宁格勒距离莫斯科有650公里"，尽管用汉语翻译时没有出现"离"，然而这个句子的默认空间关系已经体现出来了，所以无需复述。

第六节 结 语

通过以上对比，可以看到俄语前置词与汉语介词的诸多差异：

首先，作为两种类型迥异的语言，虽然在句法功能上，俄语前置词与汉语介词存在一些共性，它们都是虚词，本身不能独立做句子成分，只能与后面的名词构成短语作为句子的成分等等。然而，两种语言所使用的术语名称并不同。此外，俄语前置词和汉语介词的数量也不相同。在两种语言的表意

功能上，尽管俄语前置词比起汉语的介词表意更加丰富，但是汉语有着自身较为独特的语境设置，同时在应用上也会延伸出多元的架构方式，例如框式结构等。

其次，在俄语里，那些表示空间关系的前置词，在与名词或名词性短语组合配对的过程中，名词或名词性短语的语义特征往往会对表示各种空间关系的前置词的语义选择造成一定的限制。从语义上来说，"前置词+名词或名词性短语"的组合配对模式对语义的满足条件也有一定的约束作用，这又是与汉语介词截然不同之处。

最后，由于语言的历史演变结果，俄语前置词的用法也经历了不同的变化。部分前置词用法已经不复存在，而一些新的前置词的使用方法又出现了。有一些前置词的词组或句子与无前置词的词组或句子在意义上趋于相同，而个别前置词词组或句子又可以同其它前置词在句法上进行置换。所有这些变化都显示了俄语前置词的发展倾向。我们在进行具体的俄汉对比研究中，都要考虑到这些因素对对比结果的影响。

第十章
汉语介词"在"、"从"、"对"与俄语前置词 в，из，к 对比研究

第一节 引 言

戴维·克里斯特尔（1996）[①] 在《现代语言学词典》中对"介词/前置词"的定义是"对词作语法分类的术语，指一般位于一个名词短语（常为单个名词或代名词）前并一起构成一个结构组构成分的一类词项。"俄语前置词和汉语**介词**（Preposition）是俄汉对应词类，它们都在句中起到把名词介绍给动词、形容词，表示时间、处所、方式、对象、目的等关系的作用，即汉语介词起着俄语前置词的作用。

现代汉语的介词虽然数量有限，但在语法体系中却占有非常重要的地位。介词在句子中出现的频率非常高，并且用法灵活多样，涉及的因素也比较复杂，很难与其他语言中的介词找出完全意义上的共同点，所以介词教学是对外汉语词汇和语法教学的一个难点。崔希亮（2005）的调查表明："印欧语为背景的汉语学习者，汉语介词的使用频率分别是： 俄语>西班牙语>

---

① 戴维·克里斯特尔《现代语言学词典》，沈家煊译，商务印书馆，2000年，P282。

意大利语>法语>德语>塞尔维亚语>英语。"① 由此可见，母语为俄语的留学生或从事汉语翻译、教学等工作的人，使用介词的频率是最高的。

目前，有许多学者对汉语介词和俄语前置词分别进行过研究，取得了不少成果。但是，目前对这两种语言中的介词及其对应前置词进行对比分析的文章却很少。因此，本章想更全面地对汉语介词"在"、"从"、"对"和俄语前置词в、из、к展开研究，尝试从对比分析的角度为语法学的研究做出力所能及的补白工作。

第二节 俄语前置词研究概述

一、俄语前置词的语法特征研究

近二三十年来，随着对俄语口语研究的深入，人们对俄语中的虚词、感叹词的研究也随之变得深入。在现代俄语中的各类虚词中，俄语"前置词"的发展速度是显而易见的。各家对前置词的定义有所不同，但多数学者认为俄语的前置词相当于汉语中的介词，属于虚词，不能单独使用，要组成前置词短语才能作句中成分。俄语"前置词"是现代俄语虚词中很重要的一种类型，我们不可忽视其在句中的重要地位。

俄语前置词按照来源可分为非派生前置词（最古老的、与任何实词都没有同源关系的前置词，如a、по、про）和派生前置词（指由其他词类转化而来的前置词，如на），也可以根据其形态构成分为简单前置词（由一个词形构成的前置词）、复合前置词（由两个前置词或由带前置词的名词间接格构成的前置词）和合成前置词（由副词、动词或带前置词的名词间接格加一个

---

① 崔希亮《欧美学生汉语介词习得的特点及偏误分析》，载《世界汉语教学》2005年第3期。

第十章 汉语介词"在"、"从"、"对"与俄语前置词 в，из，к 对比研究

原始前置词构成的前置词)。根据钱世民(1989)《俄语前置词》[1]以及苏联科学院《俄语语法》[2]统计,现代俄语中前置词共有204个。作为俄语中重要的虚词,许多都具有多义性,只有依靠上下文才能确定其意义。

俄语前置词最为突出的特点是:几乎所有原始前置词都是多义的,都可以表达若干种关系。在这些复杂的意义中,有一到三个是这个前置词的核心意义、基本意义或主导意义,其它意义则处于边缘。各种意义之间可能有内在联系,也可能互不关联。

前置词表示概括的关系意义有:限定关系(时间、处所、原因、条件、目的等)、客体关系、必要信息的补充关系。[3]不能表示主体关系,且表达的关系具体、明确。

俄语前置词没有任何形态变化,要求连用的名词变为一定的格,并与名词的间接格形式构成一个语义句法整体,即前置词与"格"密切相关。这些"格"包括:

1.主格(именительный падеж) 1格:是指名词的语法的格。主格表示动词的主语。

2.属格(родительный падеж)2格:亦称所有格,是指名词的语法上的格。属格表示一个名词的所属,例如一个名词提及的对象拥有其它的一些属性。

3.与格(дательный падеж)3格:通常表示动词的间接宾语。

4.宾格(дательный падеж)4格:表示一个动词直接宾语的名词或一个前置词的宾语。

5.工具格(творительный падеж)5格:是用来指示名词是主语达成或完成一个行动所凭借或使用的工具或方法。这个名词可以是物理物体也可以是抽象概念。

---

[1] 钱世民《俄语前置词》,宇航出版社,1989年。
[2] 苏联科学院俄语研究所编《俄语语法》,胡孟浩主译,上海外语教育出版社,1993年。
[3] 这里的"客体关系"表示动作或状态与它所指向的事物或与之相联系的事物之间的关系。"限定关系"指把事物、动作、状态、特性等从外部特征、内部特征、状语性特征等方面加以限定。"补足关系"指从属词补足主导词,以构成最低限度的信息完满的词组。

6.方位格（предложный падеж）6格：是指示方位的格。

俄语有六格，前置词可用于一种格或多种格。比如в可以用于前置格（第六格）如Летом они жили в деревне（夏天他们住在农村），也可以用于宾格（第四格），如Он вошёл в комнату（他走进了房间），в школе – в школу（在学校 – 到学校）。俄语中与名词和形容词搭配的前置词的格分类如表所示：

格	前置词
主格（1格）	–
属格（2格）	от，до，из，без，у，для，около，с，вокруг，после，кроме
与格（3格）	к，по
宾格（4格）	в，на，за，про，через
工具格（5格）	с，со，за，под，над，между，перед
方位格（6格，前置格）	о，об，в，на，при

表10-1　俄语中与名词和形容词搭配的前置词的格分类

目前，现代俄语中的前置词正经历着**派生前置词**（即新的、再生的前置词）的迅速发展时期，由于俄语中构成非原始前置词的能力特别强，因而数量还在不断增多。当前的研究表明，现代俄语中各种形式的纯名词性前置词大约有10个，而且派生前置词的发展绝不仅限于名词性的，还有副词性和动词性前置词。

现阶段的大量事实说明，前置词在迅速发展，但在研究前置词的过程中，也会不可避免地遇到各种困难和问题。例如，通常情况下，派生前置词可由三个词类构成：名词、副词及动词。它们一般被称作名词性前置词、副词性前置词以及动词性前置词。然而，在确定哪些是前置词，哪些不是的问题上，确实会遇到一些困难，需要找出一些可靠的、合理的、大家都能接受的标准。因此，在现阶段现代俄语前置词的研究中，大多数人虽然对前置词有了一定的了解，并对其进行了大量研究，但俄语前置词还有待进行深入的挖掘和探究。

二、汉语介词和俄语前置词系统间对比研究

从上述对俄语前置词的研究现状来看，俄语前置词和汉语介词有其相似的特点，即都起到连接词语与词语的桥梁作用，都无法单独运用，要与其它成分组成短语后才能做句子成分。汉语属于**孤立语**（Isolating language），俄语属于**屈折语**（Inflectional language），因此，汉语介词和俄语前置词虽有着相似之处，也有着其自身的特点。

赵敏善（1984）[①]认为：俄语前置词和汉语介词词汇意义抽象，在表达思想方面，两者在句中常相互对应。但是在使用频率、数量、构成、搭配词类方面、被说明词的词类方面、所构成的语法联系方面以及充当句子成分能力方面，两者存在不同的差异。在学习俄语过程中，复杂格和意义的关系、为表达明确意义挑选合适词语、支配关系、词义抽象不具体、表达汉语一些特殊句式，这些由于俄语前置词和汉语介词间存在的差别，都会对学习造成一些困难。

王培硕（1988）[②]认为：俄语前置词在统计中有200多，在表达意义方面比汉语介词更细致入微；但俄语前置词使用时位置会置前；表达方位时，汉语采用的方位加介词的框型结构和俄语前置词表达相同的意义。在作为整句的状语、补语、定语时，两者表达的手法和意义是相同的；在表达时间、地点、原因、目的、对象、排除等意义的时候，两者也可互为对应；有些时候也存在俄语不用前置词而汉语使用介词，或者汉语不使用介词而俄语使用前置词的情况。

---

① 赵敏善《俄语前置词与汉语介词》，载《外语研究》1984年第2期。
② 王培硕《俄语前置词与汉语介词对比》，载《中国俄语教学》1988年第6期。

第三节　汉语介词与俄语前置词的对比

一、共同点

1. 均属虚词，不能单独使用，要与其后词或词组共同组成前置词词组或介词词组才能充当句子成分。

2. 词汇意义比较抽象，主要表达语法意义，即词或短语之间的语法关系。

二、差异

如表所示：

	汉语介词	俄语前置词
数量与构成	70个左右，数量稳定	200多个，数量增多
使用频率	低	高
搭配词类	名词、代词、数词、短语动词、动宾结构、主谓短语	名词、代词、数词
介词或前置词结构修饰、说明的词类	动词、形容词、名词	任何实词
介词或前置词结构构成的主从联系所反映的关系	限定关系、补足关系	客体关系、限定关系、补足关系
介词或前置词结构充当的句子成分	状语、补语、定语	所有句法成分
表义功能	有独特的方位词现象，与介词结合成复合的框架结构，表示俄语前置词相应意义，扩展了汉语介词的表义功能	有丰富的同义现象，能表达同一意义范畴的细微的意义差别
使用情况	汉语介词有时可以省略	俄语前置词不能省略

表10-2　汉语介词和俄语前置词差异

比起汉语介词，俄语前置词有丰富的多义现象，能表达同一意义范畴的细微的意义差别，这个特点是与俄语前置词在数量上大大超过汉语介词的基本情况密不可分的。另外，俄语前置词和汉语介词都是虚词，本身不能独立作句子成分，只能与后面的名词（或名词化词）构成前置词短语和介词短语，才能做句子成分。俄汉语前置词短语和介词短语作句子的状语、补语、定语是相同的。俄语中部分前置词短语能作主语（表示概数），汉语介词短语则不能。

另外，俄语前置词表示人的穿戴、否定等附加意义特征时，汉语没有对应介词，而是直接用动词表达的。俄语有些动词、名词及个别形容词以前置词作为支配其它词的语法标志，往往跟汉语的及物动词相对应。俄语的运动动词（包括带前缀的运动动词）要跟表示趋向意义的前置词搭配，这些前置词跟汉语的趋向动词相对应。俄语用前置词短语表示方式方法状语，而汉语相应的状语则不用介词。

第四节 关于俄语表示空间的前置词в，из，к

※ 俄语前置词в和汉语"在"有一定的对应关系。

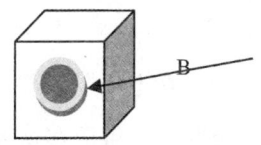

※ 俄语前置词из和汉语介词"从"极为相似，但是在用法上，有自己的独特性。

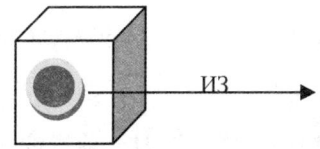

※ 俄语前置词к（ко）的中心意义是表达一种空间关系，指出事物运动和发展的方向，表示"由……内（向外）"、"从……里（出来）"、"对"

等。但к有时也能够表示原因关系，相当于汉语中的"由于"。

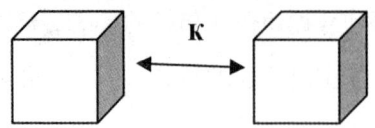

汉语介词"在"与俄语前置词в、"从"与из、"对"与к等在表达的语义关系和语法功能上都有相似的地方，但也有很多区别。

一、汉语介词"在"与俄语前置词B（во）[①] 的异同

（一）语义功能方面

汉语的介词"在"和俄语的前置词B在表达的语义关系上存在一些差异。俄语中的в加六格，表示"在……里"、"在X年"、"在X月"，回答"哪儿（где）"、"什么时间（когда）"的问题。例如：

{ В отделе косметики.在化妆品店里
{ В тысяча девятьсот восемьдесят восьмом году.在1988年

В加四格，表示"往何处"，"在……时"，"在星期……"，回答"去哪儿（куда）"、"什么时候"的问题。例如：

{ Идти в супермаркет.去超市
{ В этот день.在这一天

以上不同情况都用相同的前置词来表达。汉语不说"在上午"、"在早晨"、"在中午"、"在午间"、"在下午"、"在夜晚"，俄语在这种情况下也不用空间前置词в表示。例如：утром、днем、вечером、ночью。不过，俄语中表示星期几时有空间标志，而汉语中没有空间标志。例如：в понедельник（星期一）、во вторник（星期二）、в среду（星期三）、в четверг（星期四）、в пятницу（星期五）。

"在"指处所，表示"在……之中""在……里面"时，前置词 в 和汉语介词"在"的用法也几乎相同。例如：

---

① во是в的变体，在辅音开头的单词前出现。

第十章 汉语介词"在"、"从"、"对"与俄语前置词 в，из，к 对比研究

［1］Мой парень живет в Харбине.我的男朋友住在哈尔滨。

［2］Он жил в саду во флигеле, а я в старом боярском доме.（Чехов. Дом с мезонином）.他在花园的厢房里住，而我住在老式的阔气的房子里。

［3］Он сидит в комнате.他在屋里呆着。

以上几点是前置词в和汉语介词"在"的共同点，但也有些不同点。例如汉语中不使用介词"在"，而俄语中使用前置词в的情况：

1.表示行为动作的方向，表示"到……里"、"向……内"时

例如：Положить паспорт в портфель.把护照放进书包里。

这种情况汉语不使用"在"，而俄语里却不能没有前置词 в。

2.表示包含之意时

例如：В одном часу шестьдесят минут.一个小时有60分钟。

介词"在"没有包含之义。俄语中用в，而汉语中使用表示包含的动词"有"。

3.表示状态或境况时

例如：［1］В комнате беспорядок.（在）屋里乱七八糟。

［2］В классе есть кондиционер.（在）教室里有空调。

4.表示情绪或心情时

例如：Он был в хорошем настроении.他心情好。

5.表示事物的形态特征或数量等限定关系时

例如：человек в очках 一位戴眼镜的人

还有很多汉语不需要介词"在"，俄语要用前置词в的情况。例如：

{
в дальнейшем（今后，以后）、в будущем（将来）、в настоящее время（现时）

в тот раз（实际上）、в контрасте（……与相反）、в заключение（最后）

в итоге（总之）、в качестве（кого-чего）（作为……）、в качестве（作为）

в крайнем мере（至少）、в крайнем случае（不得已时）、в этот момент（这时候）

в эти годы（这几年）、в следующем году（下一年）、в другой раз（下一次）

в первый раз（第一次）、в общем（一般地，大体上）、в тот раз（上次）
}

$$\left\{\begin{array}{l}\underline{в}\text{ последний раз（最后一次）、}\underline{в}\text{ мороз（严寒时）、}\underline{в}\text{ дождь（下雨时）} \\ \underline{в}\text{ жару（酷热时）}\underline{в}\text{ восемь часов（八点）、}\underline{в}\text{ снег（下雨时）} \\ \underline{в}\text{ эпоху капитализма（资本主义时代）、}\underline{в}\text{ виде（作为）、}\underline{в}\text{ знак（作为）} \\ \underline{в}\text{ интересах（为了）、}\underline{в}\text{ свете（来看）、}\underline{в}\text{ силу（由于）、}\underline{в}\text{ честь（为了）} \\ \underline{в}\text{ целях（为了）、}\underline{в}\text{ отношении（对于）、}\underline{в}\text{ пользу（为了利益）、}\underline{в}\text{ порядке（作为）} \\ \underline{в}\text{ роли（作为）、в одно мгновение（瞬息；瞬间）等。}\end{array}\right.$$

汉语介词"在"与俄语前置词 в 在中心语义上是一致的，即都可以表示动作发生的时间和处所。除此之外，各自还有一些其他语义用法。如介词"在"可介引范围和界限，в可以表示限定关系之外的一些客体关系。

（二）分布方面

汉语介词"在"可以搭配体词性成分和谓词性成分，而俄语前置词 в 只能搭配体词性成分。

1.搭配名词性成分

例如：$\underline{В}$ отделе ко сметики.在化妆品店里。

2.搭配代词

例如：$\underline{У}$ нее дома очень красиво. 她的家很漂亮。

3.搭配数词短语

例如：Прилететь $\underline{в}$ три часа. 三点飞过来

（三）句法功能方面

汉语介词短语"在……"在句子中大多充当状语，位于谓语动词前修饰谓语，或者位于句首修饰整个句子，还有一些在动词后充当补语。俄语前置词 в 构成的短语，除了能充当定语，还能够与动词连用，充当客体。

1.作定语

［1］Мне не нравяться свитера $\underline{в}$ полоску. 我不喜欢斑纹的毛衣。

［2］Ты весь $\underline{в}$ отца. 你像你爸爸一样。

2.作状语

〔1〕Он всегда говорит в нос, что всегда вызывает смех у окружающих. 他说话总是带着鼻音，这使周围的人都觉得可笑。

〔2〕Я живу в общежитии. 我住在宿舍。

3.与动词连用，充当客体

〔1〕Стоя на палубе, старик всматривается в удаляющийся берег. 老人站在甲板上，注视着愈来愈远的海岸。

〔2〕В кого он целиться? 他瞄准谁？

二、汉语介词"从"与俄语前置词из的对比研究

（一）语义功能方面

1.相同点

汉语介词"从"和俄语前置词из都可以表示空间关系的起点。例如：из столовой 从食堂。

2.不同点

（1）"从"可以表示时间关系的起点，из不可以

例如：Мне нравиться читать книги со школы. 从上小学，我就喜欢看书。

（2）**из表示整体中的部分，"从"不可以**

例如：Лучший из всех. 全体中最好的

（3）**из表示原因，"从"不可以**

例如：Из уважения к кому-либо. 由于敬重

（4）**из表示原料来源，"从"不可以**

例如：Ключи сделаны из серебра. 钥匙是用银制的。

还有一些情况是汉语里不用介词"从"，而俄语必须使用前置词из。例如：

$\Bigg\{$ Из дома в дом挨家挨户、Из года в год年复一年、Из другой оперы另一回事
Из кожи лезть使劲做、Одно из двух用全力去做
Бежать из о всех сил拼命地跑、Кричать из о всей мочи大喊大叫
Одной из двух二者选一

汉语介词"从"和俄语前置词из的核心语义中都有"表示空间关系上的起点"一项，但"从"还可以表示"时间关系上的起点"，из还可以表示原因关系。

（二）分布方面

汉语介词"从"可以搭配体词性成分和谓词性成分，而俄语前置词из只能搭配体词性成分。

1.搭配名词性成分

例如：Из уважения к нему она не опоздала. 出于尊重她没有迟到。

2.搭配代词

例如：Из нее может получится хороший специалист. 她会成一名专家。

3.搭配数词短语

例如：Из пятого подъезда въппел молодой человек. 从五单元出来了一个小伙子。

（三）句法功能方面

汉语介词短语"从……"在句中一般充当状语，居于句首修饰整个句子或是动词前修饰谓语。俄语前置词из构成的短语则可以充当句子的主语、定语、状语等，句法功能比较多样。

1.作主语

例如：Лучший из учеников .最好的学生。

2.作定语

例如：Дом из камня.用石头做的房子。

3.作状语

例如：Наш сын вернулся из армии.我们的儿子当完兵回来了。

三、汉语介词"对"与俄语前置词к（ко[①]）的对比研究

（一）语义功能方面

傅雨贤等（1997）[②]认为，介词"对"有表示方向、表示对象目标、表示对待关系、表示涉及关系四种表义功能，文中分别称作"对1"、"对2"、"对3"、"对4"。

俄语前置词к可以表示运动的方向，还可以表示"快到……时候"、"接近……时候"等空间、时间关系，这些意义，介词"对"都不能表达。

前置词к相对于汉语介词"对"，只能表达"对2"的语义，即表示对象目标。其余表示方向、对待关系、涉及关系等，都只能使用其他方式表达。例如：

〔1〕Мама очень нежна ко мне.妈妈对我很温柔。

〔2〕Мы относимся к своему учителю очень хорошо. 我们对我们的老师非常好。

（二）分布方面

汉语介词"对"既可以搭配体词性成分，也可以搭配谓词性成分。而俄语前置词 к 只能搭配体词性成分。

1.搭配名词性成分

例如：У Маши интерес к музыке. 玛莎对音乐很感兴趣。

2.搭配代词

例如：Они пришли к нам домой. 他们来我们家。

---

① ко是к的变体，出现在辅音开头的单词前。
② 傅雨贤等《现代汉语介词研究》，中山大学出版社，1997年。相关内容见P175—176, P179, P184, P192。

3.搭配数词短语

例如：К 25 маю я закончу эту работу. 我5月25号把这份工作弄完。

（三）句法功能方面

汉语介词短语"对……"在句中充当状语，位于动词前修饰谓语。俄语前置词к构成的短语可以充当状语、定语等，句法功能更丰富。例如：

1.作定语

例如：Ои совершил лодвиг из любви к родине 他由于对祖国的爱立了战功。

2.作状语

例如：Мы должны вернуться домой к вечеру. 我们要在晚上之前回来。

四、小　结

汉语介词"在"、"从"、"对"和俄语相对应的前置词的语义功能有对称性，也有非对称性。但是，并非所有的俄语前置词的语义功能，汉语介词都有，汉语中没有的语义功能对不同阶段的俄罗斯学生来说，其难易程度是不同的。对他们来说，初级阶段是难点，但到了高级阶段时，就不再是难点。

汉语介词"在"、"从"和"对"的介词结构框架按照其表达的意义被翻译成不同的俄语词语。汉语介词"在"和"从"表示处所或方向时，常常跟方位词配合使用，形成汉语特有的"框式介词"，后面的宾语必须是表示处所的名词、代词或方位词，一般名词和代词（即不表示处所或方位的）必须加上表示处所的名词、代词或方位词，才能做"在"、"从"的宾语。汉语表示时间、地点意义的介词"在"，表示的是十分概括的意义，与"里"、"外"、"上"、"下"、"前"、"后"、"中间"、"旁边"等方位词结合后，分别表达俄语в、на、над、под、перед、за、между、рядом 等前置词的相应意义。

第十章 汉语介词"在"、"从"、"对"与俄语前置词 в，из，к 对比研究

第五节 使用俄语的留学生习得汉语介词偏误调查

综合前面的研究发现，汉语介词"在"、"从"、"对"与俄语前置词 в、из、к 同中有异，有些差别很细微。我们预测这些差别会成为俄语为母语的学习者学习汉语的难点。本节分别以"HSK动态作文语料库"为语料来源进行调查，将俄罗斯学生使用介词"在"、"从"、"对"以及"向"和"离"时出现的偏误进行分析分类，推测其原因，进而为对外汉语教学提供参考。

一、"HSK动态作文语料库"中俄罗斯学生对介词"在"、"从"、"对"的偏误分析

（一）偏误情况

在收集到的语料中，带有介词"在"的句子共有176个用例，偏误6例；带有介词"从"的句子共有39个用例，偏误3例；带有介词"对"的句子共有113个用例，偏误8例。偏误类型分为介词遗漏、介词冗余、介词混用和框式结构不完整等。

（二）偏误类型

1. 介词遗漏

介词遗漏指句子中缺少必要的介词"在"、"从"、"对"，即应该用而不用（以下*为偏误例句，′为改正例句）。例如：

［1］* 我也国内的外语学院学习。

［1］′ 我也在国内的外语学院学习。

［2］* 现在我在中国学习，离自己的国家很远，不过我总在自己的心里有我父母的想念，特别是我父亲。

[2]′ 现在我在中国学习,离自己的国家很远,不过我总在自己的心里有对我父母的想念,特别是我父亲。

2. 介词冗余

介词冗余是指不需要介词的地方都给加上了介词。例如:

[1]* 我认为如果在家里的情况好的话,孩子不能坏。

[1]′ 我认为如果家里的情况好的话,孩子不能坏。

3. 介词混用

例如:[1]* 孩子是从家庭中长大的。

介词"在"表示的地点、处所较固定,后面被修饰限制的动作或行为发生在某一平面内或空间内,有处所范围感或局限感。而介词"从"表示的地点、处所有变迁,显示出变迁的历程,后面被修饰限制的动作或行为以某一平面或空间作为起点迁移运动,有空间距离移动感。① 句中的"家庭"更适合于表示"长大"发生的处所范围局限,而不是表示处所作为起点的移动或运动。所以,用介词"在"会更好,改成:

[1]′ 孩子是在家庭中长大的。

[2]* 所有父母应该对自己的孩子树立榜样。

"孩子"作为"父母"动作行为的受益者,应当用表示受益者的介词"给"来介引;"对"单纯表示动作的对象,不符合语义,应改用"给":

[2]′ 所有父母应该给自己的孩子树立榜样。

4.框式结构不完整

汉语介词的特点之一是与方位词构成框式结构。例如:

[1]* 而在这个情况呢?

"在……下"是一个框式结构,表示范围。句中缺少方位词"下",应改为:

[1]′ 而在这个情况下呢?

[2]* 孩子上了幼儿园到要上小学的期间已经学会了怎么样跟他同年

---

① 陈恩礼《介词"在"与"从"的用法比较》,载《语言应用研究》(语言研究版)2006年第7期。

龄的孩子处理关系。

"从……到……期间"是一个框式结构,缺少"从",结构就不完整,应改为:

[2]′孩子从上了幼儿园到要上小学的期间已经学会了怎么样跟他同年龄的孩子处理关系。

二、调查问卷中俄罗斯学生对介词"在"、"向"、"从"、"离"的使用偏误分析

为了更好地了解汉语学习者对汉语空间介词与俄语表示空间的前置词用法的掌握情况,并在此基础上总结、分析俄语为母语的汉语学习者的介词偏误,发掘偏误产生的深层原因,我们设计了测试问卷。

(一)问卷设计

这次的调查将制定出二十道题目,共分为三个部分,其中五道是句子题目,五道是排序题目,剩下十五道为翻译题。首先,需要学生完成相关句子,调查学生汉语的使用情况是否符合正确的句式结构,了解其掌握汉语的程度。第二大题中,将排序切入,分析学生对汉语介词的运用思路是否清晰。最后的翻译对于学生而言是最难的题目,综合考察他们是否具备了汉语介词较高的运用水平,了解他们在两种语言转换时的句子生成状况。

(二)测试对象情况

这次进行检查的对象共有118名,全部来自吉尔吉斯斯坦。我们所设计的调查问卷,主要在比什凯克人文大学和吉尔吉斯国立民族大学这两所大学发放。为了让受访者理解我们的调查问卷意图并积极参与回答问题,调查问卷所采用的语言为俄语,检测对象的汉语学习时限压缩为学习历程为一年半到两年的学习者。此外,为了增强问卷的**可信度**(Reliability),使学习者的答案更具代表性,我们对俄语为母语的汉语学习者对汉语空间介词与俄语表示空间的前置词用法的掌握情况进行了适当说明和提示。

本次调查回收试卷为123份，其中有效试卷为118份。其中男性49名，占比41.5%，女性69名，占比58.5%。受访者均在规定的时间内答题，在指定的题型中调查受检测对象的学习情况。

（三）偏误情况汇总

本次测试是从汉语和俄语两种语言中的一些常用表示空间关系的介词入手，内容涉及"在"、"向"、"从"、"离"和有对应关系前置词 в、на、от、из，了解学生在汉语介词学习的过程中，母语对应词对汉语学习的影响。如表所示：

序号	俄语	汉语偏误举例	正确句子	错误率
1	Она поехала в Пекинский университет языка и культуры	*她去在北京语言学院 *她去到北京语言大学	她去了北京语言大学。	71.2%
2	Я часто встречаю его по пути домой （没有对应的前置词）	*我路上的经常他在回家见到 *经常我在路上回家的见到 *他经常我见到他在回家上的路	在回家的路上我经常见到他。	70.2%
3	На тарелку	蛋糕＿＿＿盘子＿＿＿放着	蛋糕在盘子里放着。	67.8%
4	Я жду тебя у ворот школы/университета.	*学校门口在等你我 *我等你在学校门口	我在学校门口等你。	66.9%
5	В комнате есть много мебели	*房间里很多家具	在房间里放着一些家具。	48.3%
6	Мой дом недалеко от школы	*从学校我的家不远	我家离学校不远。	44%
7	Поезд прибывает на станцию.	*火车在车站到了	火车驶向车站。	40.7%
8	Очень далеко от озера	*从湖很远	离湖很远。	39%
9	Между двумя горами （没有对应的前置词）	*小河在两座山中流着 *小河在两边山里流着	小河在两座山之间流着。	29.6%
10	Я только что вернулся из Пекина	*我刚回来从北京 *刚才我回来了从北京	我刚从北京回来。	26.3%
11	Картина висит на стене.	*墙上挂着在一幅画 *一幅画挂着在墙上	一幅画在墙上挂着。	24.6%
12	Расставлены на полке	书籍＿＿＿桌子＿＿＿摆着	书籍在架子上摆着。	22.9%
13	Вещи в магазине привезены из Китая	*商店的东西从中国来了 *商店里的东西是从中国	商店里的东西是从中国进口的。	21.2%

序号	俄语	汉语偏误举例	正确句子	错误率
14	Самолет направляется в Пекин	*飞机飞到北京去 *飞机飞了北京	飞机飞向北京。	20.3%
15	Он пошел в больницу от нас	*从我们到医院他去 *他从我们这去到医院	他从我们这儿去了医院。	19.5%
16	Папа работает на заводе	*爸爸在工厂上工作	爸爸在工厂里工作。	19.5%
17	Учитель писал тему на доске	*老师写了题目在黑板	老师把题目写在黑板上。	18.6%
18	Посмотри на меня.	*对我看一眼 /*看往我	向我看。	16.9%
19	Игрушка находится под стулом.	*玩具在椅子上摆着	玩具在椅下面摆着。	16.1%
20	Он приехал из Китая.	*他来从中国	他从中国来。	11%
21	Он купил квартиру в Пекине	*他买了一套房子在北京里	他在北京买了一套房子。	10.2%
22	От дома до школы.	*从家朝学校	从家到学校。	8.5%

表10-3 偏误情况汇总

三、产生偏误的原因分析

（一）自然度的高低差异

李婕、陈晨（2012）[①] 提到，**自然度**（Naturalness）是第二语言习得的决定性因素，表现为第二语言中某个特征对学习者是否凸显；一个已知形式与其意义之间的关系是否简单明了；语言项目是简单形式还是复杂形式。自然度越高，越符合人类的认知模式，越容易习得。

学习目的语时，一定是先学习名词、动词等实词，之后才慢慢接触到像介词这样的虚词。即介词相较于名词、动词、代词等词类不够凸显，自然度低，使得学生对介词"在"的使用不容易习得。例如："*我也国内的外语学院学习。"

---

① 李婕、陈晨《基于HSK动态作文语料库的"被"字句习得考察》，载《国际汉语学报》2012年第1期。

（二）母语知识的负迁移

根据 Selinker 的"母语迁移"理论，学习者在进行第二语言习得的时候，其对母语也就是他本身的语言的掌握情况，会对他的第二语言习得产生一定的影响，这种影响或者表现为积极的促进作用，或者是消极的干扰作用。母语的"负迁移"，即母语的干扰指第二语言学习者在不熟悉目的语的情况下，盲目地用已知的母语规则代替目的语规则，给目的语的学习造成干扰，导致错误。而母语背景相同的学生常会出现相类似的偏误。一般来说，目的语有而母语没有的语言规则学习起来，虽然花的时间多，但未必最难。母语和目的语都有却又有一些区别的语言项目，往往容易产生偏误。俄罗斯学生使用介词"在"、"从"、"对"，一方面会受到母语句法上的影响，另一方面还会受到母语意义的影响。

例如：*而在这个情况呢？ Что делать в данной ситуации？

俄语中没有像汉语这样的框式介词，俄语中只使用一个简单介词в就可以表示汉语框式介词"在……下"的语义。因此，学生自然而然受到母语的影响，将母语中的规则"移植"到了汉语中，出现偏误。

（三）目的语的负迁移

目的语的"负迁移"指学生把所学的有限的、不充分的目的语知识，经过**类推**（Analogy），不恰当地套用在正在学习的语言上而造成的偏误。

来中国留学的外国学生，大部分已经成年，他们已经有比较强的抽象思维能力、概括能力和拓展能力。他们在学习目的语时，常会根据自己的理解，过度"泛化"语言知识。例如：

［1］*我认为如果在家里的情况好的话，孩子不能坏。

由于"在"表示动作行为的地点，学生就习惯了在处所前面加上"在"，却不知道"如果……的话"是一个固定结构式，中间所加内容一定是可以独立成句的。"在家里的情况好"是不能独立成句的，其原因是"在家里"不能充当"情况"的定语。再如：

[2]* 孩子是从家庭中长大的。

"从"表示起点,学生认为家是孩子的起点,就过度泛化使用,出现了错误。

四、针对俄罗斯学生的汉语介词的教学策略

(一)教学要有针对性

俄语前置词和汉语介词在各自语言中都有着非常重要的地位,汉语介词在句中表达某种关系,一般是同后面的词语一同表示动作行为或状态等。俄语前置词经常在名词或名词短语、代词或动名词前面表示人、物、事件与其他人、物、事件之间的关系。汉语介词和俄语的前置词都是起到词和词联系的作用,通过它们引出其它成分。因此,汉语介词和俄语前置词之间语言结构的对应,是汉俄对比的基础。例如汉语介词"在"、"跟"、"对"、"从"引入其他成分表示"处所"、"对象"和"与事",这种成分俄语也同样是通过前置词来引介的。当前对汉语介词和俄语前置词进行对比的宏观研究一直处于停滞阶段,所以还应该结合学生的母语背景进行有针对性的教学。例如,汉语的介词教学,首先要收集外国学生学习汉语的介词偏误语句,整理、分析并进行研究,这有利于对外汉语的教学研究;但如果只是对学习者的偏误句子和正确语句进行对比,指出结构和语义上的错误,并提出一些相关的语言解释,那就不能真正抓住第二语言学习的特点,毕竟这些介词偏误的分析只是专注于留学生普遍的偏误,大多不区分留学生的母语背景。汉语教学作为一门第二语言教学,要根据不同母语学生学习汉语时的不同偏误,进行不同的处理。因此,研究不同的母语学生出现偏误的普遍规律,是汉语作为第二语言教学最值得关注的问题。

"任何科学的对比都是建立在某一共同的基础上的对比,没有共同基础的对比是没有意义的。还需要确定所对比的东西是否具有某些相似之处,

也就是说是否具有对应性。"① 因此，在今后的研究中，我们可以在两种语言介词的相同基准之上进行比较，来分析汉语和俄语对这种结构的使用情况，从语义、语法、语用等多个角度进行对比，从而找出两者之间的差异，让学生明确汉俄之间介词的共性和差异。这可以在一定程度上降低学生使用汉语介词的偏误率，提高学习效率。

（二）强化汉语介词的正确语序

俄罗斯的汉语教材《汉语新起点》② 指出：语序比较固定是汉语的一大特色，而且状语通常位于谓语前、主语后。可以肯定的是，汉语属于SVO（主谓宾）型语言，大部分句子的排列顺序是"主谓宾"类型。因此，应该在学习过程中加强正确的输入，让学生建立汉语的状语是位于动词之前的概念。如"他在学校门口等他"，一字一句地翻译成俄语是Я в школьном дворе жду его；但这不是第一语言为俄语的学习者习惯的语序，有别于他们的一般习惯，所以要给学生强调指出其间的差异。至于"在+处所"必须位于动词后充当补语的这种情况（比如测试句中的"她的血流在床上。"）这类句子的动词语义中应该包含"处所"这一语义要素，所以在讲解这类"在+处所"短语做补语时，可以联系动词中所蕴含的处所意义，特别是方向性语义来讲解。比如"流"、"放"、"跳"、"躺"等词，在俄语中本身就属于专门的运动动词，如果引导得当的话，相信学生很快就能产生相关的正面联想。这可以帮助他们加深对这一语言现象的理解。还有"在+处所"短语位于句首做统领全句的限定成分这一用法，是属于篇章衔接方面的要求，对留学生来说是比较高层次的语言技能。这就只能在教学过程中，引导学生随着接触语料的逐渐深化来循序渐进地掌握。

---

① 许余龙《对比语言学》，上海外语教育出版社，2002年，P25。
② 《汉语新起点》是一套针对俄语地区12年制外语学校（包括小学、初中、高中）学生学习使用的系列汉语教材。

第十章　汉语介词"在"、"从"、"对"与俄语前置词 в，из，к 对比研究

（三）介词教学与动词教学的联通

如前所述，俄语有14对运动动词（идти - ходить、бежать - бегать、ехать - ездить、лететь - летать、плыть - плавать、тащить - таскать、катить - катать、нести - носить、вести - водить、везти - возить、ползти - ползать、лезть - лазить［лазать］、брести – бродить、гнать - гонять），它们分别对应于汉语的相关动词"走"、"运"、"乘行"、"飞"、"游"、"拖"、"跑"、"拿"、"带领"、"爬"、"赶"、"滚动"、"攀爬"、"徘徊"。俄语的每个单格对接一个运动动词和一个不定向动词。换言之，就是指某一方位的动作，以及没有特定方位的运行轨迹，这两个内容在句法运用上往往是相反的。因此，其前后置的词汇用法各具特色，部分句式在与汉语的对译上是可以等同的。例如：Лодка плывёт к тому берегу.（小船驶向对岸。）然而还有一些句子，其中文的对译中并不出现介词，而是通过趋向动词"来"、"去"表达的。例如：Я каждый день хожу на работу пешком.（我每天总是步行去上班）。由此，应该注意到介词教学与动词教学的联通，特别是对介词和动词进行讲解时，应该特别考虑到俄语的运动动词和汉语动词以及介词的对接问题，这样更有助于准确理解句式的意义，给予学生更直接的认识，并推动各种语法格式和句式的组合，进一步引入一些相关句式的学习。同时，通过这些句子正确用法和错误用法的对比实例教学，向学生讲解容易出现错误的句式的正确表达方式，预先给学生以正确的示范句式和语法输入，从而使学生受到触类旁通、潜移默化的影响。

【附录】 汉语空间介词"在"、"向"、"离"、"从"与俄语表示空间的前置词 в，на，от，из 对比分析的调查问卷

（Анкета-опросник по исследованию предлогов в китайском языке "在"、"向"、"离"、"从" и их сопоставительный анализ с предлогами "в, на, от, из" в русском языке）

尊敬的女士／先生：

您好！我是北京语言大学的吉尔吉斯共和国留学生佳妮。为了更好地了解汉语学习者对汉语空间介词与俄语表示空间的前置词用法的掌握情况，我设计了这份调查。此问卷适用于初、中级汉语学习者。请您在您认为合适的选项上打"√"。本次调查以不记名的方式进行，收集的信息将只用于学术方面的研究。请根据您个人的实际经验填写。感谢您的合作！

Уважаемый（-ая）：

Здравствуйте! Я Жаннат, студентка из Кыргызстана, учусь в Пекинском Университете Языка и Культуры. Я провожу данное исследование для того, чтобы лучше понять, как студенты в процессе обучения освоили употребление предлогов в китайском языке и их разницу с предлогами в русском языке.

Эта анкета предназначена для студентов начально-среднего этапа изучения китайского. Прошу Вас ставить "√" в подходящем для Вас выборе ответа.

В анкете не требуется регистрировать Ваше имя. Все сведения, представленные для заполнения в анкете, используются исключительно для дальнейшего научного анализа и изучения. Прошу Вас, заполняя данные, основываться только на личном, реальном опыте. Благодарю за Ваше сотрудничество!

性别（Пол）：＿＿＿＿　　年龄（Возраст）：＿＿＿＿
学习汉语的时间（Время изуч.кит.яз.）：＿＿＿＿

第十章 汉语介词"在"、"从"、"对"与俄语前置词 в，из，к 对比研究

（一）用"在"完成句子（Выберите правильный вариант）：

1. 书籍____架子____摆着（расставлены на полке）

   A. 书籍在架子里摆着

   B. 书籍在架子上摆着

   C. 书籍架子上摆着

   D. 书籍在架子摆着

2. 小河_____流着（между двумя горами）

   A. 小河在两座山中流着

   B. 小河在山下边流着

   C. 小河在两边山里流着

   D. 小河在两座山之间流着

3. 蛋糕____盘子____放着（на тарелке）

   A. 蛋糕在盘子里放着

   B. 蛋糕在盘子上面放着

   C. 蛋糕在盘子上放着

   D. 蛋糕在盘子放着

4. 商店____我们的家____（рядом с домом）

   A. 商店在我们的家的对面

   B. 商店在我们的家下边

   C. 商店在我们的家旁边

   D. 商店在靠着我们的家

5. 玩具____椅子____摆着（под стулом）

   A. 玩具在椅子上摆着

   B. 玩具在椅下摆着

   C. 玩具在椅下面摆着

   D. 玩具在桌子下摆着

（二）排序（Расставить предложение в правильном порядке，выбрать правильный вариант）

此题是5个排序题，目的是为了测试一下学生在使用汉语常用空间关系介词短语时语序的情况。

1. 学校门口在等你我

   A. 我等你在学校门口

   B. 我在学校门口等你

   C. 学校门口我在等你

   D. 在学校门口我等你

2. 墙上挂着在一幅画

   A. 一幅画挂着在墙上

   B. 墙上一幅画挂着

   C. 挂着墙上一幅画

   D. 一幅画在墙上挂着

3. 中国从来他

   A. 他从中国来

   B. 他来从中国

   C. 从中国他来

   D. 他从来中国

4. 墨水 在 桌 滴 同学 的 上

   A. 同学的墨水在桌上滴。

   B. 在同学的桌上墨水滴。

   C. 同学的墨水滴在桌上。

   D. 墨水在同学的桌滴上。

5. 我 路上 的 经常 他 在 回家 见到

   A. 经常我在路上回家的见到他

   B. 在回家的路上我经常见到他。

C. 回家的路上我在经常见到他

D. 经常我见到他在回家上的路

（三）**翻译**（Перевести）：

此题是翻译题，目的是考察学生综合运用汉语的能力：正确选用合适的介词，正确安排词序以便最终能完全正确地传达原句的意义。

1. Она поехала в Пекинский университет языка и культуры.

 A. 她去在北京语言学院

 B. 她去到北京语言大学

 C. 她去往北京语言大学

 D. 她去了北京语言大学

2. Папа работает на заводе

 A. 爸爸工作工厂里

 B. 爸爸在工厂里工作

 C. 爸爸在工厂上工作

 D. 爸爸工作在工厂

3. В комнате есть много мебели

 A. 房间里有多家具

 B. 房间有多家具

 C. 在房间里放着一些家具

4. Он пошел в больницу от нас

 A. 从我们到医院他去

 B. 从我们这他走医院去

 C. 他从我们这去到医院

 D. 他从我们这儿去了医院

5. Вещи в магазине привезены из Китая

 A. 商店里的东西是从中国进口的

B. 商店的东西从中国来了

C. 商店里的东西来到了从中国

D. 商店里的东西是从中国

6. Самолет направляется в Пекин

   A. 飞机飞到北京去

   B. 飞机飞了北京

   C. 飞机飞向北京

   D. 飞机是到北京

7. Посмотри на меня

   A. 向看我

   B. 对我看一眼

   C. 看往我

   D. 向我看

8. Поезд подъехал к станции

   A. 火车到达火车站中

   B. 火车驶向车站

   C. 火车在车站到了

   D. 火车经过车站

9. От дома до школы

   A. 从家朝学校

   B. 到学校从家

   C. 从家到学校

   D. 家走往学校

10. Очень далеко от озера

    A. 离湖很远

    B. 从湖很远

    C. 往湖很远的

第十章 汉语介词"在"、"从"、"对"与俄语前置词 в，из，к 对比研究

D. 在很远离湖

11. Мой дом недалеко от школы

　A. 我的家不太远从学校

　B. 学校不太远有我的家

　C. 从学校我的家不远

　D. 我家离学校不远

12. Аэропорт находится в 40 км от города

　A. 从城市至机场40公里

　B. 机场是从城市40里

　C. 机场位于离城40里的地方

　D. 机场在40里从城

13. Я только что вернулся из Пекина

　A. 从北京我刚回来

　B. 我刚回来从北京

　C. 刚才我回来了从北京

　D. 我刚从北京回来

14. Он купил квартиру в Пекине

　A. 他买了一套房子在北京里

　B. 他在北京买了一套房子

　C. 他从北京买下一个房子

　D. 在北京中他买了一套房子

15. Учитель писал тему на доске

　A. 老师把题目写了到黑板上

　B. 老师把题目写了在黑板里

　C. 老师把题目写在黑板上

　D. 老师写了题目在黑板

参 考 文 献

【著 作】

北京大学中文系1955、1957级语言班《现代汉语虚词例释》，商务印书馆，1982年。

陈昌来《介词与介引功能》，安徽教育出版社，2002年。

傅雨贤、周小兵、李炜、范干良、江志如《现代汉语介词研究》，中山大学出版社，1997年。

胡壮麟《认知隐喻学》，北京大学出版社，2004年。

黄颖《新编俄语语法》，外语科学与研究出版社，2008年。

冀刚《俄语前置词用法词典》，上海译文出版社，1992年。

金昌吉《汉语介词和介词短语》，南开大学出版社，1996年。

孔远志《印度尼西亚语发展史》，北京大学出版社，1989年。

刘丹青《语序类型学与介词理论》，商务印书馆，2003年。

刘月华等《实用汉语语法》，商务印书馆，2001年。

卢福波《对外汉语教学实用语法》，北京语言大学出版社，2011年。

陆俭明、马真《现代汉语虚词散论》，北京大学出版社，1985年。

吕叔湘《现代汉语八百词》（增订本），商务印书馆，1999年。

吕叔湘《语法研究入门》，商务印书馆，1999年。

潘文国《英汉对比纲要》，北京语言文化大学出版社，1997年。

潘文国《汉英语言对比概论》，商务印书馆，2010年。

彭小川、李守纪、王红《对外汉语教学语法释疑 201 例》，商务印书馆，2004年。

齐沪扬《现代汉语空间问题研究》，学林出版社，1998年。

钱玉莲《汉语介词与相应英语形式比较研究》，世界图书出版公司，2011年。

沈家煊《汉英对比语法论集》，上海外语教育出版社，1999年。

王寅《认知语言学》，上海外语教育出版社，2007年。

王建勤《第二语言习得研究》，商务印书馆，2009年。

文秋芳《认知语言学与二语教学》，外语教学与研究出版社，2013年。

席建国《英汉介词研究的类型学视野》，上海交通大学出版社，2013年。

许余龙《对比语言学》，上海外语教育出版社，2001年。

张会森《俄汉语对比研究》，上海外语教育出版社，2004年。

赵艳芳《认知语言学概论》，上海外语教育出版社，2001年。

周志培《汉英对比与翻译中的转换》，华东理工大学出版社，2003年。

【论 文】

白荃《论作主语的介词结构"从……到……"》，《汉语学习》1992年第1期。

白荃《外国学生使用介词"从"的错误类型及其分析》，《北京师范大学学报》（社会科学版）1995年第6期。

白荃、岑玉珍《母语为英语的学生使用汉语介词"对"的偏误分析》，《语言文字应用》2007年第2期。

陈恩礼《介词"在"与"从"的用法比较》，《语言教学与研究》2006年第6期。

陈国亭、鲁莹《前置词 в 和 на 与处所名词搭配的心理基础和语义区别》,《外语学刊》2000年第3期。

陈训仪《试论印尼语介词dengan带定语的特殊功能》,《现代外语》1987年第3期。

崔希亮《汉语介词与事件结构》,北京大学博士学位论文,2000年。

崔希亮《汉语方位结构"在……里"的认知考察》,《语法研究和探索》2002年第11期。

崔希亮《欧美学生汉语介词习得的特点及偏误分析》,《世界汉语教学》2005年第3期。

［日］戴浩一《时间顺序和汉语的语序》,黄河译,《国外语言学》1988年第1期。

丁金国《汉英对比研究中的理论原则》,《外语教学与研究》1996年第3期。

葛婷《"X上"和"X里"的认知分析》,《暨南大学华文学院学报》2004年第1期。

胡清国《"依X看"与"在X看来"》,《汉语学报》2011年第3期。

黄理秋、施春宏《汉语中介语介词性框式结构的偏误分析》,《华文教学与研究》2010年第3期。

姜鸿青《英语母语者汉语介词"在"、"从"的习得偏误分析》,《语文学刊》2010年第19期。

金常心《介词框架"在……之上"概念整合机制及语法化考察》,《现代语文》(语言研究版)2015年第2期。

蓝纯《从认知角度看汉语的空间隐喻》,《外语教学与研究》1999年第4期。

李红梅、曹志希《汉语方所框式介词的句法推导》,《四川外语学院学报》2008年第3期。

李金静《"在+处所"的偏误分析及对外汉语教学》,《语言文字应用》2005年第5期。

李卫中《介词"从"表空间起点时使用上的优先性考察》,《理论月刊》2009年第8期。

刘丹青《汉语中的框式介词》,《当代语言学》2002年第4期。

刘丹青《汉语是一种动词型语言——试说动词型语言和名词型语言的类型差异》,《世界汉语教学》2010年第1期。

刘丹青《语言库藏类型学构想》,《当代语言学》2011年第4期。

刘丹青《汉语的若干显赫范畴:语言库藏类型学视角》,《世界汉语教学》2012年第3期。

刘宁生《汉语怎样表达物体的空间关系》,《中国语文》1994第3期。

陆宗毓《汉语介词在维语中的对比表达》,《语言与翻译》1989第3期。

吕叔湘《方位词使用情况的初步考察》,《中国语文》1965年第3期。

马贝加、徐晓萍《时处介词"从"的产生及其发展》,《温州师范学院学报》(哲学社会科学版)2002年第5期。

明宏《基于与汉语介词短语"在……上"之比较的英语介词on的认知语义研究》,上海外国语大学博士学位论文,2011年。

彭爽、俞士汶《现代汉语介词知识库的建设》,《社会科学战线》2009年第8期。

沈家煊《英汉介词对比》,《外语教学与研究》1984年第2期。

孙一《从汉英介词的特性对比英汉介词的用法》,《华中师范大学学报》2006年第1期。

王磊《现代汉语框式介词的隐现规律考察》,《宁夏社会科学》2014年第1期。

王磊、徐玉英《类型学视角下的汉语介词语序特征——兼论汉藏语系语序类型》,《北方民族大学学报》(哲学社会科学版)2014年第5期。

王磊、辛明《现代汉语框式介词的句法辖域探究》,《辽宁师范大学学报》2014年第6期。

王灿龙《试论"在"字方所短语的句法分布》,《世界汉语教学》2008

年第1期。

王鸿滨《介词"自/从"历时考》,《上海师范大学学报》(哲学社会科学版)2007年第1期。

王鸿滨《类型学背景下汉英介词对比及教学策略》,《云南师范大学学报》2013年第4期。

王培硕《俄语前置词与汉语介词对比》,《中国俄语教学》1988年第6期。

王琴《认知语言学与汉语介词研究》,《中国社会科学院研究生学报》2008年第5期。

王世群《现代汉语框式介词研究》,南京师范大学博士学位论文,2013年。

王一平《介词短语"在+处所"前置、中置和后置的条件和限制》,《语文建设》1999第5期。

王振来《介词成为句式标记的成因及构句机制》,《辽宁师范大学学报》(社会科学版)2013年第3期。

王志坚《俄语空间前置词语义扩张机制》,《中国俄语教学》2003年第4期。

魏跃横《英语中表示词的关系的重要手段》,《外语研究》2003年第1期。

吴继峰《英美学生使用汉语介词"在"的相关偏误分析》,《云南师范大学学报》2012年第6期。

席建国《英汉介词研究的类型学视野》,上海交通大学出版社,2013年。

邢福义《方位结构"X里"和"X中"》,《世界汉语教学》1996第4期。

徐英平《俄语棱镜下的汉语静态空间"N+上"结构》,《中国俄语教学》2004年第2期。

许余龙《对比语言学的定义与分类》,《外国语(上海外国语学院学报)》1992年第4期。

张宝林《回避与泛化——基于"HSK动态作文语料库"的"把"字句习得考察》,《世界汉语教学》2010第2期。

张辉、尹星《<英语介词的语义学:空间场景、体验哲学与认知>评介》,《现代外语》2005年第1期。

张琳《原则性多义模式视域下的空间介词语义结构研究——以介词In为例》,《西安外国语大学学报》2010年第6期。

张静静《跟介词"从"有关的偏误分析》,《云南师范大学学报》(对外汉语教学与研究版),2008年第2期。

赵葵欣《留学生学习和使用汉语介词的调查》,《世界汉语教学》2000年第2期。

赵亮《论俄汉语空间关系词汇范畴意义的原型性》,《中国俄语教学》2004年第3期。

赵亮、彭文钊《俄汉语空间关系词汇的语法化现象》,《解放军外国语学院学报》2005年第5期。

赵敏善《俄语前置词与汉语介词》,《外语研究》1984第2期。

赵淑华《介词和介词分类》,《词类问题考察》,北京语言学院出版社,1996年。

赵艳芳《语言的隐喻认知结构——<我们赖以生存的隐喻>评价》,《外语教学与研究》1995年第3期。

周文华《现代汉语介词习得研究》,《语言文字应用》2011年第2期。

周小兵《"自从"和"从"》,《汉语学习》1986年第6期。

朱学锋、张化瑞、段慧明、俞士汶《<汉语高频词语法信息词典>的研制》,《语言文字应用》2004年第3期。

【外文文献】

Adiwijaya,*Opi.Penggolongan Kata Bahasa Indonesia. Materi Kuliah Mata*

Kuliah Morfologi FKIP Universitas Islam Nusantara.2008.

Chomsky, N.Aspects of the Theory of Syntax.Massachusetts：The MIT Press.1965.

Dewell, R. B. Over Again：Image-schema transformations in semantic analysis. Cognitive Linguistics. 1994（4）.

Fillmore.Fillmore, C.J. The case for case. Eric Document Service.1968.

Garrod, Simon, Gillian Ferrier, and Siobhan Campbell. In and on：investigating the functional geometry of spatial prepositions. Cognition, 1999.

Hamdani, Wagino Hamid.Pemakaian Preposisi Bahasa Indonesia dalam Terjemahan lquran, Tesis Universitas Pendidikan Indonesia.2009.

Herskovits, Annette. Language and Spatial Congnition：An Interdisciplinary Study of the Prepositions in English. Cambridge University Press.1986.

Herskovits, Annette. Spatial expressions and the plasticity of meaning. In Topics in Cognitive Grammar, ed. By B.Rudzka-Ostyn. Amsterdam：John Benjamins.1988.

Виноградов В. В.《Русский язык》（Грамматическое учение о слове）, 3-е изд., испр. – Высш. шк., 1986.

М.А.Шеньшина.Самоучитель современного китайского языка, Восточная книга.［М］. Москва, 2006.

Постникова И.И., Подгаецкая И.М., Везерова М.Н. и др., 2007,《Просто и занимательно о русском языке》пособие для учащихся5-9 классаов. – М. : Просвещение.

Чеснокова, Л.Д., 2011. 110 с, Связи слов в современном русском языке. Текст, Л.Д. Чеснокова. -М.: Просвещение, .

Шеньшина М.А., 2006 .Самоучитель современного китайского языка, восточная книга, Москва.

后 记

2011年，我申请到北京语言大学校级项目《类型学背景下汉英介词系统对比和汉语介词教学研究》（11YB03），这是我多年来一直想做的一项理论研究和教学实践相结合的课题。本来计划只是针对英汉介词的本体进行对比，然后将对比的结果用于预测教学重点和难点，对汉语教学中的介词教学进行设计并提出建议，这也是我当时申请时的最初目标。记得在此项目立项之前，科研处就曾把专家对此课题提出的三条意见反馈给我：

一、英汉介词的对比对英语国家的学生学习介词有一定的帮助，但对于非英语国家的学生不具有普遍指导意义。在研究中应该考虑到。

二、如果能在汉英介词系统的比较基础上，进一步调查一下英语对外教学中，学生对英语介词的习得偏误情况，然后将本课题中计划做出的关于汉语对外教学中的同类问题调研分析成果放在一起进行比较，对于本课题所确立的研究目标来说，不仅有积极意义，同时也有助于提高本课题成果的说服力和学术水平。

三、根据申报人拟取得的阶段性成果来看，不一定非得限于类型学范围内进行研究，建议考虑进行独立的、更切合汉语实际的理论探索。

看到以上三条建议，我的思路豁然开朗，开始重新调整和完善研究计划，同时率领部分研究生在五年的时间里，开始了探索之路。首先，我的课题组吸收来自不同国家的外国研究生，研究的范围尽可能不单纯局限于英汉对比,否则难以体现"类型学"的视野,于是就有了《印尼学生介词"在"、"从"的使用和偏误分析》(李金慧)、《汉语介词"在"、"从"、"对"与俄语前置词в、из、к对比研究》(波娃)和《汉语空间介词"在"、"向"、"离"、"从"与俄语表示空间的前置词в、на、от、из的偏误分析》(佳妮)的方向;其次,我们在进行英汉本体对比之后发现,介词学习不仅是英语国家学习者学习汉语时的难点,而更可能是中国人学习英语介词的难点,于是就有了《汉语介词的"自"和英语介词from的对比研究》(康璐杰)中关于中国学生from的习得和教学的内容;再次,我们根据本体对比研究的结果去中介语语料库寻找偏误时,竟然发现偏误寥寥,我们预测的偏误哪里去了?是学生掌握太好还是"回避"使用?于是我们开始设计"陷阱",有意识地让学生在我们的测试问卷中"出错",于是就有了《汉语框式介词"在X上/中/里"和英语介词at,on,in的语义对比研究》(陶翠枝)后面"调查问卷"的统计数据。以上这些论文虽然出自多位作者,作为硕士论文的有关章节,完成于不同年份,切入的角度也不尽相同,但论文的主题和主旨是一致的。我们目前所做的工作还只是初步的、调研性质的,远不成系统,并不成熟。我们期待,今后能有更多不同母语的汉语国际教育外国研究生加入对这一课题的讨论,在真正"类型学"背景下,展开更为广阔、深入、多层面的对比,以丰富和完善语言教学中最为基础的介词本体对比研究,深化落实介词对比研究中的国别化介词教学实践。

参与课题研发和初稿写作的有杨漾、康璐杰、卢星、李金慧、波娃、陶翠枝等同学,进行整理的有韩雪和赵力慧同学。她们之中,有中国研究生,也有三名外国研究生。同学们参与这个课题,不仅顺利完成了硕士论文的写作和答辩,更重要的是培养了科研能力。其中三位同学目前在高校从事汉语或英语的教学和研究工作,成为单位的教学骨干。在这里,谨向为课题研发和初稿写作做出贡献的同学表示真诚的谢意!

本书审订工作由颜阳天和英欢超两位同志承担,谨致谢忱!

本书编写过程中,借鉴参考了许多学者的成果,尽量在文中或参考文献中标注。由于初稿由多人合作,前辈时贤的论著或有遗漏,在此深表歉意。由于时间仓促,书中定有不妥之处,敬请批评。

  本书付梓之际,衷心感谢北京语言大学科研处对本项目的支持!衷心感谢王治敏教授的"梧桐创新平台"基金对本书出版提供的资助!是你们的督促和资金支持,使本书得以问世。殷重恩情,谨以致谢!

王鸿滨

2017年3月,北京